中国工程院院士
是国家设立的工程科学技术方面的最高学术称号,为终身荣誉。

中国工程院院士传记

汤中立传

唐淑惠 窦贤 著

科学出版社
人民出版社

内 容 简 介

汤中立是中国工程院院士、矿产勘查专家、矿床地质学家。长期从事矿产勘查和地质矿产研究工作，是中国镍矿工业和甘肃省金矿工业的开拓者之一，其中对金川镍矿二矿区深部隐伏矿体的勘探和突破，使其跃升为世界第三大镍矿。他提出了"深部熔离–多次脉动式贯入–终端岩浆房聚集成矿"模式及"小岩体成（大）矿"理论。以上工作对我国矿产勘查和地质矿产研究工作起到了重要作用，理论成果在国内外被广泛引用。本书客观、全面、完整地记录了汤中立院士为地质科学辛勤耕耘的一生，总结了他的学术成就，以及他敏于思考、勤于探索、勇于开拓、善于总结的学术作风和工作态度，彰显了他的精神风范和人格魅力，以期继承和发扬他的学术思想，为年轻学子提供学习楷模，并激励他们为我国的科学、教育事业做出贡献。

本书可供高校研究人员和教育工作者、科研院所技术人员及相关学者参考，也可供大众读者参阅，以从中了解院士的学术成就、人生经历和学术道路，进而获得知识、启发和激励。

图书在版编目（CIP）数据

汤中立传/唐淑惠, 窦贤著. -- 北京: 科学出版社: 人民出版社, 2025.1. --（中国工程院院士传记）. -- ISBN 978-7-03-080329-0

Ⅰ. K826.14

中国国家版本馆CIP数据核字第2024HT6452号

责任编辑：张 莉 高雅琪／责任校对：韩 杨
责任印制：师艳茹／封面设计：有道文化

科学出版社 出版
北京东黄城根北街 16 号
邮政编码：100717
http://www.sciencep.com
北京中科印刷有限公司印刷
科学出版社发行 各地新华书店经销
*
2025年1月第 一 版 开本：720×1000 1/16
2025年1月第一次印刷 印张：19 插页：8
字数：260 000
定价：98.00元
（如有印装质量问题，我社负责调换）

中国工程院院士　汤中立（摄影：孙崇明）

北京地质学院本科毕业生执旗在校园庆祝，执旗者为汤中立（1956 年摄）

苏联专家扎库敏聂依到金川矿区视察，同行有余鸿章等，地质局陪同有沙仑等（1959 年摄），图面背向第一人是陈学源，正面持长柄地质锤者为汤中立，背后有李长春、张建英等

金川镍铜矿区最早的一批地质工作者合影（1959 年摄，左起：王全仓、汤中立、张建英）

地质部部长孙大光（左三）到甘肃、新疆、青海三地考察，汤中立（左二）随同，众人在敦煌莫高窟合影（1980年摄）

考察全国镍矿工作期间留影（1982年摄，左起：毋耀开、汤中立、任端进）

汤中立与甘肃省区调队同事合影（1984年摄，左起：蔡体梁、赵凤游、黄德征、汤中立、李瑾焕、左国朝、李小云）

汤中立赴加拿大参加第八届国际矿床大会，会后考察世界第二大铜镍矿萨德伯里（Sudbury）矿井（1990年摄）

汤中立和妹妹汤若霞陪同母亲（时年 87 岁）游南京中山陵（1992 年摄）

汤中立在第三十届国际地质大会休息间隙与徐克勤院士合影（1996 年摄）

中国工程院能源与矿业工程学部部分地学方向的院士合影（1998年摄，左起：金庆焕、郑绵平、汤中立、刘广志、张宗祜、常印佛、陈毓川）

中国地质大学博士学位论文答辩委员合影（1999年摄，左起：冯仲燕、宋叔和、翟裕生、汤中立、蔡克勤）

20世纪90年代，汤中立在甘肃地质博物馆为青少年讲解科普地质

汤中立获金川集团股份有限公司科技进步奖一等奖，并被授予公司"荣誉职工"称号（2001年摄于金昌市地质纪念碑前）

翟裕生、汤中立应南非比勒陀利亚大学（The University of Pretoria）邀请，访问南非布什维尔德（Bushveld）铂铬矿［2001年摄，左一为比勒陀利亚大学地质系主任德·瓦尔斯（De Waals），左四为翟裕生，右三汤中立］

金川集团有限公司总经理李永军向汤中立颁发地质高级顾问聘书
（2003年摄）

汤中立（中）在香港大学参加国际 Ni-Cu-（PGE）硫化物矿床会议，与国际著名铜镍硫化物矿床学家纳尔德雷特（Naldrett，左三）、凯斯（Keays，右二）和德·瓦尔斯（右三）等合影（2004年摄）

汤中立科研团队部分成员在金川野外考察（2005年摄），李文渊（前排左一）、张铭杰（前排左二）、姜常义（后排左二），焦建刚（后排右三）、汤中立（前排右二）、刘民武（后排右二）、钱壮志（前排右一）、闫海卿（后排右一）

刘宝珺（前排左二）、翟裕生（后排左一）和陈华惠（后排右一）夫妇、余鸿章（后排左二）和陈华彦（前排右一）夫妇、汤中立（前排左一）和方桂云（前排右二）夫妇相聚在中国地质大学（北京）（2005年摄）

"汤中立基金"启动大会会场（2021年摄）

汤中立院士领导的长安大学岩浆镍铜矿床科研团队主要成员合影
（2021年摄，前排左起：姜常义、汤中立、钱壮志）

汤中立院士与家人合影（2017年摄）

汤中立院士与夫人钻石婚合影（2023 年摄）

中国工程院院士传记丛书

编辑出版工作领导小组
 顾　问：宋　健　徐匡迪　周　济
 组　长：李晓红
 副组长：钟志华　蒋茂凝　邓秀新　辛广伟
 成　员：陈建峰　梁晓捷　罗莎莎　唐海英
     丁养兵　李冬梅

编辑和审稿委员会
 主　任：辛广伟　罗莎莎
 副主任：葛能全　唐海英
 成　员：张戟勇　谭青海　侯　春

编辑出版办公室
 主　任：张戟勇
 成　员：侯　春　李淼鑫　方鹤婷　姬　学
    高　祥　何朝辉　宗玉生　张　松
    王小文　黄　永　丁　宁　聂淑琴

总　序

　　20世纪是中华民族千载难逢的伟大时代。千百万先烈前贤用鲜血和生命争得了百年巨变、民族复兴，推翻了帝制，肇始了共和，击败了外侮，建立了新中国，独立于世界，赢得了尊严，不再受辱。改革开放，经济腾飞，科教兴国，生产力大发展，告别了饥寒，实现了小康。工业化雷鸣电掣，现代化指日可待。巨潮洪流，不容阻抑。

　　忆百年前之清末，从慈禧太后到满朝文武开始感到科学技术的重要，办"洋务"，派留学，改教育。但时机瞬逝，清廷被辛亥革命推翻。五四运动，民情激昂，吁求"德、赛"升堂，民主治国，科教兴邦。接踵而来的，是国民大革命、10年内战、14年抗日战争和4年解放战争。恃科学救国的青年学子，负笈留学或寒窗苦读，多数未遇机会，辜负了碧血丹心。

　　1928年6月9日，蔡元培主持建立了中国近代第一个国立综合性科研机构——中央研究院，设理化实业研究所、地质研究所、社会科学研究所和观象台四个研究机构，标志着国家建制科研机构的诞生。20年后，1948年3月26日遴选出81位院士（理工53位，人文28位），几乎都是20世纪初留学海外、卓有成就的科学家。

　　中国科技事业的大发展是在新中国成立以后。1949年11月1日成立了中国科学院，郭沫若任院长。1950—1960年有2500多名留学海外的科学家、工程师回到祖国，成为大规模发展中国科技事业的第一批领导骨干。国家按计划向苏联、东欧各国派遣1.8万各类科技人员留学，全都按期回国，成为建立科研和现代工业的骨干力量。高等学校从新中国成立初期的200所增加到600多所，年招生增至28万人。到21世纪初，高等学校2263所，年招生600多万人，科技人力总资源量超过5000万人，具有大学本科以上学历科技人才达1600万人，已接近最发达国家水平。

新中国成立60多年来，从一穷二白成长为科技大国。年产钢铁从1949年的15万吨增加到2011年的粗钢6.8亿吨、钢材8.8亿吨，几乎是8个最发达国家（G8）总年产量的2倍。水泥年产20亿吨，超过全世界其他国家总产量。中国已是粮、棉、肉、蛋、水产、化肥等第一生产大国，保障了13亿多人口的食品和穿衣安全。制造业、土木、水利、电力、交通、运输、电子通信、超级计算机等领域正迅速逼近世界前沿。"两弹一星"、高峡平湖、南水北调、高公高铁、航空航天等伟大工程的成功实施，无可争议地表明了中国科技事业的进步。

党的十一届三中全会以后，实行改革开放，全国工作转向以经济建设为中心。加速实现工业化是当务之急。大规模社会性基础建设，大科学工程、国防工程等是工业化社会的命脉，是数十年、上百年才能完成的任务。中国科学院张光斗、王大珩、师昌绪、张维、侯祥麟、罗沛霖等学部委员（院士）认为，为了顺利完成中华民族这项历史性任务，必须提高工程科学的地位，加速培养更多的工程科技人才。中国科学院原设的技术科学部已不能满足工程科学发展的时代需要。他们于1992年致书党中央、国务院，建议建立"中国工程科学技术院"，选举那些在工程科学中做出重大的、创造性成就和贡献、热爱祖国、学风正派的科学家和工程师为院士，授予终身荣誉，赋予科研和建设任务，请他们指导学科发展，培养人才，对国家重大工程科学问题提出咨询建议。中央接受了他们的建议，于

1993年决定建立中国工程院，聘请30名中国科学院院士和遴选66名院士共96名为中国工程院首批院士。于1994年6月3日，召开了中国工程院成立大会，选举朱光亚院士为首任院长。中国工程院成立后，全体院士紧密团结全国工程科技界共同奋斗，在各条战线上都发挥了重要作用，做出了新的贡献。

中国的现代科技事业比欧美落后了200年。虽然在20世纪有了巨大进步，但与发达国家相比，还有较大差距。祖国的工业化、现代化建设，任重道远，还需要有数代人的持续奋斗才能完成。况且，世界在进步，科学无止境，社会无终态。欲把中国建设成科技强国，屹立于世界，必须持续培养造就数代以千万计的优秀科学家和工程师，服膺接力，担当使命，开拓创新，更立新功。

中国工程院决定组织出版"中国工程院院士传记"丛书，以记录他们对祖国和社会的丰功伟绩，传承他们治学为人的高尚品德、开拓创新的科学精神。他们是科技战线的功臣，民族振兴的脊梁。我们相信，这套传记的出版，能为史书增添新章，成为史乘中宝贵的科学财富，俾后人传承前贤筚路蓝缕的创业勇气、魄力和为国家、人民舍身奋斗的奉献精神。这就是中国前进的路。

宋健

2012年6月

院士自序

我执笔这份自序时，已是88岁耄耋翁矣。从我的角度回顾几个片段，虽难免重复，但因视角不同，或可起到前后对照、交相辉映、补余参考的作用。

一、勤奋苦读 立志成才（1934～1952年）

1934年10月30日，我出生在安徽安庆铁佛庵5号的一个院落里。母亲周凤英生我时，父亲汤启仁远在阜阳第五女子中学教书，我的名字"中立"，字礁石，是大姨父——安庆名流史磊冰所取。"中"字是汤氏家族的谱辈，"立"字寓意"立志成才"。

我的整个童年都是在战乱中度过的，童年记忆中最深刻的是"颠沛流离，衣食难济"。八一三事变后，日军从上海溯江而上，1938年6月，安庆沦陷，不满4岁的我随父母由安庆逃难到了湘西。幸好这时抗日名将张治中主政湖南，在湘西办起国立第八中学（简称国立八中），招收安徽、湖南流亡学生。父亲进入国立八中教书，一家人才有个落脚的地方。我稍长时，在湘西乾城县（今吉首市）所里镇湖南省立第九师范附小读完了小学。抗日战争胜利后，我回到阔别8年的故乡安庆，考入了中学。然而，这时我的家境已经到了极其艰难的地步，全靠母亲给他人做针线活、洗衣来维持生计。幸亏有大姨父和姐姐的资助，我才得以顺利读完中学。晚上自习时，家里没有钱买油点灯，我大部分时间是到大姨房间去做功课，有时也到街边路灯下看书。即使在这么艰苦的环境下，我的学习成绩在班上也还是处于领先之列。

1949年，中华人民共和国成立，中国人民迎来了新生活。1952年夏，我不满18岁，考取了北京地质学院（中国地质大学前身）。当接到大学录取通知书时，全家人都非常高兴。最令我难忘的就是母亲的笑脸，儿子考上了大学，给这个家庭带来了希望，母亲多年的煎熬终于有了回报。她的笑容给我增添了前行的力量。带着母亲的期望，我背起简单的行囊，离开家乡，奔向祖国的心脏——北京。

二、憧憬做新中国的"土地神"（1952～1956年）

在北京地质学院，我聆听过李四光、谢家荣、尹赞勋、冯景兰、袁复礼、王嘉荫、王鸿祯、涂光炽等多位地质学家的教诲。他们为地质科学献身的精神和在地质事业上取得的非凡成就激励了我，成为我的人生榜样。至今，我依然时常回想起李四光先生1952年在开学典礼上风趣的讲话："同学们，你们应该成为新中国的'土地公公''土地婆婆'，像他们那样熟悉和掌握我们脚下的地球。"

大学期间，我广泛涉猎了地质理论知识，大大开阔了在地学领域的眼界。如在"地史"课上学习了 C. 莱伊尔（C. Lyell）的均变论观点：①地球的变化是古今一致的；②地质作用的过程是缓慢的、渐进的；③地球的过去只能通过现今的地质作用来认识。又如，1955年秋毕业实习，我所在的小组原本被分配到东北瓦房子调查锰矿，但因矿山方面的原因最终没有去成，而改派到五台山实习。到五台山时，那里的任务已经分配好了，我因为晚到，被插进普查五班的一个小分队，分配到滹沱河沿岸地区。这里是一片宽阔的沙砾，什么岩石露头也没有，要在这样的地区完成填图任务相对容易，对于将来要完成的毕业设计却是相当棘手。经过一番思考之后，我决定另辟蹊径：仔细观察这一地带之后，我发现滹沱河沿岸有的地方生长有果树，有的地方则没有，而且不同地方生长的果树品种和果实的味道都不一样。因此，我萌生了一个想法：能不能把第四纪地质和果树品种以及果实的味道联系起来进行考察呢？于是，我将同学们组织起来①，调查果树的分布范围、生长年龄和长势等情况，也调查水井的深度、水质和历史变化，还做了第四纪物质成分和地壳变动的调查等。就这样搜集了许多资料，经过整理，最终完成了毕业论文《山西繁峙滹沱河沿岸第四纪地质与果树生长的关系》。这篇毕业论文由于风格迥异，别出心裁②，得到了老师们的好评。后来，这次实习中我们分队共同完成的地质图作为五台山区地质图的一部分正式出版。让我们感到自豪的是，我们的名字还被注明在图幅作者栏中，这意味着我们的劳动成果第一次被标注在了祖国大地上。

三、金川矿床的发现与勘查（1956～1986年）

1956年3月，正当全国地质工作如火如荼开展的时候，我和几位同学被分配（我们的毕业手续和毕业证仍是当年7月办理与发放的）到地质部祁连山地质队工作，其前身是641地质队（1951年全国组建的第一批6个地质队之一，在甘肃勘探了白银厂大型富铜矿，建起了中国第一个铜矿基地），我们为此深感荣幸。1958年10月，我任一分队队长、技术负责人，带领王全仓（技术员）、赵国良（实习员）、邱会鸿（野外化验员）和秦宗宽（司机），依据报矿线索（报矿人为唐东福），在陈鑫工程师的指导下，发现了金川镍矿。1959年，陈学源工程师接替陈鑫［因调甘肃省地质矿产勘查开发局（简称甘肃省地矿局）与出国工作］任队技术负责人。在他的指导下，我具体分管金川矿区地质勘查工作，于1961年完成了第Ⅰ矿区勘探任务，提交金属储量镍90万吨、铜50万吨，化验确定矿石中伴生有钴、铂族、金、银、硫等多种有益组分。这项重大地质勘探成果受到国家的极大重视，因为当时只有四川力马河一个1万多吨的小矿山，远远不能满足钢铁工业制造合金钢对镍的需要，所

---

① 将工作区按同学人数分为若干块，每人1块，工作到谁的块地，就由该同学负责组织其他同学，收集相关资料，完成该块地毕业设计需要的工作。
② 普查专业的学生一般都写与矿产相关的地层、构造、岩石等方面的论文，为写作这篇论文收集的资料显得有些另类。

以在1960年左右还处于普查评价阶段时，国家就决定同时就地筹建镍矿工业联合企业——永昌镍矿（1961年1月23日更名为金川有色金属公司）。第Ⅰ矿区勘探成功为这一工业基地的诞生提供了资源保障。

1963年，我接替陈学源（也因调甘肃省地矿局工作）任队技术负责人，继续主持金川矿区地质勘查，经物探圈定和钻孔验证，证明第Ⅲ和第Ⅳ两个矿区是隐伏于第四系之下的贫镍矿区。唯有第Ⅱ矿区岩体出露地表规模最大，但地表没有矿化，已经施工了19个深度达200～300米的钻孔，除岩体东段个别钻孔岩心见贫矿化之外，大多数钻孔都未见矿化。1965年，我决定深部找矿，编制、部署、施工一批500米以上的深孔，打到12线22号孔时，于560多米至926米处见到了深部厚达360余米的厚大隐伏富矿体，后来在走向1000多米长度内圈定了这个大矿体，使得金川矿区镍金属的已知总储量达550万吨，平均品位镍1.06%；铜金属探明储量达350万吨，平均品位铜0.77%，伴生大量的钴、铂族、金、银、硫等有益组分，是世界级的巨型硫化镍矿，投产后，从根本上改变了我国镍资源短缺的局面。1981年经国务院批准，设立了金昌市这一举世闻名的"镍都"。1986年甘肃省人民政府和地质矿产部在金昌市金川公园建立"献给祖国镍都的开拓者"纪念碑。我的名字作为开拓者的代表之一，被镌刻于碑文中。

四、区域地质调查八年（1972～1980年）

甘肃省曾设两个区域地质调查队，分担全省1：20万区域地质填图任务。一个队设在酒泉，负责甘肃西部的"甘肃北山"和"祁连山西段"的填图；另一队设在兰州，承担甘肃东部的"祁连山东段"和"秦岭西段"的填图。1972年，我从金川六队调入了兰州区域地质调查队，任总（地质）工程师。兰州区域地质调查队建队于1958年，承担上述两个地质单元20余幅填图任务，建队以来已填测10余幅。但由于早期经验不足等，已完成图幅存在不同程度的地质矿产质量问题，需要复查补课之后再新填其他图幅。

通过复查，一些图幅的质量获得了较大的改进，地质矿产方面各举一例如下。

（1）祁连山东段的一些补课图幅发育的"老君山砂砾岩"按传统观点划为"下石炭统"，是石炭系底部的一套"磨拉石"建造。据此认为，祁连山是华力西运动（第一幕）折返的。复查确定其上部的一套红色碎屑岩沉积（岩性以砂岩为主，近顶部常夹泥灰岩或砂质灰岩，底部为一层石英质砾岩）的下部产植物化石——*Leptophloeumrhombicum*、鱼化石——*Remigolepis zhongningensis* 等，被确定为上泥盆统，新命名为沙流水组不整合或平行不整合于老君山组之上或超覆于下古生界之上。其下伏的砂砾岩归入中-下泥盆系。祁连山的折返就自然归属于志留纪与泥盆纪之间的加里东运动。这是有关祁连山地质构造演化的重大进展。

（2）补课图幅的另一项进展是金属量测量方法的改进。过去是在区调路线的地质点上采集原生岩块粉碎后进行半定量光谱分析，其精度已经不能适应圈定异常的需要。复查补课图幅一律改用谢学锦院士团队倡导的微细粒分散流沿流域重新采样扫面。样品分析方法则采用甘肃、陕西、湖北、辽宁、江苏五省实验室联合攻关研究确定的39种元素等。

总之，区域地质调查8年我在老区调队员的帮助下，作为总工程师，主要在图幅组织实施、质量监督检查、图幅验收、出版进度督导等方面，贡献了一份力量，使区调队承担的20余幅图和新开图幅（碌曲幅、文县幅、卓尼幅、香泉幅等）按正常进度相继出版。

还应特别提出，1980年2月，经区调队副队长潘启雁和地质科科长刘新城介绍，我被组织接收为中共预备党员，并于1981年3月经甘肃省地矿局地矿处党支部批准，转为中共正式党员。在祖国大西北的甘肃省，经历普查找矿、矿产勘探和区域地质调查的锻炼，我终于成长为一名共产主义战士。我绝不背叛这一光荣称号，它将指引我终身为之献身、为之奋斗的崇高目标。

五、黄金找矿突破（1980年至今）

20世纪80年代之前，甘肃省只在白银厂铜矿和金川镍矿两个硫化矿床中分别产有伴生金矿，前者约36吨，后者约73吨，全省伴生金储量约110吨。至此，我国还没有一处原生金矿床。

1981年，我被任命为甘肃省地矿局副局长、总工程师。当时，正值党的十一届三中全会之后，全党全国都转向以经济建设为中心，实行改革开放。地质矿产部也提出了"以地质找矿为中心"的指导方针。所以，我首先考虑的就是今后的找矿方向和突破矿种问题。为此，我回顾了前30年甘肃省地质找矿比较成功的十几个实例，总结出它们具有三大特点。

第一，多为国家建设急缺的、大宗的金属矿产，如镍、铜、铁、铅锌、钨、铬铁、锑等。这些矿产显然是甘肃省的优势矿种，今后仍应加强勘查，力争取得更大的成果。

第二，一般在地表都具有直接找矿标志或间接找矿标志，如露头矿、氧化带、古采坑、铁帽、矿致异常、重矿物异常等。

第三，一般都属肉眼可识别和易识别矿种。

通过这番回顾我感受到，今后找矿突破应当关注那些肉眼难识别且价值高昂的贵金属、稀有金属、特种非金属矿产。但主攻什么矿种，一时还未定夺。

1982年7月29日，温家宝同志在调离甘肃去北京之前，曾提出过甘肃省地矿局地质工作的部署意见（《甘肃地质工作调整形势和今后的方针》）。尤其是，他首次提出，"要巩固已组建的六个金矿普查分队，长期坚持在北山、祁连山、西秦岭开展黄金普查；要切实解决金化探取样、分析测试方法及所需的砂钻、浅钻等手段问题"[①]。他的这个意见，实际解决了主攻方向和关键突破矿种（黄金）

---

① 温家宝.温家宝地质笔记.北京：地质出版社，2016：266.

问题，得到局领导、各有关地质队及局地矿管理团队①的高度赞同并长期地贯彻执行，最终取得了金矿找矿与勘查的重大突破。

（1）甘肃第一例原生金矿的发现

1980年，物探队率先在甘肃北山开展1∶50000（水系沉积物测量）普查，在破城山幅发现并圈定了砷、汞、锑、银、金、铜、铅、锌、钨、钼（后5种元素较弱）多元素组合异常区域，面积约15平方公里。当年经踏勘检查，在源区见两条石英脉：一条宽数米，含镜铁矿；另一条平行于它的北侧，宽达数十米，但未见矿化。

1981～1982年，该队在异常范围内，先后做了1∶25000和1∶5000岩石测量，并结合磁法、电法等物探工作进行异常查证工作。结果，普查时的各异常元素均再现，原生晕异常强度比1∶50000化探（水系沉积物）高1～2个数量级，异常面积达1.5平方公里以上，而且连续性好。异常主要与北侧宽大石英脉有关。依据元素组合特征，认为可能由金银矿引起。因此，该队布置了一条地质、化探、物探综合剖面，并使用刚引进的化学光谱法测金技术进行金分析。随后又在剖面异常内用连续捡块法采化学样17个，送地质四队分析，金品位一般为0.1×10^{-6}～0.5×10^{-6}，其中3个样分别达3.9×10^{-6}、11.7×10^{-6}、25.7×10^{-6}，与物探队化学光谱分析的3个高点完全吻合。同时，在周围水系采集20个自然重砂样，经鉴定竟在13个样中见到了自然金，可见异常为金（银）矿引起已基本明朗。但由于传统经验的限制，认为如此巨大的石英脉不大可能含金矿，所以该异常开始并没有引起足够的重视，其工程验证未能列入1983年的项目计划。恰在此时（1983年4月），谢学锦院士和邵跃教授来兰州讲学，物探队遂向他们汇报了该异常资料。两位专家一致认为异常应由金、银矿引起，而且矿床规模不会小。在专家意见的鼓舞下，甘肃省地矿局局长马万里于1983年5月亲临野外现

---

① 由总工程师、副总工程师、地矿处工作人员、探矿处工作人员等组成的一个负责地矿技术管理的团队。

场将该区域命名为"南金山"矿床,并决定调动酒泉四队一个分队进行地质检查验证工作。野外地质工作开展之后,我会同四队主管地质工作的副队长王志恒,再到南金山现场,取得两点共识:①这是一个与火山岩有关的次生石英岩型金矿;②地表岩石片理化发育,产状变化大,一定要把浅部产状控制住后(不惜动用浅钻、坑道)再布置钻孔,避免因产状变化钻孔打到下盘而发生漏矿(第一个钻孔未见矿,可能就是这个原因)。按照这个原则部署工程后,前后历经4年,探明了一个中型金矿(约8吨)。这是甘肃省第一例原生金矿。

(2)西秦岭第二例坪定金矿的发现

紧接着于1985年,地质三队在西秦岭白龙江复式背斜北翼发现坪定中型金矿(约6吨)。产于中泥盆统海相碎屑岩碳酸盐岩中,中低温矿物组合以雄黄、雌黄、黄铁矿为主要特征矿物,主要载金矿物为黄铁矿。在矿床进入详查阶段时,我召开了一次各队总工程师、技术负责人现场会,地质四队的王志恒等、地质一队的赵玉武等、地质三队的王炀等参加了会议,目的就是由三队系统介绍这种中低温砷金型(以黄铁矿为载金矿物)矿床,现场考察这类矿床的地质产出特征,在具备相似条件下加强这类矿床的勘查。现场会取得共识:参照金川物相分析硫化镍占比(70%)划分确定原生带的经验,在坪定金矿也用物相分析硫化铁占比(70%)来确定氧化带界线。经施工浅井验证氧化带深度达到9米。后来,在西秦岭这一相同地质单元中接二连三地取得了找金突破。

(3)大型原生金矿相继发现

20世纪80年代中期,由于1:20万碌曲幅、卓尼幅、文县幅等地质图幅陆续提交,特别是各图幅1:20万分散流扫面圈定的化探异常提供勘查使用,经地质三队、化探队和有色勘查地质队等对原图幅化探异常范围加大比例尺扫面查证,分别于20世纪80年代后期和90年代初,发现了小岩体蚀变岩型大水金矿、碳硅泥型拉尔玛金矿、微细粒黄铁矿型鹿儿坝金矿和李坝金矿。这4处金矿皆属大于20吨金的大型金矿床,这是全省大型原生金矿的进一步突破。

积极跟进1∶20万化探扫面和痕量金分析法。全省完成1∶20万化探扫面约39万平方公里(截至1997年占全省面积80%以上),发现各类金属异常1800余处,其中金异常约占50%以上,经查证全省发现除前述4处大型金矿外,还发现16处中型金矿、32处小型金矿。

(4)甘肃省黄金勘查与生产突飞猛进

由于黄金地质勘查的突破,国家十分重视并加大投入新建了一批黄金生产企业。至1997年,甘肃的黄金开发进入了有计划的发展,如大水[1]、寒山、李坝、小西弓矿床都相继开发了稳定的黄金生产矿山,黄金产量逐年增加。1996年产金达2685千克,1997年产金3815千克,1998年产金全国排名第六。产量达500千克的县有玛曲县(2195.7千克)、安西县(2043.2千克)、礼县(848千克)、肃北县(675.2千克)等[2]。这些原贫困县在一定程度上改变了面貌。

六、提出金川成矿模式(1987~1996年)

大致从19世纪下半叶到20世纪末,全世界地质学家都崇尚到大型层状岩体的底部去寻找硫化铜镍矿床,主要原因有二:一是19世纪下半叶加拿大发现了萨德伯里矿床,这是世界上最早发现的大型盆状岩体,岩体面积达1300平方公里,在辉长苏长岩体底部产有世界上最大的硫化铜镍矿床,镍的资源储量大于1000万吨;二是科学家V. M. 戈尔德施密特(V. M. Goldschmidt)在其专著《地球化学》(Geochemistry)中提出形成这类矿床的岩体必须巨大。长期地质实践尤其是金川矿床的勘查和模式研究,恰恰与这一传统理念相悖:金川铜镍矿床是一个陡倾斜的岩墙状的小岩体,面积只有1.34平方公里,在这样的小岩体中却产有如此巨大的镍、铜、钴、铂族、

[1] 经过较长时期的开发探测,大水金矿累计储量已达100吨以上,属超大型金矿床。
[2] 殷光明. 甘肃岩金矿床地质. 兰州:甘肃科学技术出版社,2000:2.

金、银、硫等，这不仅在中国，就是在全世界也是一个独特的矿例。从金川矿床的实践出发，我们论证了金川矿床的成矿模式，即深部熔离，复式贯入现存空间成岩成矿。其核心内容是：来自地幔的镁铁质岩浆在深部岩浆房中，分离结晶和/或同化混染作用导致硫化物饱和熔离，按重力由上而下形成贫矿岩浆、含矿岩浆、富矿岩浆、矿浆的分层，这种分层的形成是缓慢的、渐进的、预富集的。当发生重大动力事件时，岩浆房中的预富集分层岩浆，由上而下脉动式依次贯入现存空间成岩成矿（快速地、脉动地、突变地成岩成矿）。由于早期动力充足，上层贫矿岩浆是大量的且相对较轻，因此可以喷出地表或侵入较远、较高层位的空间，剩余的部分贫矿岩浆、含矿岩浆、富矿岩浆和矿浆多次侵入现存空间成岩成矿，上部大量贫矿岩浆的分出并侵入其他空间位置，致使金川形成了"小岩体大矿床"。

金川成矿模式是世界上最早的一个小岩体成大矿模式，对小岩体岩浆硫化物矿床的勘查和发现起到了积极的推动作用。

七、编写"中国镍矿床"（1983～1989年），开启岩浆成矿的进一步研究

20世纪80年代上半叶，中国地质学会矿床专业委员会决议：对中华人民共和国成立前30年的地质勘查成果进行系统总结，编写专著《中国矿床》。当时我任甘肃省地矿局副局长、总工程师，被指定负责编写《中国矿床》一书中的"中国镍矿床"章节，参加编写的人员有任端进、薛增瑞、毋耀开。我们4人都是参加过金川矿床勘查的，对其他各省（自治区、直辖市）的镍矿还不熟悉。为此，我们现场考察了吉林省（红旗岭1号、7号、赤柏松等），河北省（铜硐子），四川省（力马河），云南省（墨江、白马寨、金宝山、杨柳坪），广西壮族自治区（大坡岭），青海省（拉水峡）以及稍后发现的新疆喀拉通克、黄山等地的这类矿床，收集了相关资料，编制完成了"中国镍矿床"作为《中国矿床》中的一章出版，《中国矿床》

于1989年出版中文版,于1992年出版英文版。编写"中国镍矿床",开启了我对岩浆成矿的进一步研究。

中国镍矿床具有几个鲜明的特征:①主要发育在古地块边缘及其外侧褶皱带靠近地块的一侧,与深大断裂密切相关;② m/f 比值小于6的铁质基性-超基性岩体有利成矿[吴利仁在研究中国基性、超基性岩成矿等属性时,提出了镁铁比值公式,用 m/f 表示。$m/f=N$(Mg^{2+})+N(Ni^{2+})N(Fe^{2+})+N(Fe^{3+})+N(Mn)。式中:N 为原子数比值。当岩石中硫化物多时,计算 m/f 时不考虑 Ni。];③成矿的岩体都很小,中国有工业意义的镍矿都是小岩体矿床,最大的一个就是金川岩体,只有1.34平方公里,其他的镍矿岩体都小于1平方公里;④具有一个完整的成因分类系列;⑤明确提出深部熔离-复式贯入矿床是中国的主要矿床类型。

小岩体成因分类

类型	就地熔离	深部熔离-贯入			晚期贯入	
亚类		单式贯入	复式贯入	脉冲式贯入	岩内晚期	岩外晚期
实例	新疆坡一、坡十 广西大坡岭	吉林红旗岭7号	甘肃金川 四川力马河	云南白马寨	河北铜硐子	青海拉水峡

通过金川成矿模式和中国镍矿床的研究,我在思想认识上有一种升华,即深部熔离-复式贯入是小岩体成(大)矿的机制,其核心就是深部岩浆房中的预富集作用,在不同条件和不同环境背景下,发生不同形式上侵定位成矿的结果。这种认识反映在一些论文和相关专著中,如《岩浆硫化物矿床成矿机制》。

此外,还应提到一件事,大概是在20世纪80年代中后期,在"中国镍矿床"初稿审查会上,我提出中国镍矿都以基性的小岩体矿床为主。散会之后走在路上,涂光炽先生(中国科学院院士,曾是我在北京地质学院时的老师)对我说:"汤中立,不仅是基性岩,酸性岩成矿的岩体也很小。"这句话深深地刻印在我的脑海中,也是我后来研究长英质小岩体成（大）矿的起因。

八、岩浆成矿新探索——小岩体成（大）矿体系（2000年至今）

1995年，我以甘肃省地矿局教授级高工的身份当选中国工程院院士。后来受聘为长安大学教授、博士生导师、造山带成矿研究所所长，兼任兰州大学教授、博士生导师、地球科学矿产资源学院名誉院长，中国地质大学、浙江大学教授。

十几年来，除参加中国工程院的有关活动之外，我和以上大学的相关老师，以及有关科研企事业单位的同行专家密切合作，主要做了以下5个方面的事情。

（1）较广泛地考察了国内外的小岩体成（大）矿的实例，尤其是那些世界级的镁铁质小岩体成（大）矿的实例和那些长英质小岩体成（大）矿的实例。

（2）完成了一批科研项目。其中有国家自然科学基金重点项目、中国工程院咨询项目、国家重大科研专项项目、地质大调查专项项目，浙江省、甘肃省以及金川集团有限公司委托的项目等。

（3）培养了一批青年才俊。在上述高校及科研机构培养硕士、博士、博士后35人。

（4）在镁铁质小岩体成（大）矿的基础上，继续进行了岩浆成矿新探索。发表了《中国的小岩体岩浆矿床》（2002年）、《中国镍铜铂岩浆硫化物矿床与成矿预测》（2006年）、《中国岩浆硫化物矿床新分类与小岩体成矿作用》（2006年）《两类岩浆的小岩体成大矿》（2006年）、《小岩体成大矿的范畴及地质属性》（2008年）、《岩浆硫化物矿床勘查研究的趋势与小岩体成矿系统》（2011年）、《小岩体成矿体系》（2011年）、《岩浆成矿新探索——小岩体成矿与地质找矿突破》（2012年）、《小岩体成（大）矿理论体系》（2015年）等一系列论文或专著。

（5）在上述科研和论文及专著的基础上，编写出版了"十三五"

国家重点图书——《小岩体成（大）矿理论体系》，作为《中国矿产地质志》的一部分出版（2021 年）。

在执笔这份自序时，我深深地感到自己是一个幸运的、普通的地质学家，说我幸运是因为我参与发现并勘查了金川镍矿。如果没有那次实践，我的人生肯定另有他样。我很普通，不是什么天才，我也经历过坎坷，在特殊历史时期受到过冲击。但这些都是一个人成长路上的财富，它们让人更加珍惜自己的目标和追求。这些年，我好像只做了一件事，就是沿着"金川镍矿—中国镍矿—小岩体成（大）矿—两类岩浆小岩体成（大）矿—小岩体成矿体系—小岩体成（大）矿理论体系"这样一个地质历程不断地实践与探索。我可以算是一个以"为祖国找矿、献宝"为天职的人。

2022 年 3 月 10 日

目　　录

总序　/i

院士自序　/v

第一章　青葱少年 …………………………………………（001）
　一、生命之源 …………………………………………（003）
　二、学海启蒙 …………………………………………（012）
　三、青春昂扬 …………………………………………（016）

第二章　走入地学 …………………………………………（029）
　一、地学象牙塔 ………………………………………（031）
　二、发现辉铜山 ………………………………………（039）

第三章　"镍都"开拓者 …………………………………（055）
　一、美丽的孔雀石 ……………………………………（057）
　二、白家咀子露头 ……………………………………（064）
　三、陈鑫带来好消息 …………………………………（070）
　四、"镍都"的开拓者 ………………………………（078）
　五、里程碑式的一钻 …………………………………（091）

第四章　向光而行 …………………………………………（105）
　一、艰难时期遇爱情 …………………………………（107）
　二、逆境中葆初心 ……………………………………（116）

三、区调八年 ·· （126）

第五章　一心向党 ·· （137）

第六章　开启甘肃黄金大省的足迹 ································ （145）

第七章　科研攀升 ·· （165）
　　一、当选院士，再创辉煌 ·· （167）
　　二、小岩体成（大）矿理论 ·· （175）
　　三、走向国际地学论坛 ·· （188）
　　四、心系地学参政议政 ·· （207）

第八章　教书育人 ·· （217）
　　一、推进长安大学地学发展 ·· （219）
　　二、为人师表，桃李天下 ·· （228）
　　三、与时俱进争分夺秒 ·· （245）
　　四、探索绿色矿山建设 ·· （259）

附录 ·· （267）
　　附录一　汤中立院士大事年表 ·· （269）
　　附录二　汤中立院士主要论著目录 ································ （273）

后记 ·· （279）

作者简介 ·· （281）

第一章

青葱少年

一、生命之源

汤中立的生命河流静谧深沉，从安徽流向湘西，流向安庆，流向北京，流向兰州，流向西安……流淌至今，河流里荡漾的涟漪，更多的还是已经远去的父亲和母亲。

每个人都有离开的时候。出生的时候，自己哭，大概是因为对降临的世界一无所知畏惧而哭；离开的时候，别人哭自己，而自己已经无所感应，但依然牵动身边人的心绪。在生死离别的时候，眼泪饱含了深刻的意味，有对人生经历的体悟，还有难以割舍的离别。

1997年秋天的一个中午，正在兰州的汤中立接到了一个电话：母亲病危了！这炸雷般的消息劈得汤中立有些眩晕，他站在原地无神了好一会儿，眼泪滑下来，心开始疼痛。他知道，母亲已是高龄，如果不是特别不好，家里的妹妹不会打电话来的。他急匆匆地放下手头的工作，有些六神无主地对妻子方桂云说："快，快，我得回老家去。"

他开始收拾回家乡的行李，由于自己平时的起居生活几乎都由妻子照顾，此时他更是没有头绪地手忙脚乱。妻子安抚他道："老汤，你坐下来平静平静，我给你收拾东西，你梳理梳理自己的情绪。"然而，汤中立根本坐不下来，孩子们在帮忙订票，妻子在收拾回家乡要带的衣物、证件，他端起水杯又放下，走到卧室又返回客厅，他拿出自己的一个日记本，从里面抽出一张和母亲的合影，望着照片上的母亲，泪水抑制不住地流了下来。

"慈母手中线，游子身上衣。"汤中立离开故乡安徽已经很多年了，这些年来，除了偶尔出差途经安徽，以及个别年节能回去老家看看母亲和其他亲人们，其他时候，他就像一叶浮萍，始终没有着落地漂泊在故土以外的地方。即便自己成了家，在兰州、西安分别生活了许多年，但他的心里，始终因为远方的母亲，而认定家就在母亲所在的远方。

坐上火车,汤中立好像坐上了穿越时空的太空船,眼前全都是过去和母亲在一起的影像。身边的儿子让他休息一会儿,他点点头,靠在座椅上闭上眼,脑海里开始演电影,家乡的一草一木、家乡的院子、自己的妹妹、白发苍苍的老母亲,一幕幕在脑海里翻滚。他睁开眼,儿子端了杯热水递给他,他润了润嘴唇,喝不下去。望着车窗外飞驰而过的风景,他的眼角又一次滚落下泪水,他似乎觉得母亲的嘴唇也有些干,他要给她喂一些水喝,要拿棉签蘸上凉开水擦拭母亲有些皴裂的嘴唇。

汤中立和妹妹汤若霞陪同母亲(时年87岁)游南京中山陵(摄于1992年)

摇摇晃晃,昏昏沉沉,但他还是能够找到童年时就已经深深印在脑海里的回家的路。他迫切地要见到母亲,下了车,他脚下像生了风一样,转过弄里巷尾,穿过十字街头,终于见到了那座熟悉的房子,回到了那个魂牵梦绕的家。越是靠近母亲,他的心跳得越厉害。"病危",这两个字,折磨得他昏天黑地,无法自已。

进了家门,他把行李扔在地上就来到母亲的床前。南方的秋天,潮湿里浸透着寒冷。汤中立握着母亲枯瘦的手，不知道该问什么，只是不停地呼唤："妈，妈，我回来了，您怎么样？怎么样啦？"妹妹望着哥哥进来，激动地对母亲说："妈，我哥回来了，我哥回来看您啦！"

母亲艰难地笑了，眼角渗出泪水。她回应他温暖的手，用力地握他的手，很小的声音从喉咙处发出来："立儿，你回来真好！"

那一夜，汤中立执意要一个人守在母亲床前，这位92岁的老人，尽管已经语言表达不连贯，口齿不太清楚，但是她的脸上始终萦绕着微笑，儿子给她带来了温暖的慰藉。

时光是一条飞船穿越的隧道，久远只是一个代名词，往往数十年如一瞬间。小时候，年轻的母亲拉扯着他们兄妹几个成长，场景就像昨天一样历历在目。如今，年迈的母亲需要他们来赡养照顾。他端起妹夫送来的粥，用勺子一口一口地喂给母亲，每一口她都下咽艰难。但是，这是儿子喂给她吃的，所以她每一口都吃得很用心、很努力，她想让儿子放心。儿子能放下手头忙碌的工作从千里之外赶回来看自己，已是垂暮之年最温暖的事情。嘴里那汤饭，虽然下咽疼痛，但此刻也变得柔软香甜。

汤中立边喂饭边说："人是铁饭是钢，能吃才会有力量。"母亲坚持着吃了小半碗米汤汁，就再也吃不下了，柔弱地问道："立儿，你今年多少岁了？"汤中立笑着说："妈，我63岁了。你忘记了啊？"母亲轻轻地摇头说："没忘，这我哪能忘记呢！我只是想起了你出生的那天。你出生在1934年的10月30日，农历是九月二十三。我没忘啊！"

"哦？"汤中立心生疑问。他之前从没听过自己的生日还有阴历阳历之说，他一直使用10月30日作为自己唯一的生日。孩子生日就是母亲的受难日，母亲铭记这一天，对他的一点一滴都记得很清楚。汤中立觉得十分欣慰，母亲头脑还很清醒，没有糊涂。同时，他又觉得母亲是在特别强调，让他记得自己的生日分阳历和阴历，大概以后没有谁会这样在乎或者记得这一天曾经是一个女人疼痛欲死而迎接新生的日子。

昏黄的灯光下，母亲拉着汤中立的手，很正式地和他讨论他的生日问题。汤中立有一种莫名的伤感，他内心有一种担忧，他怕这是一种交代和不会再有的证明。他因此不再多说话，静静地听母亲说话，哪怕她说不了几句且说说停停，他也异常珍惜这倾听母亲的声音的机会。

夜已经深下来，寒意渐浓。窗外那些影影绰绰的白桦树在风中摇摆，汤中立感觉到了风雨欲来的气息。

他摸摸母亲的手，此刻非常柔软。这哪里是劳作一生的双手啊？这是母亲最真实、最温暖的手，这双手，纳过无数的鞋底，洗了无数的衣服，烹调了无数的佳肴美味……这双手抚摸过他，也敲打过他，这双手的每一条纹路里都藏满了对孩子们的爱。

母亲接着说："不会有错，你父亲是1932年从北京大学毕业的，他干过记者、编辑，后来从事教育工作，忙，你出生的时候，你姨妈一直守在我身边呢，你父亲还在外地教学。"

提到父亲，母亲满眼放光。在大字不识几个的母亲眼中，汤启仁就像一座大山。那个年代，一个北京大学的毕业生，在安庆是少有的。仅北京大学毕业这一点，就足以让母亲这个没上过学的女人敬慕一辈子。尽管父母婚后始终聚少离多，尽管她没有和他过上什么太好的日子，但是，她始终认为自己的丈夫是一个优秀的男人，是一个值得依靠的男人。

汤中立望着慈祥的母亲，昏黄的灯光下，沧桑的皱纹让人感叹不已，岁月如梭，在自己成长的日子里，只有围绕在母亲身边的那些小时候的时光最清晰，长大后去北京上大学，去甘肃、陕西工作，能陪伴她的日子太少了。他摩挲着母亲柔软的手，所有温暖的记忆涌上心头。

这一次探望，母亲奇迹般地好转，让汤中立和姐姐妹妹们悬着的心慢慢放了下来。家有一老，如有一宝，有老人在，家就是团圆的、幸福的。母亲断断续续却吐字清晰地说："你那么忙，国家的事情重要，你去忙吧，我这好着呢，有你妹妹她们在，你放心去工作吧！"

汤中立依依不舍地离开安庆返回了兰州。他没有想到，这一面，竟是和母亲最后的见面。回到兰州没有多久，家里又一次报急：母亲病危！

这一次，汤中立带着妻子一同返乡，他心里有一种预感，这一次病危母亲更加严重。当他们踏入家门，看到家中白色的花朵、白色的孝服，汤中立的泪水冲破了最不愿抵达的堤岸，母亲走了。

她安详地躺在那里，身体冰凉。他喊不应她，她也无法再和他说一句贴心的话。汤家姊妹们已经给母亲穿好衣服，梳理好头发，母亲虽然一生劳苦，但她始终保持着整齐素净的习惯，他们要按照母亲日常的样子送她远行，好像她从容地去，并能从容地回到孩儿们的梦中。

母亲入葬那天，天空淅淅沥沥地下着小雨，让人更加觉得难受。母亲就这样走了，孩子们抬着那坚硬的棺材，一路泥泞地去送她，雨水和泪水混在一起，悲伤和悲凉互相交织。苍天也在为她的离去垂泪，1997年的秋天，在汤中立的人生中特别寒冷，在父亲去世45年后，母亲的离去，让汤中立成为一个没有父母的孩子，他忽然觉得伶仃于世。

当最后一铲土覆盖了棺材盖，汤中立的心刹那间黯淡下来，眼泪淹没了眼眶。从母亲生养自己，以及后来帮自己带大女儿汤棣和小儿子汤安，这一切，都是母亲肩上沉重的负荷，可是她坚强地走了过来，她生命的火种燃烧出家族的烈焰，如今，却像星辰坠落，永远滑入了历史的长河。

母亲周凤英是一个极其平凡的女人，所有的平凡都孕育着不言而喻的伟大。如果不是因为勤劳朴实，她大概永远只是一个淹没在人海中的小鞋工。

在模糊的泪眼中，汤中立仿佛看到了母亲从遥远的过去走来……

1905年，周凤英生于一个清贫的家庭。那时候，中国正值内忧外患，列强企图瓜分中国而步步试探，羸弱的清政府也走到了穷途末路之际，各方势力蠢蠢欲动，让原本并不富裕的普通民众生活变得格外艰难。由于家里贫穷，周凤英在10岁的时候，就开始在汤中立祖父家开的"五福鞋店"里干活儿。虽然年纪小，但是她非常本分又能干，除了日常干的针线活儿，鞋店里很多打扫卫生、待人接物、迎来送往等事情，她都抢着干，而且始终踏踏实实，毫无怨言。这一切都被店老板也就是汤中立的祖父母看在眼里，他们一直将周凤英留在他们家干活儿，看着她一天天长大，直到周凤英15岁的时候，她被汤中立的祖父安排嫁给了汤启仁，成为汤家儿媳。

虽然在汤家的身份变了，但在周凤英的心里，自己的姿态没有变，她始终认为自己是一个劳作的人，无论和谁联姻，都要和从前一样，干好家里的每一件事，与人为善，尊老爱幼。

每天，她是家里最早起床的，打扫卫生，整理院落，浇花洒水，上街买菜，入厨上灶……她的勤劳，是汤家老少交口称赞的。后来，汤启仁上了北京大学，成为安庆闻名遐迩的佳话，没有人会相信汤启仁的妻子是一个非常传统甚至还缠了三寸小脚的白字女人。汤启仁一直在外奔波忙事业，周凤英就成了家里管老管小的大管家。

传统的周凤英操持着汤家里里外外的事情，她始终认为，一定要为汤家添砖加瓦、传宗接代。按照汤家老人的期待，她生了第一个女儿后，又有了第二个女儿、第三个女儿，直到有了儿子，儿子一出生就被家里视如珍宝，但是，因为早产和医疗卫生条件差，后来两个儿子相继早夭，这让周凤英难过至极。

没有男丁，周凤英始终觉得自己在汤家立不住脚，当她又一次怀孕的时候，内心充满期待，但仍放不下照顾家中老少的事宜。忙碌的同时，她格外呵护肚子里孕育的新生命，每天为腹中的孩子清唱家乡小调，这小调就是最早的胎教，是母亲和孩子呼吸与共的互动。

汤中立出生的时候，汤启仁并没有守护在妻子身边，他一直在阜阳第五女子中学教书，即使是在一个省，但在那个既没有便捷的交通工具更没有迅捷的通信工具的年代，他只知道妻子有了身孕，却不知道她什么时候分娩。

婴儿的啼哭声告诉世界，这是汤家的又一个男丁。风雨飘摇的旧社会，底层人民的生活朝不保夕，很容易就跌入谷底，汤家并不富裕，自从祖父汤五福过世，"五福鞋店"也关了门，汤家家道中落，出生在安庆铁佛庵5号院的男丁又让汤家重燃希望，尤其让母亲周凤英这个传统的家庭妇女激动不已，这是上天赐给汤家的珍贵礼物啊！

父亲没在身边，给这个新生婴儿取名字的事就成为安庆名流、汤中立的大姨父史磊冰的任务。生于1882年的大姨父史磊冰（原名史浩然，字磊冰）是桐城人，1915年寄籍安庆。他从小在私塾接受教育，及冠后开始在桐城学堂教书，并自学日语和数理化课程。汤中立出生的时候，大姨父已经52岁，和过去出洋留学、混迹官场相比，他虽然仍从事一些教育工作，但心境已不如早期那样充满蓬勃斗志。1905年，史磊冰被桐城公费派出日本留学，归来后任教南京商业学校。及至1908年，他觉得有必要进一步回炉学习，又专门自费留学日本，进入明治大学学习；1910年，又考入东京高等工业学校（后改名为东京工业大学）学习化学。两赴日本留学归来的他备受关注，任安徽工业学校校长，后因北伐战争以及家中老父亲病重，他离开了教学领域，并从此斗志消减。也正是此时，汤中立的诞生，给这个已知天命的人带来了一些欣喜。他很认真地为这个男婴起了名，"中"字是汤氏家族的谱辈，"立"字寓意"立志成才"。尤其是这个"立"字，既蕴含了他对孩子的期望，也饱含着对自己的一些寄托。岁月证明，大姨父史磊冰对汤中立后来的发展影响切实且深远。

汤中立，这个名字从此此起彼伏地响起在汤家的角角落落，汤中立也是母亲周凤英最为关爱的孩子，及至后来，最后一个小妹汤若霞出生后，母亲再未生育，汤中立成为汤家唯一长大成人的男丁。

除了夭折的孩子，母亲一个人带了五个孩子一路成长。汤中立由衷地敬佩母亲最无私的付出，她含辛茹苦，任劳任怨。

从记事起，汤中立心中的母亲就是慈母，他对母亲的情感要远远深于父亲，父亲的形象在他心里几乎是模糊的。在汤中立的心里，父亲是一座遥不可及的大山，他始终是在奔事业的路上，而不是在家庭里徘徊的家长。在父亲常常不能在身边的日子里，母亲同时扮演着严父的角色。

虽然母亲不认识几个字，但从丈夫汤启仁的身上，她看到了教育的光芒。北京大学毕业的汤启仁曾经做过《安徽省民国日报》的编辑，作为一位文字工作者，他每天为采写稿件而走向民间，但是随着战事的发展，报纸的风格逐渐改变，作为一个普通的编辑记者，对这一改变他也不能定夺。当发现报纸的内容慢慢偏离群众不接地气，报纸的发行也逐渐衰落时，汤启仁向报纸的主要负责人提出建议，希望能从平民的角度来做这份报纸。1932年，《安徽省民国日报》进行了改革，更名为《皖报》，走了平民路线，赢回了许多老读者的心，汤启仁曾担任该报总编辑。

报社终究不是父亲能够实现人生价值的地方，他始终在追逐着实现自己人生价值的最大化。抗日战争的全面爆发中断了他的媒体生涯，让他重新回到了教书育人的老本行。

父亲汤启仁同时也给母亲周凤英灌输过一个理念，那就是"所有的孩子都必须接受良好的、严格的教育，只有教育才能让孩子有出人头地之日"。母亲带着孩子们随父亲颠沛流离，从安徽到湖北，从湖北到湖南。湘西所里在汤中立的印象中是一个梦幻般的地方，因为这里是父亲奋斗的地方，是那所名闻天下的国立八中所处的位置。

汤中立出生的年代，很多学校一面流亡一面抗日。1937年，抗日战争全面爆发。1938年，在日军侵占了上海、南京后，江苏、浙江、安徽、山东等省的大片国土沦陷，由于日本侵略者烧杀淫掠，学校无法办学，成千上万的大中学生面临失学的危险。当时迁往重庆的国民政府教育部先后在后方创办了20多所国立中学，用来收容沦陷区的学生。这些学校统一按建立先后次序命名为国立第一中学、国立第二中学、国立第三中学等，其中，规模最大的就是国立八中。不愿做亡国奴的学生们，从沦陷区撤出，由安徽至湖北武汉，至湖南邵阳，最后到湘西。国立八中规模最大时有师生5000余人，在湘西8年间，为国家培养了大量人才。时任湖南省政府主席张治中非常重视教育，1938年7月，当他获悉家乡即将建立国立安徽中学的消息后，即向国民政府教育部部长陈立夫提出，为了改变湘西文化落后的状况，希望国立安徽中学能到湘西建校。国民政府教育部非常重视张治中的建议，在听取安徽省教育厅和7所中学的意见后，决定以已建的安徽省立第一、二、四临时中学和阜阳的3所学校共6所中学为基础，成立国立安徽中学（即后来的国立八中），并任命教育厅厅长杨廉出任校长，校址就设在湘西所里镇。

当时，父亲汤启仁是国立八中的一名语文教师，汤中立也因此在所里生活了8年。

追随着父亲，母亲带着年幼的儿女们，一起流亡到湖南省乾城县所里镇。如今汤中立还和当地人一样习惯称吉首为"所里"，那段旧时光在他的记忆里深刻且难忘。所里有条清澈见底的峒河，汤中立的童年就是在峒河水里、吊脚楼下度过的。湿润的空气里升起袅袅炊烟，质朴的乡里同胞操着别具特色的口音和腔调，汤中立说，自己的童年处境和沈从文笔下的湘西是一样的。

在所里生活的日子，年龄尚小的汤中立已经开始体会到了生活的艰难。在这个偏僻的地方，一家人维持生计仅靠父亲中学教员的薪资显然是捉襟见肘。母亲开始帮人浆洗衣服、做鞋垫儿，赚取一些收入补贴家用。那时候，虽然汤中立还不了解外面的世界正是战火纷飞，国家面临着抉择，但家里艰苦的生活他是能够真实感受到的。那时候，三姐汤若霖开始在湖南省立第九师范附小教书，她的固定收入和父母的收入成为家里经济来源的三大支柱。

二、学海启蒙

1940年，汤中立进入湖南省立第九师范附小开蒙读书。读书，让年幼的汤中立心里充满了向往与欢欣，温暖且快活的校园将国破家亡的痛苦隔离在远处。在这里，他开始认识汉字、阿拉伯数字，开始听音乐，学习绘画，校园让他接触到更多的老师与同学，也让他走进一个更大的世界。

上学后，他也懵懂地察觉到，其实父亲汤启仁的生活重心已经不完全在周凤英及其子女身上。那时候，汤启仁和周凤英母子们隔峒河而两岸相居。汤中立印象中父亲鲜少回家，他成了父亲和家里联系的桥梁，因为父亲每个月要给家里一些钱，都是由汤中立前往河的对岸去找父亲拿。直到1943年，汤启仁离开了所里，赴重庆江津工作。那时候，交通不便，似乎有两三年的时间，汤中立都没有见到父亲，他是在母亲和三个姐姐的照顾下长大的。母亲没有太多文化，这大概是她和父亲之间最难以融合的地方。但是，无论父亲在哪里，母亲对父亲都没有丝毫抱怨。传统，让她始终默默认定嫁给一个人就是他的妻子，就是要繁衍下一代，养育汤家骨血。

这位踩着一双"半解放"脚板的女性为了带孩子，在姐姐的熏陶下认了一些字，已经能看懂汤启仁寄来的信件，她也严格地教导着自己的孩子，教育他们要走正道，要念好书。

没有一个孩子的童年是不爱玩耍的，汤中立也一样。上小学的他，常常身在课堂，心已远游。后来甚至身心全都逃离了课堂，把快乐种在了所里的每一条小路、每一支河流里。汤中立经常约一些同学，一早从家里出门，说是上学去了，其实根本就没有去学校，而是相约一起去玩耍。

峒河，是养育所里人的母亲河。姐姐曾对幼时的汤中立讲，峒河流过的地方，在古代被称为武溪苗蛮之地，是武陵山的腹地。这里曾经异常荒野，东汉伏波将军马援曾在这里征战。《续武溪深》中这样写道："滔滔武溪一何深，鸟飞不渡，兽不能临。嗟哉武溪何毒淫。"可见，峒河由来已久，而且边远人兽罕至。发源于花垣县雅酉镇坡脚村老人山的峒河，流经禾排、大兴寨、矮寨、寨阳，穿过所里，流入河溪、潭溪、洗溪，最后汇入沅江。峒河在所里的这段河流并不很宽也不很深，水也不急，却清澈见底。相传峒河里是有娃娃鱼的，可见当时峒河的生态非常好。汤中立和当地人一样热爱这条河，在这条河里嬉戏游泳、抓鱼捞虾成了他童年最大的乐趣。

汤中立和小伙伴们最爱在清澈的峒河边嬉戏，他经常把书包放在土地庙的香炉腔里或者泥像的背后，然后跑到老渡口，抱着那个因拴船而被磨得光溜溜的石墩子，慢慢走到河里，待到水深及膝的时候，就像泥鳅一样滑入水中。那时候，峒河的水清澈见底，从河堤上就能看到河底的石头。河的两岸绿树丛绕，野花常开。这条美丽的河流，像一条丝巾，紧紧地系在汤中立的记忆之树上。2016年，汤中立还专门在家人的陪同下，回到了自己魂牵梦绕的峒河边。望着几十米宽的河面，沿着峒河边，他徐徐而行，这里的一草一木，历尽沧桑，依然葱茏，和小时候相比，宽阔的峒河已经不是那么茫茫一片了，身临其境，往昔自然而然地重现在眼前。

临峒河而长，汤中立自然很熟悉这条湘西有名的河流，他的好水性也是在这条河里练出来的。好水性和好学习成了一个矛盾的问题，也引起了母亲的注意。因为时常去游水甚至逃课，母亲悄悄盯住了他。终于有一天，母亲早已打过招呼的邻居向她透露："你家小子又去游泳了！"

那是一个上课的时间，母亲听到汤中立又去峒河游泳的消息后，扔下手里正在忙的活计，一路小跑沿河而来。应该说，母亲对他时常逃课去游泳戏水的事情早有所闻，她也有可能之前就跟踪而来过，所以，这一天汤中立刚下河不久，母亲就已经悄悄站在了他下河的地方。那里是河岸浅滩处，一些人经常在这里的石头墩子上洗衣服，正是从这里，孩子们由浅入深，去深达五六米的地方游泳。母亲在河岸边的草丛里站着，尽兴的汤中立哪里会想到母亲已经到了河边，更没想到淡定的母亲执着地在岸边等了一两个小时。就在汤中立走出浅滩上了岸时，母亲突然一把抓住他，衣服裤子都没让他穿上身，就牵着光溜溜的汤中立从河边往家走。一路上母亲什么话都没说，汤中立就默默地走在她身后，那一刻，他心惊胆战，知道自己犯了大错。一向对他寄予厚望的母亲真是生气了，她让他裸着身体游街一样走回家，就是在让他感到难堪，在教育他，让他终生难忘。

在汤中立的记忆中，母亲从来没有动手打过自己，即使那次河边抓住他逃课，她也只是罚他站在家里的院子中间，让他自己反省。"你想清楚，我为什么阻止你玩水。"站到快要吃饭时，汤中立终于低着头给母亲认错了。他说："我有两个'不该'，一不该随便逃课，对不起父母亲大人的殷切期待；二不该到深水处游泳，生命安全至关重要。"母亲听后落泪了，汤中立说的两个"不该"，就是她最想要提醒他的。他是汤家唯一的男丁，她有责任在丈夫不在身边的时候带好孩子们，让他们按照父亲的意愿去努力学习，更要时刻保护家里这唯一的男丁的安全，前面两个夭折的儿子，已经是她内心最沉重的痛。

汤中立知道母亲是对家里奉献最多的人，父亲不在的日子，母亲每天一早起床，照看着家里的孩子洗漱，孩子们上学了，她就帮人浆洗衣服，春夏秋冬，她的手泡在水里，夏天泡得粗糙起皮，冬天冻得红肿，但她从来没有喊过一声疼，她在竭力赚点收入补贴家用。

想到这里，汤中立懂事地走到母亲身边，为她擦去了眼泪，并答应母亲以后再也不逃课去游泳了。这一天，算是安稳地翻页了。峒河烟雾迷蒙的清晨、霞光满天的傍晚，所里的吊脚楼、水碾、渡口、码头始终长长远远地流淌在他的心底，成为汤中立心中永恒的怀念。

父亲汤启仁是一位教师，汤中立非常敬佩父亲，有时候他会驻足学校墙面上父亲书写的黑板报前观看，站在教室窗外看父亲教学，父亲的博学多识深深地影响着他。父亲始终给汤中立灌输这样一个观点：男儿当自强，必须要有本事，有手艺，要学会自立。父亲教书匠的身份，潜移默化地影响着汤中立养成了爱读书的习惯。小时候，他看连环画多，《岳飞传》《小五义》等都是他喜欢看的，这些连环画让汤中立粗浅地了解了什么是民族英雄，他开始在读岳飞故事的时候崇拜英雄，他开始理解民族和国家的责任担当。

小学前两年，汤中立的学习成绩不是很好，如果不是上三年级时遇到李逸枝老师，懵懂的汤中立大概还在求学的路上以更慢的节奏探索。

李逸枝在汤中立三年级的时候成为他的班主任。碰到这个学习成绩一般甚至还有些调皮的学生，李逸枝没有放任他发展。在她的心中，没有不学习的孩子，只有不明确的引导和赞美肯定的缺乏。有一天，她读到汤中立写的一篇作文，不仅文字结构令她惊喜，作文后附带的汤中立画的一幅画也让她眼前一亮。李逸枝把这篇文章和画贴到墙上进行展示，并在全班同学面前表扬了汤中立。坐在教室里的汤中立听着李逸枝的每一句肯定，心里激动万分，他没有想到，学习成绩平平的自己写的作文能上壁报进行展示，一个总被批评的人突然被表扬了，他甚至有些不好意思。

李逸枝老师的表扬，是一份温暖的鼓励，汤中立也暗暗给自己加油："我可以做得更好！"从那以后，汤中立悄悄地发生了变化，他不怎么逃学了，老师说的事情他都认真对待。慢慢地，他像换了一个人一样，向着阳光，不断成长。

大概是受父亲的影响，家里孩子们都很上进，大姐从国立八中高中部毕业后，去四川读了大学；二姐从茶峒师范学校毕业后和爱人一起去了重庆工作。1943年9月，从茶峒师范学校毕业的三姐汤若霖，也来到了湖南省立第九师范附小教学。因为是教师，她在学校里有一间自己的办公室兼宿舍，从此，她成了汤中立在这所学校无缝对接的监护人。汤中立和三姐汤若霖的感情日益深厚，他们是亲人，是朋友，也是师生。在后来一年多的小学生涯中，汤中立白天在学校上其他老师的课，课余，三姐汤若霖就成了他语文、算术、音乐等课程的辅导老师，更是他谈天说地的益友。

三、青春昂扬

1945年9月，抗日战争终于取得了胜利，抗战的胜利让那些飘摇在故乡之外的人看到了回乡的希望。周凤英一个人带着三个孩子，不敢贸然做出决定，于是原地观望了好一阵子。虽然不大懂时事，但眼见一批接一批的人陆续归巢返乡并平安落地，她也开始筹划返回故乡安庆的事宜。

1946年7月，母亲决定带着汤中立和汤若霞先乘难民船回安庆。这样的决定也是母亲无奈之下做出的选择，因为战时和父亲鲜有联系，家里的经济状况越来越差，三姐汤若霖把自己所有的积蓄都给了母亲，即使这样仍无法凑够回安庆的路费。为此，汤若霖决定继续留在所里任教，等攒够路费再择日回乡。汤中立感恩三姐为家里的付出，他十分不舍让三姐一个人留在条件艰苦的所里，流着泪和她道别："姐姐，你早点儿回来和我们在一起！"

难民船是一条大木船，船沿不宽，有六七十厘米，左右又没有栏杆，让这三个即将回家的人产生了一些不安全感。母子（女）三人手牵手依次通过甲板，母亲周凤英牵着儿子汤中立，汤中立牵着妹妹汤若霞。汤若霞还小，行走的时候想看看景色，一不小心一只脚滑下了船沿，母亲赶紧抓住船舱上小木窗的木棍条，汤中立也紧紧抓住汤若霞的小手不放，两个人在惊慌中牢牢将汤若霞拽住，并很快将她拖上甲板，她这才幸免掉入江中。

这惊魂动魄的一幕，让母子（女）三人更加亲密，感受到不能割舍的亲情。同时，这一惊险无意间为回家的美好增添了一些忧伤。回家的迫切漂浮在水面，不安也混杂在江中，战争给每个家庭带来的阴云一时间难以散去。8年了，阔别8年的安庆，变成什么样子了？未来可期吗？回去的生活又会怎样？一切未卜！

已经稍谙人事的汤中立，安静地坐在母亲旁边问："妈，什么时候我们能到家？"母亲说："看见塔尖时，就到安庆了！"塔尖？多年以后，汤中立才知道那塔指的是振风塔，就在安庆市内濒临长江的迎江寺内，原名万佛塔，又名迎江寺塔。无论船从长江上游来还是从下游来，只要远远望见塔尖，安庆就快到了。这座建于明朝的古塔，除了是一座佛塔，更是安庆人民的一座导航塔。

汤中立趴在船的栏杆上，盯着塔尖看，只要看到塔尖越来越大，就知道距离家越来越近了。

汤中立生在安庆，根就在安庆。此时的安庆，亦非往昔的安庆，虽然抗日战争已经取得胜利，但是国民党反动派又挑起了内战。多年战乱流离，汤家在安庆已经没有了房和地。当周凤英带着汤中立和汤若霞回到安庆时，才意识到日子会比以往还要恓惶。就在母子（女）三人走投无路的时候，汤中立的大姨一家伸出了温暖的手。

汤中立的大姨接过母亲手里简单的行李说："你们的房子没了，地没了，但是人还在，有人就有未来。住我们家，没有大的地方，也足够你们安居了。"大姨的话像春风化解了母亲心头的冰山，大姨一家的雪中送炭之举，让他们母子（女）终生难忘。

因为汤中立的大姨父史磊冰名闻安庆，所以大姨家在安庆算是名流之家。在安庆史家这座小院子里，有一栋二层楼，主要是大姨家人起居使用。楼前是一个花园，闲暇之际，大姨总在院子里打理花花草草，让不大的院子充满了生机。楼的后面有一个伙房，伙房旁边还有两间小房子，这两间小房子后来就成了周凤英母子（女）的家。

汤中立在大姨家住下来，他时常会在放学后遇到大姨父。在汤中立的印象中，大姨父言语不多，甚至有时候同在一个饭桌上吃饭他也不大说话，所以，当大姨父主动和他聊天的时候，他还有些害怕。

后来，汤中立才了解到，他回到安庆的时候，正是大姨父经历其父亲病危等状况之后事业渐行下滑的时期，大姨父的心情已不比往年，心头总萦绕着一种难以得志的困惑。在这一点上，大姨父和父亲汤启仁有共同之处，他们两人都更擅长教学，在从政方面心有余而力不足。所以，在风起云涌的社会进程中，两人都在短暂地从政后回归到教学岗位。

时已花甲之年，大姨父已经不再有当年旺盛的斗志。他时常把自己关在楼上读书、写字。年岁日渐入暮，而他仍怀有一颗前行的心。家里人曾谈及，大姨父在1957年写过一份类似自传的文字，他在文尾写道："前人往往说'恨予生也晚'，我实在'恨予生也早'，不得及时地躬逢今日这样的共产党英明领导之政府，使我对社会主义建设贡献些力量，今则但自愿能贾勇余年……"当年，大姨父时常鼓励汤中立要致力学业，不断奋进。

1949年7月，汤中立参加了全省中学升学考试，以总成绩第四名考入皖北区安庆高级中学，也就是今天的安徽省安庆市第一中学。

这是一所由近代启蒙思想家严复倡议主办推行新学的学校，前身为1906年创办的安徽师范学堂。在五四运动中，震惊全国的"六二"学潮、反曹锟贿选，均发轫于该校。文以化人、其命维新，是该校发展的宗旨，也积极引导着一代代学子奔涌向前。汤中立第一时间把考上皖北区安庆高级中学的消息告诉了大姨父，大姨父高兴地祝贺他，还给他介绍了该校的历史。该校是在1927年底由安徽省立第一师范学校与安徽省立第一中学、安徽省立第一初级中学合并成立的,三校合并如三脉汇流,一时间名师云集,如哲学家胡远濬、古文学家徐天闵、地质学家许杰、历史学家李则纲、生物学家胡子穆、画家孙多慈、知名教育家沈兰渠、女词人葛冰如、国文教师方林辰、英语教师方来桐、古文学家马茂元、历史教师吴劲、英语教师吴风斧、数学教师余冠群等时杰俊彦都聚集在此,传道授业、著书立说,可谓"群贤毕至,少长咸集"。

听了大姨父的介绍,汤中立暗暗觉得,自己能考入这样一所学校,当为人生一大幸事。及至今日,他依然常常想起母校,每次回老家,他都会回母校去看看,看看那里一草一木的变化,拜望那里的师长同学。

1996年,汤中立还应邀参加了安徽省安庆市第一中学100周年的校庆活动,在那里他看到自己的照片被挂在学校醒目的地方。昔日贫困中求学,让汤中立深感艰难和不易,他后来曾几次捐赠图书和其他物品给学校,为了感念这位老校友的支持,学校专门将新校舍的一座楼命名为"中立楼"。

在大姨家的日子,这个家庭里浓厚的读书与学习氛围让汤中立感恩恒久。有一天,大姨父招呼汤中立进到他的书房,那里满墙都架着书。汤中立眼中充满羡慕地说:"这么多书啊!"大姨父说:"这些书不算多,世间有很多书,都值得去读,人生就是一本书,值得去读去写。"

汤中立点点头,然后仔细观察大姨父书房的每一个角落。书架上摆放着很多日文书,有许多是有关化工、天文方面的。书桌上平铺着一张天体图,每个星座都做出了详细的标注,看得出来,大姨父非常喜欢天文学。从汤中立的眼神中,大姨父也读懂了他的求知欲望。大姨父深知汤家母子(女)生活的不易,悄悄叮嘱夫人一定要支持汤中立上学。

上中学的日子到了,母亲带着汤中立去学校初中部报名。一路上，平时话不多的母亲专门叮嘱汤中立："好好学，你这个学上得不容易，你大姨父给你出了学费，你要记得。"汤中立记住了，他成长的路上，有家人，还有大姨父一家的无私扶持。

上学期间，三姐汤若霖也是汤中立坚强的后盾。汤中立上初中一年多后，三姐汤若霖终于在所里攒够了路费，从湖南返回安庆，三姐归来除和家人团聚，还有一件人生大事要办，她要嫁人啦！

这是汤家的喜讯。三姐从小有一桩指腹为婚的婚约。三姐夫徐善南的父亲和汤启仁都是安庆有名的学人，当时三姐夫的父亲是教英文的，汤启仁是教中文的，两家人都很熟悉，就从小约定了"娃娃亲"。从所里回来，三姐夫家也给予了帮助，为三姐在三姐夫老家望江县谋得了一个小学教师的工作，她在那里教了一段时间学才转回到安庆双莲寺小学教书。

爱屋及乌，因为尊敬并爱着三姐，汤中立对三姐夫的感情也很深，更由衷地为他们结为夫妻感到高兴。在安徽大学外语系学习的三姐夫比汤中立大近10岁，但是他不觉得刚上初中的汤中立稚嫩，很愿意与汤中立交流。徐善南大学毕业后发现，当时的国内并不流行学英语，只好转行开始教中文，这让他有些学无所用的失落感。同时，徐善南在交通大学机械系就读的哥哥也在无意中向他们透露，国家发展要靠理工科，要向自然科学不懈探索。这位已经踏上工作岗位并在国家建设发展中挺进潮流前沿的哥哥，给了汤中立许多启示，他也暗自勉励自己，要读书，要自觉读书。

安徽省安庆市第一中学是一所历史悠久的名校，入学的时候汤中立还不全然了解，后来随着自己进入学校学习才发现，这所建于1906年的学校，一直坚持"中西学无所偏徇"的办学方向，不仅学校教员中西皆有，学校课程设置也一直坚持"西学十六七，中学十二三"。学校的氛围很开放，这让初入中学的汤中立得以自由发展，并在自我释放的过程中不断靠近自己人生的发展目标。

每个人的成长都深受时代的影响。安庆解放前，天空常常有飞机飞过，轰炸声在安庆城外此起彼伏。1949年4月，安庆解放，汤中立和整个安庆城的人都在欢迎解放军的到来，代替轰炸声的是震天的锣鼓声和欢呼声，人们甩动着手中的红色丝绸、布块，简单而热情地表达着他们庆祝解放的激动之情。

汤中立深刻地记得，有一天，他路过怀宁中学，看到学校门口张贴着大幅海报，一整面墙都是有关"庆祝解放"主题的海报。他的父亲当时任怀宁中学校长，他用自己隽美的行书书写了"全心全意为人民服务——汤启仁"的题字，代表着校方向社会各界传递怀宁中学师生对解放的期待和为人民的情怀。父亲从北京大学毕业后辗转在报社、教育系统以及后来短暂地从政，再回到教育系统，他在一次次事业的选择中，更加明确了人生的方向。父亲的那幅题字，恒久地打动着汤中立年轻的心，从此，他也将自己个人的学习和国家的发展紧密联系起来，读好书、学好习，不只为挣碗饭，更要报效国家。

1949年10月，中华人民共和国成立，中国人民从此站起来了！汤中立是如此幸运，朝气蓬勃的少年时代恰逢初生的和平时期，一切都充满了希望。此时的汤中立还不知道，自己的命运已经紧紧地与祖国的未来联系在了一起。颠沛流离的童年让他很早就懂得现在的生活来之不易，他与那个时期的少年一道热情地投入学习与建设中。

1951年，高中的第一个暑假，汤中立去安庆郊区参加了土地改革。在土地改革队里，他和其他同学一起丈量土地，打土豪分田地，他还和同学们一起教农民唱革命歌曲、演活报剧。至今，汤中立还能随口唱出那首向往光明和解放的歌曲《山那边哟好地方》："山那边哟好地方，穷人富人都一样；你要吃饭得做工哟，没人为你当牛羊。……"那一个夏天，汤中立都在热火朝天的土地改革中感受着革命的澎湃，内心激情荡漾。

当时，语文老师王圣伟上课时，常穿插讲西南联合大学的民主斗争，讲很多民主思想。汤中立所上的中学早在1921年就成立了安庆社会主义青年团，成为全国最早的17个地方团组织之一。1923年，中央执行委员会委员长陈独秀派柯庆施到安庆，创建了以该校学生为主体的中共安徽、安庆最早的党组织。浓厚的政治氛围，始终引领着安庆的青年人向上、向前、追求光明。

汤中立由此开始关心政治了。他关注到中国共产党在中国革命中不断壮大及在革命中发挥了强有力的作用。他逐渐了解到，抗日战争就是在中国共产党的不懈努力下最终取得胜利的，中国人民就是在中国共产党的一路引领下得以真正解放从而走向光明的。汤中立回忆起少年往事，1946年随着母亲回到安庆后，家里失去了一切产业，多亏大姨一家才能让母亲、妹妹和自己活命，这让他明白土地对普通工农群众的重要性。从自己短暂的人生经历中，汤中立认识到中国共产党是让穷人活命的恩人。在他的心目中，中国最先进的政党就是中国共产党。于是，土地改革一结束，汤中立就主动申请，在两位同样从湖南流亡归来的有志青年的介绍下，加入了中国新民主主义青年团。他认识到，国家的命运和自己的命运息息相关，"为祖国而学！"就是自己终生奋斗的方向。

从此，他和班上几个要好的同学无形中形成了一个学习小组，大家相互交流，更在暗中比拼竞争，正是在这样你追我赶的氛围中，汤中立的成绩一天上一个台阶，始终位列年级前茅。

在汤中立成绩上升的同时，家中经济更加捉襟见肘。大姨一家和三姐始终是他最大的支持者。住在大姨家的那两间房子里，母亲为了省钱或者根本就是因为没有钱买油点灯，汤中立的晚自习常常在昏暗的环境下进行，或者就到街边的路灯下借光读书。看到这种情形，大姨就喊汤中立去她房间做功课，这让他倍感温暖，大姨的那盏灯，为汤中立的学习创造了更好的环境。

在学校就读的日子，汤中立也感慨，自己有幸遇到了那么多的好老师。化学老师沈兰渠在汤中立的记忆里是十分深刻的。那时候，沈先生已经年近花甲，但他对教学的热情，让人丝毫看不出他是年近60岁的人。

那时汤中立觉得沈兰渠老师和别人不一样，沈老师有自己独特的教学方法。从刚开始上沈老师的课，汤中立就发现沈老师有一个笔记本从不离手，那一定是他的百宝箱。后来，汤中立发现，那里面都是沈老师经过千锤百炼总结出来的一条条"黄金"。每次课堂上，他会把自己笔记本上的这些"黄金条"一一给同学们大声解读出来，这些他熟烂在心的宝贵经验和体会，他要求每个学生也要全盘地记下来、背下来，并能熟练地运用于实际学习中。沈老师讲课时声音洪亮，第一次进入课堂，就从气场上赢得了主动性，牢牢吸引了同学们。他的课内容并不艰涩，他时常用风趣的语言把很多化学常识普及开来。

那个年代的化学课，因为客观条件差，很多知识都只能停留在课本里、课堂上，如何让学生们通过做实验来理解化学理论是沈老师一直在思考的。虽然实验室条件很简陋，做各类实验面临的困难很多，但这位注重理论和实践相结合的老先生还是带领学生们做了大量的化学实验。汤中立将老师课堂上的那些"黄金条"记得滚瓜烂熟，他也紧跟沈老师在实验室的每一次操作指导。

那时候，实验条件很简单。比如，为了做一个盐水提纯的实验，沈老师点燃了酒精灯，烧杯中的盐水开始蒸腾，热气经过一条皮管子，需要在冷水中冷却，冷却器皿就是一个脸盆，实验结果就是盐粒和水分分开……这虽然只是一个小小的实验，却已经让汤中立感受到自然世界的神秘及科学的魅力。怎样才能打开这扇奥妙之门，这就是化学的魅力，是化学实验的神奇，使抽象的书本知识化为直观生动的科学演示，汤中立由此更倾情于生化理工科，在他心中，探索世界的梦想开始落下一颗蓄势待发的种子。

年少的汤中立可以从人的一言一行中感受出每个人的个性与特点，比方说，他觉得声音大的人都心直口快，心地善良。沈老师洪亮的声音里渗透着他对生活的热情和对身边人的大爱。沈老师对教授化学尽心尽责，每堂课他都留作业，作业不只是留给学生们的，也是留给他自己的。大家交了作业，他都会认真细致地批改，对于一些特别的错误，他还会叫来学生一个个面对面地讲解。有时候，汤中立看到沈老师在教室里批改作业，看到他在给一些学生补课到很晚，但他始终都是乐呵呵的。

最让人感动的是沈老师对学生们的爱。沈老师对班里孩子的情况似乎了如指掌，汤中立家庭经济条件差一些，汤中立也是沈老师关注的学生之一。一天课后，等到其他同学大都离开教室了，沈老师大声喊"汤中立，来，过来，到讲台这边来！"他响亮的声音在空空的教室里回荡着，汤中立三步并作两步走上前去，有些怯怯地看着沈老师等他发话。沈老师从自己的包里拿出一支笔，递给汤中立，说道："给你，小伙子，给你的。"汤中立惊讶地站在那里，以前听人讲沈老师经常送学生一些学习用品，今天，这种"传说"在自己身上变成了现实。沈老师说："你父亲是老师，我也是老师，我们当老师的，和学生打交道的时间比和自己孩子相处的时间还长。我知道你们家条件一般，你拿着这个，好好学。我看到了，你每次考试都名列前茅，尤其是我的化学课，这支笔，也是我给你的奖励！"

汤中立站在原地，浑身因为激动而变得有些僵硬，但是他记得自己脸上的肌肉很放松，那是因为自己笑了，那笑容融化了沈老师对自己的关爱。

数学老师余冠群对教书育人的那份敬业精神，深深影响着汤中立。余老师非常重视备课，不备课绝不上讲台。他就备课总结出了24个字，即"生课熟备，熟课生备；全册粗备，逐节精备；课前默备，课后复备"。他随时准备好给每个学生讲授一堂完美的课。他从不缺学生的一节课，即使身体不适，他也坚持授课。汤中立清楚地记得，有一次，余老师发着高烧，本来有老师已经通知，大概余老师来不了了，但就在上课铃声响起的时候，余老师如约出现在讲台上。他对大家说："你们放心，爬，我也要爬到课堂上来！"

师者，所以传道受业解惑也。为人师表，不只是父亲在汤中立心目中的样子，上中学时那些自带光芒的老师，同样是成长道路上的青年人永不熄灭的灯塔。在老师们的引导下，汤中立的学习目标更加明确。他在和同学们讨论时，也无意中表达了自己要学好数理化的观点。

2012年4月6日，1952届校友汤中立在继1996年参加学校90周年校庆之后重新返校。走进学校大门，汤中立站在那棵罗汉松前，和几位校领导聊起有关这棵松树的往事。无论是这棵罗汉松还是安庆市第一中学离离不息的一草一木，对于每一位校友来说，都是一种情结。汤中立感叹道："无论时光辗转，这里终归都是我的母校。"他参观了校史馆，对每一幅老照片都靠前一步仔细观看，并回忆照片上教师们昔日的风采。他感慨，从母校走出了十余位中国科学院、中国工程院院士，以及一批知名科学家和各界名流，他深情地为母校题字"人才摇篮"。在和校友们交流期间，汤中立反复强调，每个年轻人学习都要以国家利益为重，每个年轻人都要为国家强盛而读书，时任校长沈波向汤中立赠送了百年校庆书系和学校纪念邮册。汤中立也欣然接受母校邀请，为同学们推荐优秀书籍，他郑重推荐了新华出版社出版的《信心与希望：温家宝总理访谈实录》和中华书局出版的《温家宝总理经典引句解说》。他向大家介绍自己推荐这两本书的理由是，当年曾与自己共同战斗在地质一线的温总理就是地质人的楷模，当年自己能够长期奋战在地质一线，就是因为温总理常引用的一句诗"苟利国家生死以，岂因祸福避趋之"，这句诗始终鼓舞着自己。

2016年11月23日，汤中立再次回到母校安庆市第一中学，他不无感叹地对母校的培养表示感恩。在将自己的《汤中立文集》赠给学校做纪念时，他一再说，选择地质事业，就是四个字——"国家需要"。

每一次回老家，他都要回到安庆市第一中学看一看，那里有自己的足迹，有自己的影子。

是的，安庆市第一中学的史册上录入了汤中立是1952届校友，是一名优秀的校友。除了汤中立之外，慈云桂、徐中舒、吴杭生、许杰、宁津生、宋家树、陈鲸、刘有成等多位院士也毕业于该校。汤中立由衷地为母校感到自豪。

安徽省立安庆高级中学毕业班师生合影（摄于1952年）
第四排右六为汤中立

1952年，是汤中立人生中非常难忘的一年。

这一年，充满了忧伤。一个行将成人的男孩失去父亲，父亲汤启仁因病永远地离开了人世。

这一年，马不停蹄。汤中立将要参加高考，他始终记得父亲的叮嘱：男儿当自立自强。考大学，是汤中立人生中第一个大的奋斗目标。在高中良好的教育环境中，汤中立的德智体得到了全面发展。高中毕业即将面临人生的第一次重大选择：是立即投身到新中国火热的建设事业中，还是继续深造学得一身本事报效祖国？报考什么学校？学什么专业？成为大家议论的中心，在和老师与同学们的交流中，他一颗红心映照前行路，明确地认为：国家的需要就是自己的选择。尤其是在和一些往届优秀毕业生的交流中，汤中立得知国家最紧缺的专业是地质，这让他更坚定地选择了自己的报考志向，也是新中国最先行、最需要的专业之一——"地质"。在三个可供报考的专业中，他填了"地质"。结果是，仅北京地质学院这一所高等院校就录取了同班的四位同学：刘荣、夏宗实、操柏和汤中立。他们四人都是班上学习成绩位列前几名的学生。由此可见，在那个时代，地质这个专业是多么令青年人神往。汤中立如愿地考入了由清华大学、北京大学、北洋工学院等几所知名大学的地质系合并组建的北京地质学院地质学专业。

　　这一年，青春昂扬。18岁的汤中立接到大学录取通知书时，全家人都非常高兴，母亲最高兴，儿子考上了大学，给这个家庭带来了希望，母亲多年的煎熬终于有了出头的日子。母亲的笑容给汤中立增添了生活的力量。带着母亲的期望，汤中立背起简单的行囊，离开家乡，奔向祖国的心脏——北京。

第二章
走入地学

一、地学象牙塔

北京的秋天，是一年中最美的季节之一。带着对未来的期冀，汤中立来到了这里。

从小在外漂泊的经历，让汤中立能够很快融入各种环境。"陌生"这个词，在他的人生旅程中没有颜色。唱着歌曲《我爱北京天安门》，汤中立像迁徙的候鸟一样，从南方迁移到北方。未来四年，他将在北京开启一段新的学习生活。这里将诞生更多的希望和梦想，也将塑造一个更加成熟稳健的汤中立。

北京地质学院坐落于北京海淀区。汤中立来之前，在这片土地上，已经孕育了一批配合新中国工业化建设所建成的北京钢铁学院、北京石油学院等院校，北京地质学院也位列其中，被一起称为"八大学院"，学院前的这条路也因为这一批院校的建立而被命名为"学院路"。

北京地质学院是汤中立高考毕业时选择的唯一学校，地质矿产普查勘探专业也是他唯一选择的专业。报考之前，汤中立就已经听闻，这所大学是教育部根据"以培养工业建设人才和师资为重点，发展专门学院，整顿和加强综合性大学"的方针，在全国范围内进行院系调整，由北京大学地质学系、清华大学地学系地质组、北洋工学院地质工程系和唐山铁道学院采矿系地质组，以及西北大学地质系本科3个班的学生（46名）合并而成，是"混血"却兼容各方优势的一所专业地质学院，能够进入此校，汤中立内心甚觉骄傲！

初到北京，汤中立的内心还有些牵挂远在安庆的母亲。但是，很快，学校里安排得满满的课程和丰富的校园活动，就冲淡了他对故乡的思念之情。

进入大学后，汤中立经常参加青年团的一些活动。有一次，青年团举办纪念"一二·九"运动报告会，听众十分活跃。"……华北之大，已安不下一张平静的书桌……"报告人陶世龙铿锵有力地表达了"一二·九"运动时北京青年学生们的呼声，这是唤醒民众的时代最强音，充分表达了北京青年在民族危亡关头大无畏的精神，以及"以天下为己任"的高尚情怀。报告人的激情语言和神态深深地感染了听众，整个会场鸦雀无声，汤中立也激动得热泪盈眶。他不禁自问：我们这一代青年要为祖国做些什么？这个问题长期萦绕在他心头，并对他后来的学习和工作产生了深远的影响。

对祖国的热爱，潜移默化地让汤中立坚定地选择了在地质领域不断探索。在真正接触地质学的知识体系后，汤中立才认识到，自己不过是地球上一个渺小的生命体。地球形成46亿年来，地球上的各类生命生生息息。人类用坚硬的岩石和其他锐利的工具，发现了地球表层及更深处可以利用的资源，这些探索过程是一个漫长的历程。汤中立一直用心思考探索的意义及实施。

入学的第一天，学校就给每位新生分发了一把地质锤。小小一把地质锤，一尺见方，沉甸甸的。汤中立握在手里，像拿着一件圣物。他曾经在报纸上看到地质工作者拿着地质锤的画像，觉得他们都非常厉害。想到自己以后也能用这个物件进行地质勘查，不由得乐开了花。

他十分珍惜课堂上每分每秒的时间，仔细聆听每位老师的每一句话。

涂光炽教授来上第一节课的时候，开场白就是一句俄语 Найт шахт（找矿）。汤中立中学学的是英语，大学开始学习俄语。当涂教授说出这句"找矿"来时，汤中立已经学了快三年的俄语，所以这句话他听得真真切切。尤其是在后面的授课中，涂光炽教授围绕"找矿"这两个字，中文、俄语、英语混合使用，足足一节课滔滔不绝，仍不能尽言，汤中立和同学们听得不够尽兴。涂教授自带智慧的光芒，深深地吸引着大家。

涂光炽毕业于西南联合大学地质地理气象学系，而后近10年的时间里，他在美国明尼苏达大学获得博士学位，又在这所大学就职，1950年，他回到祖国的怀抱，进入清华大学任教，并第一次在中国开设了"地球化学"课程。之后，他又赴苏联莫斯科大学进修3年，后进入北京地质学院，开设了"找矿勘探"和"矿床成因"两门新课。涂光炽丰富的求学、进修、工作经历就是他授课接地气、有底气的基础。

涂光炽在课堂上口若悬河的讲授，让汤中立想起中学时期的化学老师沈兰渠，他们都讲到了化学，讲到了实验。沈老师当年带领学生做实验着实不容易，而在国外有着很多实验操作经历的涂光炽，不仅使用了当时最经典的地质教学材料，还将国际上最新的理论方法介绍给同学们，把自己在野外工作的经历，尤其是在苏联乌拉尔等矿区大量的野外实践都毫无保留地介绍给了学生们。

在"找矿"课上，涂光炽说："每个学地质的同学，就在为国家找矿，也是在找矿的同时发现自身潜质矿藏的过程，只有投入更投入，忘我更忘我，才能实现两者高度融合，找到真矿，发现自己就是潜在的一座富矿。"一语惊醒梦中人，汤中立觉得，自己后来坚定一生找矿的种子，就是在那时候种下的。

涂光炽爱抽烟，每次一下课，他就去教室外抽烟。"找矿"课结束后，汤中立就跟着教授走了出去，他看见教授独自站在楼道，吐着烟圈，很享受的样子。即便在吸烟时，教授似乎都在沉思当中，或许吸烟也是他放松的一种方式吧。汤中立走上前，表达了自己听了教授这节相当励志的"找矿"课后的振奋和激动之情，简短的交流被随后下一节课的上课铃声打断。涂光炽急匆匆地猛吸几口，抽尽那支烟，熄灭了烟头，微笑着快步走进另一节课堂。

北京地质学院是一所集众家优势成立的大学，学校的各类教学资源也体现在日常的教学当中。日常的专业课之外，学校还邀请各界名家来校演讲、报告，这也让汤中立及其他同学们听得信心满怀、斗志昂扬。

从瑞士留学归来的袁复礼讲授地貌学课程。袁复礼先生从不同的时空演绎各种地貌的特征、形成过程、发展趋势与演变规律，简单却又深奥，这让汤中立十分崇拜。涂光炽先生、冯景兰先生和朱尚庆先生教授的都是矿床学。在课堂上，三位先生对各类矿床的物质组成、成矿物质来源、成因机理及其时空分布规律的剖析异彩纷呈，或目标一致，殊途同归；或观点不一，花开两朵。汤中立听得应接不暇却又收获颇丰。王鸿祯先生教授的地史学深入浅出，那些古生物的演化、岩石地层和地质年代的关系让汤中立的眼前呈现出神秘而又神奇的地壳。马杏垣教授的中国地质既有理论又有实践，他结合中国大地，给同学们展现出广阔的空间，带来了无限憧憬。各位学者的演讲或教诲、他们献身地质科学的精神，以及在地质实践中所表现出来的科学态度，成为汤中立学习的榜样。

在众多学者中，最打动汤中立的就是李四光。

汤中立很早就看到了李四光报告会的预告，等他走入报告厅的时候，才发现有很多人比自己来得还早，抢占好了座位，等待着聆听李四光的报告。那天的报告厅里坐得满满当当，每一处都是人，甚至窗外、走廊里都站着忠实的听众。李四光语重心长地对同学们说："你们应该成为新中国的'土地公公''土地婆婆'……"这两个称号那么接地气，也那么情真意切，寄托了李四光对新中国地质学子们殷切的期待，希望他们像神话中的"土地神"一样，熟悉和掌握脚下的地球。

青春去哪儿了？青春在奋斗中闪亮！

汤中立在青春年华之际分秒必争，他的日常已经被各种学习和实践挤满，他如饥似渴地学习地质理论知识，以优异的成绩实践着自己的诺言，为成为优秀的地质学家奠定了坚实的基础。但是，每当夜深人静的时候，汤中立还是会想起安庆的老街、安庆的塔，想起自己的母亲，以及疼爱、支持、帮助自己的姐姐和姐夫。

家里的经济状况虽然随着姐姐和姐夫开始工作有所改善，但是，为了减轻家庭负担，省点儿来回奔波的路费，汤中立经常告诉家人要利用假期给自己加点儿"课外餐"，多看点儿书，多学点儿东西。

在学校餐厅吃饭，汤中立也是选择一些普通的素菜吃，偶尔吃点儿肉菜，他知道自己的每一分钱都来之容易，因此从来都不浪费。学校本来就不收学费，还给每个公费生补贴12元的伙食费，再加上大姐汤若云每月专门寄给他5元钱零用，汤中立觉得很知足。

大学四年，汤中立只在大二的时候回过安庆老家一次。这一次回去，他就是看望母亲和姐姐们。

汤中立人生中第一次从异乡飘摇归来，是那年从湖南乘难民船回安庆。这一次，是第二次，从首都北京的象牙塔返乡。

他一走入那条老巷子，远远就看见母亲站在家门口向巷口的方向张望着。大概是没有完全看清楚，或者没能确认那个逐渐靠近的身影就是汤中立，她定定地望着，直到确认那就是自己阔别两年的儿子，她才一步并作两步地迎上去。此时，汤中立也已经喊出"妈！我回来了！"

母亲苍老了，汤中立望着她已变得花白的头发，心里酸酸的。在母亲的心里，汤中立是她唯一的主心骨，这个男孩子如今已经成人，却远在他乡，难免让她牵挂。

这一次回乡，汤中立好几天都不出家门，乖乖待在家里，有一种寻找小时候在家生活的感觉。一早起来，他帮母亲打扫卫生、挑水、去厨房帮灶，在这些细琐普通的日常中，他感受到了家的气息，也感受到了亲人之间的温情。

当时，三姐汤若霖已经在双莲寺小学教书好几年了，也有了两个宝贝女儿，小的才一岁多。看到小孩子，汤中立想起小时候的自己，他特别疼爱自己的两个外甥女，就像姐姐当年爱着他一样。

在家的日子似箭如梭，转眼间一个暑假就结束了。这唯一一次假期回家探望回校后，汤中立将全部精力都投入学习生活中，即便放假，他也没有回过安庆。

青春是美好的，当全国各地的学子都聚首北京，他们的光和热的聚合是新中国的朝气。有时候同学们会组织寒暑假旅行，说是旅行，其实就是去西山、周口店、昌平等地进行野外考察。在青年人眼里，这些野外实践，既是学习，也是旅行，是大家向往的教学方式。这也是汤中立最喜爱的活动，学地质就要参加实践活动，深入了解地质原貌，去观察、体验、发现和思考。昌平的那次野外考察尤其给汤中立留下了难忘的印象。

大三那年暑假，同学们和往常一样，早早地就在假期前夕做好了外出考察实践的计划，这一次的目的地是昌平。为了做好野外实践，汤中立早早就把野外考察的必备设备一一准备好了，包括一本野外记录本、罗盘、三角板、放大镜、地质锤、地质包，他迫切等待随时出发。

汤中立在大一和大二假期的实践感受是，每一次出行，都是对自己身心的考验及社会视野的开阔。他也在不断肯定自己：选择地质是绝对正确的。从课堂走入野外，每一次地质考察，都会亲历祖国的大好山河，在探索中发现无限的自然奥秘，同时也是体验民生的过程，可以看到不同地域百姓的真实生活。干地质，就是要当祖国的孩子，去走入母亲的怀抱，去了解母亲的细腻，这真的太有意义了。

从小就喜欢历史的汤中立将了解每个野外实践目的地的人文历史作为出行前的重要功课，为自己后期的地质勘探建立了良好的支撑。

去昌平，就得对昌平有相关了解。昌平的历史悠久，从南口镇雪山村出土的文物考证就可以追溯到原始社会后期。又比如，周口店地区是煤矿比较集中的地区之一，乾隆二十八年也就是1763年，直隶总督方观承在奏折中称，仅房山一县即产煤94 900斤左右。

从初期外出时只是对各类岩石进行识别认知，到后来可以逐渐对地质构造进行研究分析，通过这次实践，汤中立得知昌平的地层由西北向东南，从老到新，依次出露太古宇、中上元古界、下古生界、中生界和新生界。这次实践使他认识了更多的岩石种类。

另外一次难忘的野外实习，是大三时的山西五台山之行。这一次，他学会了填地质图，更由此拥有了两个专业。

大学入学时，他学的是金属和非金属地质勘探。作为金属非金属地质勘探五班的学生，他被分配到辽宁瓦房子调查锰矿，但由于矿山方面的原因未能成行，他又被改派到山西五台山实习。正因为改派的迟缓，汤中立等学生被插进普查五班的一个分队，分配到挑剩下的滹沱河沿岸地区。这里是一片广阔的沙砾，什么岩石露头也没有。在这绵延的山脉中，汤中立等徒步从早到晚，无论风雨阴晴，大家结伴而行在每一座山丘和每一条沟壑，在那些没有开垦的路上，在那些不曾有名字的小道上，经常有蚊虫叮咬或者枝丫划伤，异常辛苦，汤中立的内心却是喜悦的，因为走在大地上，他感到很踏实。

汤中立所在小组的任务是到山西五台山区进行1∶50000地质调查填图。当时，实习负责人将图幅按人头分成若干块，每人负责一块，工作进入谁的领域就由谁当队长，并由其承担最主要的任务。其他同学在队长分派下完成本块的填图任务，而且要为队长收集毕业论文的资料。在滹沱河沿岸区域，汤中立带领同学们读气压表，根据气压的数值换算，得出不同地点的高度，手绘地形图，填上地名，这就是人工手绘地质图。随着测量的进展地图一寸一寸完善起来，这张1∶50000的山西五台县地质图后来出版了，这是汤中立参与绘制并出版的第一幅地质图，那上面印着他们分队所有人的名字，当然"汤中立"的名字也在其中，他内心的喜悦难以言表。

在这样的地区完成填图任务相对容易，但将来要完成的毕业设计却不那么容易。

深夜，他仔细思考了这些天走过的每一片地区的地貌特点，慢慢梳理后发现滹沱河沿岸有的地方生长果树，有的地方却没有，而且不同地方生长的果树品种和果实的味道也都不一样。就在这时，汤中立灵光乍现，他突然萌生了一个想法：能不能把第四纪地质和果树以及果实的味道联系起来进行考察呢？

这一独辟蹊径的思路，将地质勘探和环境生物结合了起来。借着担任队长的优势，汤中立把同学们组织起来开了一个小会，说了自己的想法和思路，大家一致赞同。

在汤中立的带领下，同学们分组开始调查各类果树的分布范围、生长年龄和长势等情况，同时调查水井的深度、水质和历史变化，还做了第四纪物质成分和地壳变动的调查等。所有的付出最终转化成硕果，大家搜集了许多资料，汤中立不舍昼夜地进行了整理，完成了毕业论文——《山西繁峙滹沱河沿岸第四纪地质与果树生长的关系》。这篇文章超乎想象地赢得了老师们的肯定，因为它立足于地质，又跳脱出地质，由地质延伸到生态环境、植物生长等。

这段经历让汤中立深深懂得，在地质科学领域，总会碰到许多意想不到的困难，但是面对这些看似困难的问题，只要深入进去，总会有出路。正是在这种不惧困难、开拓思路、恒心坚持的精神的支撑下，他全身心地投入地质、奉献地质。

实习归来，汤中立由金属非金属地质勘探五班编入了地质找矿与测量五班，并最终以地质测量专业毕业。

大学生活是在名目众多的课程学习、考试和实习中度过的，令汤中立难忘的还有那些影响自己一生的精彩演讲和报告会，每位演讲者和报告人的精神之光、业绩之光都深深滋养着汤中立的理想之树。

1955年，地质部地质矿产司总工程师谢家荣来到北京地质学院，这位被誉为"中国矿脉勘探之父"的地质学家，是当时中国发现矿床最多的人。1952年，地质部一成立谢家荣就担任了地质矿产司总工程师。他的研究领域主要是矿产分布规律，如对甘肃白银厂铜矿的地质评价意见，为我国第一个五年计划的铜矿基地建设提供了理论依据。

报告台上的谢家荣介绍了自己的找矿经历，就新中国六大地质大队在全国找矿的情况进行了通报。他还介绍了甘肃的641地质队，这是1951年全国组建的第一批6个地质队之一，在甘肃勘探了白银厂大型富铜矿，建起了中国第一个铜矿基地。从谢家荣的报告中，汤中立记住了甘肃白银，记住了641地质队，更看到了祖国地矿事业的晨曦，体会到地质工作是一份融入自然、叩问荒凉的艰苦工作。然而他没有止步，"为祖国找矿"的座右铭始终激励着他奔赴地质事业最前沿。

二、发现辉铜山

当汤中立和同学们还沉浸在友谊中时，他们的毕业季却比常规毕业季来得更早一些。1956年这一届毕业生的毕业典礼，是北京地质学院的首届毕业典礼，原本应是7月举行的毕业典礼提前到2月举行。

那是一场充满希望的典礼，号角响、战鼓擂，即便毕业证书要等到7月才能分发到手，但学子们的脚步依然向前迈开。每一位同学都满怀激情，他们的心里种着春天，更种着祖国的未来。汤中立拿着毕业纪念册，请同学们给自己留言，自此一别，他们将奔赴祖国幅员辽阔的角角落落。四年校园生活，让他们亲如兄弟姐妹，未来，无论身在何处，他们更增添了一个称呼，那就是地质战线的同事战友。

毕业典礼上，校长振奋人心的毕业讲话开启了学子们的人生新旅程。典礼过后，汤中立有幸作为执旗者与同班同学一起列队在校园庆祝，他们昂首挺胸，面带微笑，迈着青春轻快的步伐。"长亭外，古道边，芳草碧连天……问君此去几时来，来时莫徘徊。"1956年2月，他们唱着这首《送别》，一边留恋，一边期待，更多的是激动，要迫不及待地投入新的事业。

北京地质学院本科毕业合照（摄于1956年），前排左六为汤中立

毕业去哪里？回家乡？去都市？

当年考大学选择了北京地质学院后，汤中立的心就早已扎根在祖国的山川。汤中立所在的班，90%的同学都和他一样早早确立了方向，他是这批毕业生中最踊跃投入实战的学生之一。至今，他还能回想起来当年带头走在班级队伍的前列，扛着红旗，唱响战歌，满脸兴奋地和大家阔步走向新岗位的情形。怀着"为祖国找矿"的志向，他奔赴地质事业最前沿。

北京地质学院本科毕业生执旗在校园庆祝，执旗者为汤中立（摄于1956年）

1956年，汤中立一路向西，奔赴地质工作的一线——甘肃酒泉。

虽然，这只是学校在学生们毕业前提前开展的野外工作，但汤中立已经将其当成了真正的事业。离开首都，穿过平原，在西行的列车上，风景一路在变，他的心情始终处于亢奋之中。

在西安，当时的西北地质局副局长康卜接见了汤中立五人。

见到康卜局长，汤中立以为要在西安扎根了，内心揪了一下。正是青春昂扬的年龄，汤中立满怀一腔报家国的热血，城市生活相当于折断刚刚起飞的梦想，那怎么可以！

他很坚决地向康卜副局长表达了愿望：我们要到甘肃白银去，到641地质队找铜去！康卜副局长笑着说："到甘肃可以，要找铜也可以，那就到甘肃酒泉的祁连山地质队。"面对汤中立他们疑惑的目光，康卜副局长告诉他们641地质队在白银铜矿的地质勘探基本结束，祁连山地质队就是从641地质队分出来专门为其进行外围找矿的，他们想要找铜矿，到祁连山地质队没错。

康卜副局长的话给汤中立吃了一颗定心丸，目标就是找矿！西安并不是年轻的汤中立选择的事业根据地。在他的心中，学地质，创业的天地必须在都市之外。

这一年，汤中立22岁，此时的西安不过是他人生路上的驿站。他和这个地方交叉而过，有一种不可言说的因缘。

离开西安，经过兰州，越过河西走廊，到了祁连山地质队所在地甘肃酒泉。酒泉城中心有一座四方形的钟鼓楼，可以向南望见祁连山，山上白雪皑皑终年不消。城四周有一片绿洲，可供人们耕种生息。正如王之涣在《凉州词》中写的："黄河远上白云间，一片孤城万仞山。羌笛何须怨杨柳，春风不度玉门关。"走入酒泉，这种悲壮苍凉之感便扑面而来。此时正是中国第一个和第二个五年计划的过渡时期，西北是国家建设的重点，就在国家急需地质工作者寻找各种矿产资源时，汤中立这一批青春昂扬的年轻人来了。因为有了人，有了充满活力和带着梦想的奋斗者，酒泉已不再是一座"孤城"，而是甘新公路上的一处重镇，此时甘新铁路已经铺轨到张掖，不远的后来，便通到了酒泉。

酒泉青年街上祁连山地质队队部的院子中，一下子增加了好几十名来自全国各地的大中专毕业生，他们的歌声、笑声给这片边远的土地带来了生机。他们跳舞、打球、学习、讨论、准备行装，呈现出一片临"战"前的热闹景象。

汤中立就在这群学生之中，和他们一起进入实战。

在大家热情沸腾的时候，汤中立静静地拨通了家中的电话。一句"妈！"喊得汤中立心里酸酸的，他向母亲汇报了相关情况，告诉她自己已经远赴边疆。母亲沉吟了好一会儿，说："能不能到离家近一些的地方呢？"汤中立明白母亲的意思，父亲已经离世，他就是母亲身边唯一可以依靠的男人，大学四年他远在北京，现在工作又要选择去遥远的西北，作为一个女人，母亲此刻的心情难以描述。她对汤中立从小严加管教，就是希望他长大以后成为自己的大树和大山，但这个自己用心培养的孩子，却要在异乡继续自己的人生历程。

汤中立安慰母亲："现在国家发展越来越好了，我们要见面也不是难事，而且国家发展非常需要我们这些学地质的学生……"从汤中立的话语中，母亲感受得到他的铿锵力量，儿子既然已经做了决定，她得支持他的选择。思想进步的姐姐、姐夫们都很赞同汤中立的选择，母亲也逐渐被汤中立扎根祁连的热情感染了。

有了家人的支持，汤中立更加安心地开始追逐自己的梦想。一个南方人，来到了大西北，曾经纸上说矿山，如今山川探矿源。汤中立很快就和大自然融为一体，并数年如一日地坚持在艰苦、寂寞、危险的地质一线行走。他握着地质锤，端着罗盘，拿着放大镜，踏遍祖国的沙漠荒原、密林戈壁，他在心中不断塑造新的历史时期中国的"土地公公"的样子，并像土地神一样了解脚下的土地，一干就是70年。

刚到祁连山地质队时，虽然已是3月，但这里坚硬的土地还没有完全解冻，而汤中立火热的心已经开始融化这里的土壤。他像一个停不下来的陀螺一样，和同事们在一些地质前辈的指导下，马不停蹄地奔走在甘肃的北山地区、祁连山地区和河西走廊两侧。

在祁连山地质队，汤中立第一个结识的人，也是他尤为敬佩的人，是地质专家、祁连山地质队的前辈严济南。此时，严济南是祁连山地质队中唯一的工程师。进入地质队的第一天，汤中立就听说了严济南的大名，因为就在刚刚过去的1955年，严济南和其他勘探队员深入祁连山，克服了种种自然险阻，攀上了海拔5000多米的高山，在那里找到了铁、铜、铅、锌等十几种重要矿产。仅这一点，严济南先生就在年轻人中传为佳话，尤其是汤中立这一批刚到此地的热血追梦的大学生，更是把严济南先生视为一个传奇。

从中央大学地质系毕业后，严济南进入了资源委员会矿产勘测处工作。1949年中华人民共和国成立后，他挺进大西北，来到了641地质队，那时他的妻子还在上海。他笑着对汤中立说："你看，为了找矿，我连家都不要了。"

严济南先生的妻子是一位教师，为了支持丈夫为祖国找矿，她没有丝毫怨言地留在上海，他们一南一北分居两地。严济南先生的妻子也姓汤，这一下子就拉近了汤中立和他之间的距离，大汤中立13岁的严济南先生也时常喊汤中立"小老弟"。严济南先生是国民党留下的200个地质人员中的一个，作为专家，家虽在上海，但丝毫没有影响他对地质事业的执着。他常常战斗在野外，甚至对找矿到了痴迷的状态。这不由得让刚刚参加工作的汤中立扪心自问：严工程师尚且如此，难道20多岁的自己不应该去奉献吗？

严济南先生的另一件事强烈地震撼着汤中立，那就是他在祁连山镜铁山铁矿勘探时发生的一件事。那天，严济南先生骑着马去野外勘查，突然，马的肚带断裂，受惊的马将他从背上摔了下来，马背上的很多矿石标本全都重重地压在了他的腰部，疼痛让他动不了身，同事们也不敢挪动他。在荒郊野外，救护车遥不可及，就连找个平板车都难上加难。严济南先生在地面上平静地深呼吸了几下，让自己的思绪从疼痛中抽离出来，他强忍着疼痛，让同事把他抬上马背，让马继续驮着他走。同事们担心马背上的颠簸、闪动会加剧他的疼痛，但是在严济南先生的一再坚持下，大家只能将他扶上马背。他紧咬牙关，忍受着一路的颠簸和阵痛回到了驻地。

第二天一早，医生还没来，严济南先生便让人找了一个小凳子放在自己床上。同事们都很好奇，站在床边一直看着，只见他把文稿放在小凳子上，开始斜倚在床头，趴在小凳子上赶写报告。有位同事说："工程师，您先休养休养再忙吧。"严济南先生却说："我急啊！不能耽误时间呀！"尽管腰部疼痛，连带着腿都伸不直，他却一个字一个字地完成了勘查报告……就是在这样执着的精神的引领下，1955年底，严济南先生带领同事们发现了一个大型铁矿。1956年，全国先进生产者代表会议授予严济南"地质系统全国先进生产（工作）者""地质部先进生产（工作）者"称号。荣誉来之不易，背后尽是艰辛的付出和努力。

严济南的这些经历，汤中立全都记在心里。他认为，找矿就要踏踏实实地走在野外，必须吃得苦中苦，才能探得地下矿。

1956年初，就在汤中立他们抵达祁连山地质队之前，祁连山地质队第四分队在星星峡到白墩子一带进行1∶100万区域地质测量时，在矿区东部辉长岩体中发现了有星点的黄铜矿，但当时参与工作的同志并没有把注意力放在找矿上，当大队技术负责人发现这个问题后，及时调整了工作部署。

1956年7月，组织安排汤中立、陈振兴、杜松亭三名实习生组成地质组，由汤中立任组长，到甘新交界处天山地槽东沿部分的兰新铁路两侧，星星峡以南、石板墩以北一带，进行1∶50万比例尺路线地质调查，重点是对辉长岩体进行检查找矿。

虽然只是在实习阶段，但汤中立从来不把自己当作一个没转正的人，对待任何一项工作从不敷衍。从考入北京地质学院起，他就已经把自己当成一名正式的地质人，他已经信心百倍地铆足了劲，俯下身子，走入山野。

进入祁连山地质队后，汤中立才真正感受到地质工作的辛苦。

祁连山地质队部分同事合影（摄于1956年）
左起：方仁民（俄语翻译）、汤中立、陈学源（中山大学毕业生）、杨恩普（西安地质学院毕业生）、薛增瑞（西安地质学院毕业生）

金川镍铜矿区最早的一批地质工作者合影（摄于1959年）
左起：王全仓、汤中立、张建英

有矿的地方都远离城市，坐落在荒郊野外。那个时候在野外工作没有汽车，自行车虽是稀罕之物，却不能在沙砾路和山梁丘陵上骑行。运输行李靠骆驼，穿行山路靠双腿。

为了长期探索矿点，绘制地质图，很多地矿人员都和牧民一样，几乎每天都在搬家，每天都在迁徙的路上。工作到哪里，家就搬到哪里。每一个分队都会有一个赶骆驼的人，每天负责喂养和休整骆驼队。野外地质路线调查基本是靠步行，汤中立时常自嘲，自己迟早会练就一双铁打的腿脚。

每天都要沿着固定的填图路线走，至少要走10公里以上。汤中立清楚地记得，那时制作1∶50万比例尺的地质图，一般是按照间隔5公里一条线距来行进，每5公里将沿线上的地质情况连起来，就成了地质图，线上分了多少地层，有什么地质现象，都要标注出来。每条线都是他们跑出来的，每个记录都是他们在行进中观察记录下来的。

行外人会觉得搞地质的就是在慢旅行，然而这哪里是一种走走看看的旅行呢？经过跋涉，每到一地都要打标本。打标本也是一个技术活儿，遵循一定的规格，长宽需精确，边要薄一些，中间要厚一些，还要给新标本涂上白漆，并标注编号，这些都在大学期间训练过了。标本要装入随身的包里，同时还要做记录，记下取标本的位置及周围环境。有时候，仅打的标本就沉甸甸的，而这些往往都是迈向曙光的第一步。

帐篷，就是地质队员在野外的家，在笔记里，汤中立根据自己的体会以及身边老前辈们介绍的经验，总结了扎帐篷的经验：应尽量在坚硬、平坦的地面上搭帐篷，不要在河岸和干涸的河床上扎营；帐篷的入口要背风，帐篷要远离有滚石的山坡；为避免下雨时帐篷被淹，应在篷顶边线正下方挖一条排水沟；帐篷四角要用大石头压住……其实，在辽阔的野外，在荒凉的西北戈壁，风沙来的时候，常常是帐篷外面大风作响，里面细沙如雨。春夏的晚上，帐篷里还算好过，秋冬时节，帐篷里透风冰凉，人从睡到醒就没有暖和的时候。

汤中立记得，有一次，自己在野外作业，晚上睡在帐篷里，没想到当晚刮起了很大的风沙。他听见帐篷上噼里啪啦地响了一整夜，甚至大风还吹起了帐篷的一个角。第二天早上，帐篷里也像下过沙一样，落了厚厚一层，整个人也都成了土人。

地质调查时，地质队员们虽然身上也带着罗盘，但是有时仍会迷路，尤其是夜间行走的时候。1956 年，在甘肃北山找矿的时候，因为遇到风沙，汤中立和其他队员晚上找不到回去的路了。早晨出门的时候只带了两个馒头，天暗下来的时候，口袋里是空的，没吃的了。几个人想方设法，用地质锤打了一只撞上门的兔子，用骆驼草烤着吃了，才算扛过一夜。第二天，队部派车出来寻找他们，直到下午，他们才被幸运地找了回去。

这些艰辛相较之下都不算苦，真正的苦涩在于地质队员家庭生活大多都是天各一方。这一点让人最感动的是宋叔和与陈鑫。1951 年，宋叔和来到西北地区从事地质工作，和在北京的妻子两地分居长达 25 年之久。陈鑫夫妇两人，两地分居达 30 年之久。

虽然工作中有各种艰辛，但汤中立始终没有退缩，他心里总想着怎样去发现更多的矿产，对自己的工作投入了几乎所有的热情。

例如，在路线普查工作基础上确定的检查区，位于安西红柳园西偏北 14 公里，到兰新铁路红柳园车站 30 公里。这一带除了路过的铁路，是没有其他公共交通工具的，在尚未通车的情况下，汤中立等人主要使用从安西雇用的骆驼作为交通工具。骆驼被誉为"沙漠之舟"，在茫茫戈壁沙漠丘陵间辨识道路的能力和耐干耐力极强。对于地质工作者，骆驼多数不是用来骑的，而是帮他们驮运行李、设备的野外工作同伴。

这一区域的戈壁滩虽然比较平坦，但是有残丘，有风化抵抗能力较高的岩石形成的低山，高差不到百米。由于区域构造的作用，山和戈壁滩均呈东西分布，滩多二三公里宽。

在汤中立带领的地质组进行地质路线填图时，陈振兴发现了一块含有豆状斑铜矿的转石。汤中立拿起这块风化转石仔细察看，在这块溶蚀作用下的淡黄绿色蚀变岩中，除孔雀石外，隐约可见黄铜矿豆点。

此时已近中午，汤中立却丝毫没有吃饭的意思，他立即组织人商讨，决定停止路线观察，改为按转石追索的方法寻找源头。

茫茫戈壁，要在众多的碎石岩块中发现陈振兴发现的这类转石，是十分耗费心神的工作。这个时候，他们每个人都目光如炬，沿着戈壁滩上转石可能的来源方向，一步一步开始追索。汤中立幽默地和大家说，有没有一种走进童话故事《汉赛尔与格莱特》的感觉，被遗弃的兄妹两人就是靠丢在路上的石头寻找到了回家的路，他们也在寻石找路，找到矿源之路。

大家都会心地笑了，如果真的能找到矿源，那就是地质人最向往的幸福。

他们不停地追索，时不时因为各种原因停下来，辨别追索方向，扩大检查范围，观察周围的山体丘陵环境。一直追到一座黑色大山的背后，他们发现铜矿转石突然增多，同时还发现古人采矿的老硐及炼炉遗迹。

汤中立高兴地和队友们分享了一段儿找矿的顺口溜：

地质研究需先行，物化探确定靶区，露头矿化要细研，老硐编录莫放过，工程还需槽坑钻，样品采取合规范，资料整理应当天，综合研究必谨慎，广调研，多论证。

是啊，遇到老硐，绝不放过。

老硐，就是古人挖矿留下的矿洞，老矿硐、旧矿坑等采矿遗迹常分布在老矿山及其附近。眼前不仅有老硐，还有炼炉的痕迹，汤中立等三个人立刻眼睛放光，断定这里肯定是有矿的。过去，很多采挖都因为技术及硬件条件有限而不得不终止，现在至少证明这里肯定是有矿床或矿体存在的。至今，地质人找矿的方式之一就是寻找老矿硐并以此作为找矿的直接标志。

这个硐深只有两三米，局部较深处有五六米，被乱石及冲积物埋没。汤中立和两个队友一起进行了详细的勘查，终于找到了原生矿露头。经进一步观察，发现这座黑色大山的岩性是辉长岩，岩石中也有微弱的黄铜矿化，山背后低凹处是蛇纹石化橄榄岩与下部白云质大理岩接触，只在外接触带发育一条北西西向的铜矿化夕卡岩带。

至此，汤中立组织指挥小分队连续作战进行评价，在开展初步工作后，将检查的结论向队技术负责人做了汇报。虽然只是几个实习生的工作成果，但确实引起了队部及上级相关领导的重视。很快，西北地质局工程师严济南和苏联专家谢尔巴科夫就闻讯赶赴现场，指导检查评价工作，并测制了 1∶2000 矿区地质图，开展大量槽探及少量浅井工作，利用槽探大体上揭露了矿体范围，在浅井较深处连续探到了矿体。

为了探明深部含矿情况，做出矿床远景评价，根据专家谢尔巴科夫的建议，已是正式地质技术员的汤中立于 1956 年 10 月即组织实施了钻探，见到了深部原生矿石，为 1957 年进行初勘及详勘提供了依据。

1956 年底，由汤中立主笔的《红柳园矿区地质报告（1956 年度）》完成。这是一份没有公开发表的报告，却是汤中立熬了几夜写成的，他第一次从专业角度将自己的地质工作用文字介绍出来，这是一位青年地质技术员认为"应该并且必须要做的"，初步展现了一位专业地质人员理论与实际相结合的思想成果。这篇论文当年虽然没有在公开刊物全文登载，却作为 679 队的内部地质资料进行存档。后期，由于年代已久以及地质队伍机构的不断变更，《红柳园矿区地质报告（1956 年度）》的原件未曾找到。但是，这篇报告由汤中立撰写且存在过的事实，却在他处得到了验证。1958年《地质论评》上发表了甘肃省地矿局赵凤游先生的文章《红柳园矽嘎岩型铜矿地质的初步认识》，在这篇论文的参考文献中注明："汤中立《红柳园矿区地质报告（1956年度）》，未发表。679资料。"

《红柳园矿区地质报告（1956年度）》是西北地质局第一份文字记录的地质报告，也是汤中立人生中第一份正式的地质报告，这份报告为1957年进行红柳园的初勘及详勘提供了依据，也开启了外界对辉铜山的认识。

1957年，新组建的红柳园地质勘探队对红柳园矿区开展了地质勘探工作。上半年，组织7部钻机，圈定矿体富而厚、延深较稳定的地段。下半年，转入详勘，按正规勘探网度布置工程。年底勘探结束，累计完成钻探9677米，浅井194米，平巷203.3米，槽探1510立方米。在王文广、宋志高等编写的《安西县辉铜山铜矿地质勘探最终报告》中，对此矿区勘探的结果表明，整个矿床分东西两个矿区。西矿区的1号矿体储量大，埋藏浅，累计探明矿石量为151万吨，铜品位2.123%，铜金属量3.20万吨。1978年，竖井下掘中发现2号矿体，探明矿石量为33万吨，品位1.889%，铜金属量6300吨。

人们不得不关注辉铜山的进一步发展。

1958年7月，日采选600吨规模的矿山由白银有色金属公司开始建设。辉铜山西域孤独地沉默了1500年之后，成为一座"小铜城"，成为"铜城白银"这个共和国工业长子大家庭中的一员。

1962年1月，甘肃省矿产储量委员会将地质勘探最终报告作为矿山设计依据，批准铜金属储量4.3万吨，品位1.64%；银93.9吨，品位93.3克/吨；锡2570吨。

1965年3月，根据冶金工业部决定，移交新疆维吾尔自治区有色地质勘查局管理，同时开始了矿山续建工程。

1970年10月，重新划归白银有色金属公司管理，1971年1月正式投入生产。

从1971年正式投产至1986年底闭坑，累计采出铜矿石162万吨，铜精矿含铜2.8万吨，含金119千克，含银42吨。

1986年12月20日，矿山圆满闭坑。

闭坑后，白银有色金属公司不仅将矿石储量达43万吨、铜金属量为6100吨的3号矿体完整地移交地方，还将2号矿体留下的3.8万吨采准矿量、700吨铜金属一并移交地方，以确保地方接手后矿山生产的衔接过渡和可持续发展。

辉铜山铜矿是汤中立走出校门后初试锋芒的结果。在中国众多的铜矿中，辉铜山铜矿未必有名，但其在甘肃的矿床发现史中是有地位的，被列入《中国矿床发现史·甘肃卷》中。它在青年汤中立的人生历程中，也留下了浓墨重彩的一笔。

锥立囊中，锋芒毕现于世。从辉铜山被成功发现后，汤中立加快了自己密实的野外行走。在广袤的西北地区，瘦削的汤中立更像一支离弦的箭，始终保持在高速飞行中，他身上似乎有使不完的劲儿，工作有一多半时间都扑在野外。

1957年7月，在严济南工程师办公室工作一段时间之后，汤中立被任命为祁连山地质队六分队副分队长和副技术负责人，随后他一个人坐火车到天祝县，骑马穿过祁连山，找到六分队的驻地开展野外工作。1958年，严于律己且深入一线"满山跑"的他，因为有着丰富的实战经验，再次受到组织的关注，被任命为一分队分队长。这个不起眼的职位，却让汤中立自觉地在肩上担起了更大的责任，他觉得这不只是一个官职，而是组织对自己的信任，是祖国地矿事业给予他的托付，他必须在做人做事方面都严于律己、先行一步。也就是在此时，担任小分队队长的他结识了另一位对自己影响很大的前辈——宋叔和。

刚入职的时候，汤中立并没有机会和时任地质部西北地质局副主任工程师的宋叔和接触，但他对宋叔和早已久闻大名，因为宋叔和也是为了祖国找矿而立志考入清华大学地质地理气象学专业的。清华大学有着良好的教学传统，从一入学就以学生素质培养为重。第一年，地理系只开一门普通地质学，其他课程都是外系的课。宋叔和就利用大量时间勤奋读书，读了许多有关矿业方面的中外书籍，除了矿业，他涉猎广泛，包括读小说、打网球、游泳、踢足球。尤其是，宋叔和跟随袁复礼的指导，徒步两个多月，增长了自己的地质知识和地质工作才能。这些都引领着汤中立不断成长，让已经扎根祁连山的汤中立自觉地熟悉着这里的工作环境，也在多方面地了解各界有关祁连山探矿的各种研究。他搜集并认真学习了宋叔和撰写的《祁连山一带黄铁矿型铜矿的特征与成矿规律》（1955年）一文。在一些授课讲座中，宋叔和总是因材施教，平易近人地教身边的青年人要坚定吃苦耐劳的精神，要不怕挫折，绝不气馁，边学边干，迅速成长，他还强调"干地质最辛苦，不仅要腿勤，还要眼勤"，这些都被汤中立一一牢记心中。

　　汤中立和宋叔和的第一次直接交流，是1958年他任祁连山地质队一分队分队长后。那时候，宋叔和正担任西北地质局副主任工程师。

　　正在白家咀子铜镍矿Ⅰ矿区工作的汤中立提出，在Ⅰ矿区的南边超镁铁质岩体岩相有一定的对称性，即中心部位岩相为超基性岩相，到两边岩相基性程度降低……宋叔和听后，沉思了片刻，转身对汤中立说："你考虑一下，这是不是一个'向斜'？"当时，汤中立并没有听懂"向斜"的意思，更没有和当时的地貌结合起来进行更多的分析，因为当场的人比较多，汤中立就没有继续再追问这方面的问题，宋叔和也没有再继续展开这个话题。之后，汤中立仔细地查了相关资料，了解到"向斜"就是褶曲的基本形态之一，一般是岩层向下弯曲，因此从地形的原始形态看，向斜成为谷地。

　　1990年去加拿大考察世界第一大镍矿萨德伯里时，汤中立忽然想起来当年宋叔和跟自己讲的"向斜"，萨德伯里的矿体就是个"向斜"。此时，他理解了宋叔和的意思，就是在提示他"如果那里是向斜，金川Ⅰ矿区的南边是不是还应该有一个矿藏？"宋叔和那精短而有深意的提示，让汤中立思考了很久。从加拿大回来后，汤中立重新进行了深入的研究，最终他发现，金川矿区不是向斜，是单斜。

1986年，汤中立将自己整个20世纪80年代的研究成果——小岩体成（大）矿理论在《中国矿床》评审会上进行了汇报。大家听后十分兴奋，展开了激烈的讨论。散会后，涂光炽先生追上自己的学生汤中立说："汤中立啊，小岩体成大矿不只是基性岩，酸性岩也是小岩体成大矿。"汤中立听后半天没有反应过来，先生则如风一样翩翩而去。这一句话，让汤中立思考和研究了十多年，直到2006年，他和李小虎发表了论文《两类岩浆的小岩体成大矿》，才算真正理解了老师的用意。

第三章
"镍都"开拓者

一、美丽的孔雀石

金昌，中国历史上一个不可替代的地方。

4000多年前，这里已有人类生息。

3000多年前，这里是西戎牧地，水丰草茂。

2000多年前，大月氏、乌孙两大族占据于此。头曼单于因"后有所爱阏氏，生少子。而单于欲废冒顿而立少子，乃使冒顿质于月氏"，"冒顿既质于月氏，而头曼急击月氏。月氏欲杀冒顿，冒顿盗其善马，骑之亡归。"冒顿的归来，产生了"鸣镝弑父"的故事，冒顿后自立新任单于，不断扩张，将匈奴王国推向了鼎盛时期。

之后，汉朝与匈奴交手，汉武帝英勇扩疆，有了"河西四郡"，让金昌逐渐成为军事、文化交流的重镇。再之后的历代，这里变嬗更迭，在中国版图上显示为一个不起眼的戈壁荒镇，直到有一批新中国的地质工作者来到这里，发现了其深藏的秘密——中国最大的镍矿，这里再一次成为中国历史上令人瞩目的地方。这个过去仅有几户人家的白家咀子村落逐渐被人们称为"金昌"，后来更成为中国"镍都"。

镍，是什么东西？

元素周期表第八族金属化学元素，其中铁系元素包含铁、钴、镍三元素。镍的拉丁语名称Niccolum（Ni）。

中世纪的矿工将镍称为"矿工的恶魔"，这便指"红砷镍矿"（Kupfernickel，"铜魔鬼"）——假铜。这种矿石表面上与铜矿类似，当时的玻璃制造业尝试用其进行玻璃上色（绿色），但矿石中的这种"铜"并没能够使其成功，因为其中根本没有铜。1751年，瑞典矿物学家阿克塞尔·克朗斯泰特（Axel Cronstedt）对这种矿石——红镍矿的红铜色晶体（红色的镍黄铁矿）进行了研究，并从中分离出了一种新的金属，他便将其称为镍。

镍具有很好的可塑性、耐腐蚀性和磁性等，是制造军舰、战车等所需高强度钢不可或缺的金属，应该说大到航天工业，小到日常家用，许多合金钢都离不开镍。以我们常用的锂电池为例，其成分并非全部为锂，实际上仅含有少量的锂，更多的则是镍。

1960年前，中国一直缺镍，被国际社会视为"贫镍国"。20世纪50年代初期，全国发现探明的镍矿仅有四川力马河。力马河镍矿基地建成后，在1959年首产高冰镍，但当时年产量不足1000吨，直到20世纪60年代建成磐石镍矿，特别是金川镍的发现及产出，才真正提升了中国的镍产量。

那时候，国家建设急需矿产资源，如果矿山开发跟不上，生产就会成为无米之炊。曾八次亲临金昌的国务院副总理方毅第一次到金昌的时候就说：镍产量上不去的关键是矿山。中央提出了全党、全民办地质的口号。全国都在大炼钢铁的热潮中，找矿挖矿的队伍很庞大，不仅各县有地质队，还有专司群众报矿的管理机构。地质系统的工作也采取"两条腿"走路，除了地质专业队伍外，还广泛地发动人民群众找矿、报矿。

当时，地质部和甘肃省政府一起颁发了《群众报矿奖励条例》，印发了指导群众找矿的小册子，制作了帮助群众识别各种矿产的标本盒，想方设法扩大找矿的渠道。同时，甘肃省地矿局还有一个规定，就是各野外地质队、分队每到一处，都必须向当地政府汇报，请示工作，各级政府也都特别重视找矿、报矿。"全民找矿"的氛围非常浓厚，群众被号召起来，找矿工作也成为一场浩浩荡荡的人民活动。

在全民大炼钢铁的浪潮中，寻找铁矿和煤矿成了当时地质队的重大任务。

1958年6月，汤中立带领祁连山地质队一分队奉命从内蒙古撤出，赴河西走廊东部地区，指导群众报矿。汤中立等人分几个组在山丹、永昌、民勤、张掖一带进行路线地质找矿，他们紧紧依靠当地的党政领导，对轰轰烈烈的群众找矿、报矿进行巡回检查。

此时的汤中立已是祁连山地质队一分队队长兼技术负责人，分队设三个小组：黄保全带一个小组在祁连山石门沟进行萤石矿的普查；张建英带一个小组在东大山进行铁矿普查；汤中立自己带一个小组到河西堡进行群众报矿巡回检查，然后筛选线索，进行地质找矿。正是在这一次的巡回检查中，汤中立取得了人生中最重要的发现。

1958年10月7日，对于汤中立等一批中国地质工作者而言，是一个永远铭记在心的日子。

这一天，祁连山地质队一分队队长、流动检查组组长汤中立和同事王全仓、地质代培人员赵国良、化验员邱会鸿，来到永昌县河西堡巡回检查，这里是巡回检查的最后一站，也是一分队的基地——永昌境内东大山铁矿所在地。

来到永昌县的第一件事就是和永昌县委取得了联系。很快，汤中立就到了县大炼钢铁指挥部，见到了时任县委书记王虎法、县委工交部部长刘恩芳。

王虎法书记说，群众的报矿热情很高，当地群众和甘肃煤田地质局一四五队（以下简称一四五队）等单位报来了一些矿石标本。一听到标本，汤中立立刻兴奋起来。对于一个地矿工作者来说，见到实物就是见到了最根本的依据，汤中立马上让王虎法书记带他们去县委资料室看看那些矿石标本。

一进资料室，只见一堆凌乱的矿石摆在那里，其中，一块核桃大小、表面布满孔雀石的矿石标本引起了汤中立的特别注意。这是一块已经彻底风化了的矿石，专业的汤中立从风化的矿石中看到了薄膜状的孔雀石和大量铁质氧化物粉末。他紧盯着那块小小的矿石标本，迅速在脑海中搜索，是哪一种矿物和这个标本相似？因为矿石的氧化以及当时光线的问题，汤中立无法非常确定这块矿石到底是哪一种。但他凭借自己扎实的专业知识，以及在辉铜山地质工作的经验判断，这块矿石标本是一块铜矿石标本，如果找到标本的发现地，说不定就会有大的发现。他在心里暗暗预测，仅以河西走廊的区域性特点，这里最少应该有一个比辉铜山更加辉煌的铜矿。

然而，24岁的汤中立很谨慎。刚进入地质行业不久，作为一名年轻的地质工作者，他觉得自己应该谨言慎行，所以，他没有直接说出自己的观点。在科学的面前，需要数据来支撑预测和判断。执着的他马上问王虎法书记："这块矿石是哪位群众送来的？"在王虎法书记和刘恩芳部长的介绍下，他和一四五队地质科的负责人王瑞龙取得了联系。进一步获悉，这块标本是由一四五队的唐东福、郭春山等送来的。

一四五队和矿石发现有什么关系？唐东福又是做什么的呢？

1955年我国核工业崛起之际，西北煤田地质勘探局为了加强河西地区找煤附带找铀矿，在永昌县境内成立了一四五队，开始在永昌一带进行寻找勘查工作。1957年，该队在继续找煤的同时，还设立了"顺便普查小组"（放射性找铀工作组的代称）。"顺便普查小组"在永昌县宁远堡一带配合地质调查和路线测量工作，在宁远堡杨家大山和西山震旦纪变质岩内发现数处较大的铀矿异常点的同时，在白家咀子（后称金川）发现基性岩（当时定为辉绿岩）岩体。

在宁远堡的东山（杨家大山）和西山（龙首山）白家咀子一带的变质岩与花岗岩中，发现了大量的铀矿异常点，并采集了标本，经过化验发现铀品位较高。于是，一四五队在1958年对宁远堡一带做了进一步安排。这一次的部署中，唐东福被新增为"顺便普查小组"成员之一。

唐东福是一个特别认真负责的人，自从进了"顺便普查小组"，他和队友们冒着河西走廊的风沙，用加长把柄的地质锤当拐杖，一座山一座山地寻找，一条河一条河地勘查，不放过任何一块形状异常的石头。

1958年6月初，唐东福和队友郭春山分别在检查槽探、进行地表线测量时，在白家咀子发现有一条狭长的槽形低地且岩石呈暗黑色，为了探个究竟，他进入了槽地。果然不出所料，黑色岩石根本不是煤系地层。唐东福身上背着一台放射性测量仪，该仪器通过耳朵听探棒传达声音的变化来指示放射性强度。当他走在放射性强的地方，耳机里的声音就很响，这使他意识到这里有矿，至于具体是什么，他没有深究。在继续的发现中，他们在小露天矿处见到黑色岩石上有孔雀石，并对矿点进行了进一步追索，还采集了样品标本带回队部，专门向地质队地质科技术员王建章、王瑞龙汇报了情况。技术人员给出化验结果，确定标本矿石为孔雀石矿石。时值全民大炼钢铁及铜铝运动，地质科便将孔雀石标本报送给了永昌县政府。

在后来"顺便普查小组"进行1∶1万地质图填图时，把含铜的基性岩脉也填入了图中。唐东福他们报送的那些从白家咀子带回的矿石标本，就是在王虎法书记那里引起汤中立关注的那些矿石标本。

汤中立有一种敏锐的直觉，他感觉那块矿石和白家咀子铜矿有关联。他觉得自己不能再停留在王虎法书记这里，需要尽快弄清楚这块矿石的来处，去采取标本的现场，亲自采得矿石标本拿回去检验。于是，他拿着王瑞龙写的介绍信，奔向宁远堡，去找驻扎在那里的"顺便普查小组"的唐东福了解情况。

到了宁远堡，唐东福却外出工作了，汤中立一行只能就地等着。在等待的时间里，汤中立内心十分迫切，期待唐东福亲自带着自己去采集标本的现场。这里的同志让他喝杯水，但他全无心思。他不时起身，又坐下，还不时地走到门口张望。

当见到刚从野外收工回来的唐东福时，汤中立快步上前，径直介绍自己此行的目的。得知汤中立是祁连山地质队一分队的人，对他们采回的矿石标本特别关注时，一身疲惫的唐东福被汤中立找矿的热情所感染，他详细地介绍了当时的发现情形。

汤中立听得十分认真，表面镇定，内心却已经波澜壮阔，他问："东福同志，你能带我们去现场吗？"分队的其他同事劝说："天眼看就要黑下来了，等你们到达现场可能什么也看不见了。"唐东福看着汤中立激动的样子,知道他肯定是不能再等片刻的,他甚至被汤中立的执着打动,于是,顾不上擦洗脸上的尘土,唐东福就背起被汗水浸透的地质包,说:"走,现在我就带你们去现场!"汤中立非常激动地说:"谢谢,你带路,我们有车,能赶上时间!"

唐东福一听更是来了精神,二话不说就跟着汤中立出了门。此时,汤中立工作的小组的确已经有一辆汽车了,虽然破旧一些,但这台进口的英国产汽车,已经成了他们在戈壁穿越的"沙漠之舟"。

在辉铜山地质调查期间,汤中立还是实习小组的组长,经常骑着骆驼深入戈壁。在北山及内蒙古进行地质普查的时候,汤中立是副技术负责人,他乘坐的是一辆苏式嘎斯-51(GAZ-51)汽车。由于车辆年代久远,在行驶途中方向盘失灵,司机手中的方向盘左打右打,车辆却一直往前冲,丝毫不理会方向盘怎么转,多亏是在大戈壁中,被石坎子逼熄了火,最终有惊无险。这次使用的车确实又进了一步,司机秦宗宽开着这辆英国产的威尔士汽车,汤中立一抬腿就可以上车落座,这辆底盘低的车子灵活机动,为汤中立小组开展工作提供了极大的便利。两拨人马没有犹豫,由唐东福带路,直奔当时采标本的地方。

拐过东大山后顺着山根又向西行,从东大山的北坡,顺沟进山,就来到了孔雀石标本的发现地。这里是龙首山的东端,被当地人称为东大山。在唐东福的带领下,汤中立几人来到一处较高的山坡。他们环顾四周,从脚下的东大山向西南望去,一座山包叠着一座山包,虽然山包不高,却是连绵不绝,向西南方向而去。脚下,卧着一条黑色的石脊,由西南方向的沟底而起,却向东北方向抬起。东南侧是另一条暗黄色的石脊,再向南,则是此起彼伏的沟壑峰峦了,直到南方巍峨的山峰与云天。向西北方向,越过一条灰白色的石脊,出山道至于戈壁滩,再远就是莽莽苍苍一望无际的戈壁大漠了。

在一处黑色的石脊与灰白色石脊相交的平坦坡沟里,唐东福说:"这里是黑虎沟,我们就是在这儿捡到矿石样本的。"

听着唐东福讲述当时发现孔雀石的情形以及后期他们就这片土地所做的探索情况，汤中立、王全仓等开始在现场进行地表地层的识别，同时搜寻孔雀石的出露点。

这一块小小的孔雀石，正是中国工业史上投下的一枚"原子弹"。

和看到标本时的激动不同，现场的真实让汤中立心中有一种更强烈的预感，要有什么重大发现的惊喜。因此，他对矿点的每一处矿石都检查得格外仔细。汤中立取出自己的地质锤，小心翼翼地敲向这个吸引着他们一行人长途跋涉追寻的神秘矿体，敲击声回响在野外的天空，听起来格外悦耳。那清脆的声音仿佛一个巨大宝库门扉被第一次敲响的声音。这声音，不仅开启了祁连山地质队长达16年的持续勘探，也开启了对金昌铜镍矿的进一步发现，以及对中国"镍都"的进一步打造。

经过两个多小时的观察追索，汤中立、王全仓等找到了一处露头，他们采集了现场标本，仔细地用采矿袋装起来，揣入自己的地质包。此刻，天已经暗下来，背光的山坳中已分不清颜色和细节，只能看见山体的轮廓。直到天色已经暗到无法再继续采集样品，他们才手抓或者怀抱，将采集的标本样品揣上，顺着山坡离开现场。

走在最后的汤中立有些舍不得离开这片矿区，他多希望此刻一直是白昼，能继续观察这里的一切。在逐渐暗淡下来的光影里，他一寸一寸地抚摸着那些岩石，直到开始看不清岩石的颜色和更多的纹路细节才站起身。望着十几米长的矿体，以及远方矿区的轮廓在天际边缘最后的光亮中消逝，陷入沉思的他才在大家喊"回啦！"的声音中，又采了一些样品，才依依不舍地离开了这片山峦。

在送唐东福回分队的时候，车子在已经完全黑下来的山路上盘山前进，汤中立没有丝毫倦意，他的眼睛始终盯着车灯打向的前方。每一次峰回路转，他似乎都能看到光明。

因为唐东福他们报送的孔雀石矿石，1959年10月19日，甘肃省地质局决定，对一四五队的唐东福、郭春山两位同志给予奖励，各发奖状一张、毛毯一条、黑皮鞋一双、绒衣一套和其他一些日用品等。这是最朴素也最真挚的奖励，以及后来"金川镍矿报矿有功人员""一四五队先进个人""甘肃煤炭总公司先进教育工作者""全国煤田地质系统文明建设先进工作者"等荣誉称号都深深地记录着这些老地质人对地质事业的赤诚情怀与无私奉献。

因为地质事业，无论时光如何变化，汤中立都无法忘记这个叫唐东福的人。1958年，汤中立在永昌县委资料室看到了唐东福采回的标本，也由此登上了自己事业的另一个巅峰。

二、白家咀子露头

送唐东福折回时，夜色黑压压落下帷幕。要回河西堡还有40多公里的路程，为了省一些时间，减少来回奔波，也为了节约汽油，汤中立让司机开慢些，仔细寻找沿途的乡舍。忽然，一处土房映入眼帘，走近细看，土房内有炕没人，灰尘比较大，大概是牧羊人放牧时临时歇脚的地方。

土房内有土炕和粗布被褥，卫生条件虽一般，但这已经比野外帐篷好多了。汤中立招呼大家："进来吧，今晚我们就住这里！"几个人简单把带着的干粮"烹饪"了一下，稀里呼噜地吃了下去，虽是粗茶淡饭，但每个人的喜悦都达到了升腾的状态，就连一向不大言笑的汤中立，也忘却了一天的奔波疲劳，招呼着大家一块儿来玩"抓俘虏"的扑克游戏。这一夜，欢笑声传向了深邃的夜空。以"抓俘虏"的游戏来庆祝新的发现，也无法表达这一行人内心的激动，他们手中抓着扑克，内心都在憧憬着：未来，那个被他们抓到的更大的"俘虏"将会是怎样的？汤中立和大家一样甚至更兴奋，直到凌晨两三点，大家才和衣而睡，计划天亮之后大打出手，抓个"大俘虏"！

这个"俘虏"就是他们一直追索的目标——矿。

第二天早晨，汤中立第一个起床。多年来，他养成了一个习惯，就是每到一个新地方就早早起床去看看这里初醒的样子，也因为此时心中有事，他更是一早就从土炕上悄悄起来，走出土房。

站在房外，他仔细环顾周围，只见南面是山，北面是沙漠，只有此处，有几户人家聚集而居。遛弯儿的路上，他碰见一位放羊的老人。他问："老人家，这里是什么地方？"老人答曰"白家咀子"。大概鲜有遇见非本地的人，老人忍不住给汤中立介绍了起来，这个村子里的人多以放羊为生，姓氏杂散，或张或李，虽然村名叫白家咀子，但其实村中并没有姓白的。

在村子正西方向二三里外，汤中立看到一条灰白色的石脊横在村舍与东大山之间。石脊高三五米，宽二三十米，从西南到东北向卧在戈壁滩上，长一公里。灰白色石脊的周围草木稀少，在太阳的照射下，那灰白色的石脊泛着白光，与远处灰黑色的山影形成鲜明的对照。汤中立琢磨，这条灰白石脊大概也是人们命名此村为白家咀子的缘故之一吧！

望着那灰白色的石脊，汤中立觉得这是一组非常发育的大理岩，距离昨天检查的现场也就三公里左右。他忍不住指着发现孔雀石的那片区域问老人："那边叫什么地方？"老人用手中的放羊鞭子在空中划拉一圈，说："这里都是白家咀子！"

白家咀子，汤中立牢牢地记住了这个名字。后来在介绍孔雀石的发现地时，因为该地点本无具体地名，一时间文件报表中矿区名称出现了混乱，有的称之为永昌铜镍矿，有的则称之为河西堡铜镍矿，有时还以当地的村镇名称命名。为了统一名称，祁连山地质队的技术负责人陈鑫等在咨询当地村民后将矿区定名为"白家咀子铜镍矿区"。就在此刻，汤中立在地质草图上已经写明发现矿点地名：白家咀子。

从外面遛弯巡查回来，汤中立大声地喊着："起床了，要行动了！"他们简单吃了早饭，带了干粮和水，重新来到昨天看过的地方。汤中立一直走在前面,他迫切地想趁着光线好的时候仔细看看周围的情况,看看这块土地上会诞生什么奇迹。

当他们一行再次上山到现场时,天已大亮,登高远望,四周地形尽收眼底。检查区在龙首山东大山段的北坡,向南望去,山头连着山头,一座更比一座高,一直绵延向西南而去。北望,是戈壁荒漠,一望无际。山势绵延向东,渐行渐低,淹没入戈壁沙漠。顺着山谷,有一条季节性的小河流,从南边的川峡流到东大山北,一路流淌几乎被炎热的戈壁吞噬。也许只有在雨水丰沛的年景,这里才会形成河川河滩、戈壁洼地,才能在水的润泽下长一点儿农作物和一些骆驼草。几座土坯房子,是几户农牧人家,坐落在龙首山下这个叫白家咀子的地方。"山是和尚头,河里无水流,风刮石头跑,滴水贵如油",这就是白家咀子的真实写照。

检查区的地形已经一览无余地呈现在眼前,汤中立心里最惦念的则是孔雀石出露的露头。他和王全仓、邱会鸿、赵国良几人到露头处仔细察看岩体出露的情况。

露头面积不大,东西长约20米,南北宽约10米。矿化露头上,孔雀石、铜蓝、褐铁矿十分发育,色彩缤纷。汤中立仔细辨析,发现露头的孔雀石氧化比较严重,可以肯定是铜矿的指示物。除了含铜的孔雀石外,他还发现了草绿色的硅酸盐矿物。最为重要的是,露头处出现了大量的褐红色铁的氧化物,尤其让汤中立感兴趣的是残留的海绵状结构的氧化矿,这分明就是书上介绍的海绵陨铁结构的残迹啊!虽然没有见到原生矿,露头岩体组分也比较复杂,但所见到的东西让人耳目一新,凭这些就已经能让找矿者兴奋不已了。

汤中立一行人先圈定了露头的位置、范围及岩体出露情况,然后再逐步扩大范围。他们在这里摸摸,那里敲敲。此处,拿着放大镜看看,彼处,四个人聚在一起,对着一块矿石讨论研究,来来回回从东到西,从西到东,一直到下午的时候,才在距离发现第一个露头的西部约300米的地方发现了第二个露头。第二个露头面积和第一个露头差不多，矿化程度与第一个露头的情况基本相近。

汤中立对眼前的发现与两年前辉铜山的发现情况进行了比较，按地表矿化程度，这里比辉铜山的情况更好。辉铜山经勘探证实已经是一个富铜矿，而这里发现的铜矿氧化露头出露更彻底，范围更大，汤中立坚定地认为，这里肯定是一个更有希望的矿区。

面对当时眼前的情况，满怀信心的汤中立底气足得很。平日严谨严肃甚至少有言语的他看上去沉稳老练，和他24岁的年龄很不相称。但是，此刻，汤中立还是很果断地把几个人召集在一起，以比平时更加镇定的口气宣布："这个矿点从此就是我们的了！"

他兴奋地喊着王全仓的名字，说："还有老赵、老邱，你们明天就搬到这边来扎帐住下，加紧进行踏勘追索：一是守住这两个露头，圈定矿带范围；二是扩大范围外延追索氧化矿露头，看看有没有类似的岩体出露，主要看是否含孔雀石及大量褐铁矿；三是把这一带所有的超基性岩都填绘在地质图上。后面，我们就跟进开展地表揭露。"

王全仓是学地质的，邱会鸿善于现场快速测试，赵国良是永昌县派出跟着地质队学习地质知识的。几个年轻人，把所从事的工作当作事业在干，热情高、干劲大，对未来充满美好的向往。在专业方面，他们都很信服汤中立，对汤中立的号召安排，他们都一一记下来，并迅速付诸行动。

王全仓几人的宿营地第二天就扎在了露头现场区域，按照汤中立的安排全力投入各项相关工作中。

王全仓从西安地质学院毕业后，没有选择留在当地，而是西行甘肃，到了兰州后，又被进一步分配到各个地质队。当时，恰逢局里要从新分来的学生中挑选三个身体素质好的人参加中国登山队的集训。王全仓是个大个子，身体素质好，不出意外地被选去集训，而且是这三个同学的带队。在北京集训三个月后，王全仓回到祁连山地质队，组织重新进行分配时，领导专门问他喜欢干什么，想去哪个部门，刚经过登山队集训的王全仓毫不犹豫地说："什么工作能爬最高最多的山，就干什么工作。"王全仓继续向领导汇报，他不想停止像登山队员那样对自己的训练，能去北京集训，是一次难得的机会，学了就不能丢了。领导微笑着点头，认为这个小伙子组织确实没有看错。很快，王全仓就被分到了"满山跑"的一分队，开始跟着汤中立"满山跑"。

汤中立特别关注王全仓后续的工作，虽然这次是王全仓第一次出野外，但从西安地质学院毕业的他，具有地质工作者最基本的素质，而且他熟悉地矿工作并热爱这个行业。汤中立希望想"满山跑"的王全仓多操心一些后续的事情，确保每一个环节都顺利进行，不出问题。

氧化矿体露头处，海拔在1700米左右，周围的地形高差在100米左右，山势起伏不大，坡角一般在30度上下，西南与东北两边的大理岩显得比较险峻，地形特征也表现为两边比较陡峭。他们目前处于一个凹槽间。裸露于地表的超基性岩体位于整个矿区西部。含矿体的辉石橄榄岩，铁、镁质含量高，呈现为暗黑色粗粒全晶结构，橄榄石也呈黑色或暗黑色。超基性岩体由橄榄石、辉石，以及它们的蚀变产物，如蛇纹石、滑石、绿泥石等组成，横贯地表二三十米宽，自西北而起，向西南沿坡而上，犹如恶虎伏地，昂首向东。在超基性岩体西南与东北两边，延布着大片的白色大理岩，表现得比较险峻。再向两侧，与超基性岩体与白色大理岩同向展布的则是褐红色的花岗岩。仰望整个矿区西部，在灰白色与褐红色映衬下的这一道黑色的超基性岩体，构成山梁，俨然如一只黑虎，昂首苍天长啸。后来才知道，这一带被当地百姓称为"黑虎山"。赋存矿床的黑色超基性岩所在地黑虎山成矿区，应当被命名为矿区本名，却不为人所识。作为超基性岩的围岩白色大理岩，因其显眼的白色而先入为主地被当地人称为白家咀子，名垂青史。

再说氧化矿体露头处，地层多是北西西—南东东分布。汤中立根据自己所学的知识，肉眼鉴定着检查区的岩层种类与界限。通过初步观察，他指着周围的地层对王全仓说："这里以前震旦纪深变质岩系和中下古生代浅变质岩系为主，前者以片岩、片麻岩、白云质大理岩为主，后者以石灰岩、千枚岩最发育，其中还有厚薄不等的石英岩。在这套变质岩系上部，发育了石炭—二叠纪的陆相凹地沉积，陆相侏罗纪、白垩纪和新生代的红层覆盖物。从整个情况看，可能是与超基性岩有关的铜矿。"

按照汤中立的安排，第三天，王全仓等通过对周围岩体出露部位和接触界线的观察，扩大范围寻找新的矿化点。要寻找硫化矿点先得找到岩体，由于南边山高，有发现岩体的可能性，因此他们几人向南追索，跑了几公里，但没有结果。

第四天，他们向东追索，发现了另一处超基性岩体及含矿带，并在矿带浅部见到古人采掘踪迹渣。经过初步圈定，矿点已经成带并延伸近百米，这就是后来Ⅱ矿区的所在地。

此时，汤中立觉得应该将周围的地质情况大致摸排一下。于是，他和王全仓、赵国良开始勾绘地质草图。从区域地质情况来看，此地处于阿拉善地块南缘龙首山隆起的东大山中，龙首山隆起带西接合黎山，过张掖山丹直到此地，然后向东止于民勤和武威一带。向南是著名的河西走廊，河西走廊之南便是祁连山地。北望是沙漠戈壁地带，从地理概念上看是潮水盆地。

他们通过填绘 1∶20 万路线地质草图，初步划分了区域地层，分为前震旦片岩片麻岩系，下古生界的片岩、千枚岩、白云质大理岩、薄层石灰岩、石英岩、灰绿色砂岩系、石炭纪、石炭—二叠纪的煤系地层凹地沉积等。初步确定在加里东期有一期基性-超基性岩浆侵入活动，而酸性岩浆侵入活动频繁，皆在华里西期以前。初步肯定本区位于稳定的阿拉善地轴的南缘部分。他们还在震旦纪地层中发现了鞍山式铁矿，并证明在下古生界的白云质大理岩系中有含磷地层存在的可能。

三五人在偌大的山间吃住工作,难免寂寞,好在王全仓几人一门心思都在追索矿化线索上。人一忙起来,时间仿佛也过得快了些。荒凉的龙首山间,不时有野狼、野兔出没,有时甚至还可以看到山上成群的青羊,但这些并没有分散他们开展工作的注意力。

露头情况基本搞清,心里有了底,就开始绘制地质图了,也就不慌了。汤中立心里有数,这是一个很有希望的铜矿,在辉铜山看到的矿石和这里的矿石很相似。

三、陈鑫带来好消息

此时,汤中立决定快点儿离开白家咀子,向领导汇报情况。他先到张建英小组所在东大山检查他们贫铁矿普查的情况,然后又到黄保全小组所在的祁连山石门沟,看了地下萤石矿的普查情况。在距离发现矿点十多天后,汤中立带着白家咀子矿石标本赶赴酒泉祁连山地质队大队部。

经过一路奔波,当汤中立回到队部时天已经黑了。连自己的宿舍都没有回,他就分别去向当时的苏联专家扎库敏聂依和大队负责人陈鑫工程师汇报在白家咀子的发现及工作开展情况。

面对汤中立送来的矿石标本,苏联专家扎库敏聂依也认为这个标本非同寻常,坚持要去看一看。50岁的扎库敏聂依于1956年6月来到中国之前,是苏联北高加索地质局某队总工程师,他擅长有色金属和稀有金属的研究。7月初,他到甘肃白银矿区检查指导工作,随后到祁连山地质队工作。汤中立大学时学的外语是俄语,语言上的便利使得他和扎库敏聂依有过多次畅快的交流。这位经验丰富的专家,把苏联地矿研究的知识和经验毫无保留地介绍给了汤中立。扎库敏聂依对矿石标本的肯定,让汤中立信心倍增。

随后,汤中立来到陈鑫的办公室。在这间宿办合一的陋室里,陈鑫正在看一些文件,见到风尘仆仆赶来的汤中立,赶紧把他让到椅子上落座,自己移步一旁。他一边给汤中立倒水一边问:"有急事？"

汤中立平复了一下自己的情绪说："是，不只是急，还会是个大事。"陈鑫的眼中一下子闪起期待的光，他一边听着汤中立的介绍，一边拿着汤中立带回来的那几块矿石来回地翻看，嘴里嘀咕着："我看啊，你发现新大陆了，很可能还是个大家伙，这孔雀石载体黑色岩石要是基性岩的话，这里很可能就是含着镍呢！"汤中立心中的断定果然和陈鑫的观察一致。

当时，38岁的陈鑫已经是祁连山地质队的工程师和技术负责人。从西南联合大学地学系毕业的他，于中华人民共和国成立后，先后辗转在内蒙古大草原和大西北的秦岭、祁连山一带，在野外实地工作中，开创性地领导了白云鄂博、镜铁山等大型与特大型铁矿的勘探，成绩斐然。在业界，陈鑫的名字和白云鄂博紧密相连。那是1953年初，他参与了地质部在白云鄂博的工作。中华人民共和国成立后对白云鄂博的勘探，不仅探明了其是一个特大型铁矿，而且是超大型稀有稀土元素矿床，储量居世界第一位。过去，大家都认为稀有稀土元素主要赋存于已发现的矿体中，而经陈鑫等的勘探工作后发现，围岩中稀有稀土元素含量也很高，这一发现大大增加了稀土元素的储量，矿床价值也大为提高。

令汤中立敬佩的是陈鑫有着强大的内心。1955年，陈鑫来到陕南开展地质普查，没找到铁矿，却发现了一个远景很大的钼矿，正准备进一步开展工作时，西北地质局急调他赶赴祁连山，据说那里发现了一个大铁矿，"喜讯"已经呈报给党中央。陈鑫来到铁矿发现地，经过一番深入的工作，证实原先报告的大铁矿其实并不存在。但这个消息已经报给了中央，这可如何是好？面对这种情况，陈鑫顶住压力，一面向上级如实反映情况，一面率领战友不顾天寒地冻，在艰苦的条件下继续坚持工作，终于重新评价和勘探了一处新的大型铁矿——镜铁山铁矿。镜铁山铁矿的发现，不仅弥补了西北地质局错报的失误，而且进一步展现出陈鑫过硬的工作作风和技术能力。

激动之余，做事严谨的陈鑫并没有过多评价汤中立带回的标本，他只是告诉汤中立耐心等待化验结果。汤中立特别理解陈鑫当时的言行，这体现了地质工作者负责任的谨言慎行的态度，有些工作，初期阶段可以假想和有依据地进行推断，但最终的定论还是要靠数据说话。

平复了一下情绪后，陈鑫向汤中立介绍了更多国家紧缺镍的状况。面对这样的形势，其实，祁连山地质队也肩负着10万吨镍矿储量任务，这项任务并不是年初制订计划时下达的，而是在"大跃进"的形势下，1958年6月甘肃省地矿局在白银厂地区召开的一次会议上给各地质队追加的任务。这次会后，西北地质局总工程师宋叔和来到酒泉给祁连山地质队下达了追加储量的任务，其中的一项就是这10万吨镍矿。

陈鑫就此曾问过宋叔和下达这项任务的依据。宋叔和说，因为中国科学院地质研究所在祁连山中发现有镍。陈鑫和汤中立交流时表达了自己的想法，他认为当时找矿的依据不足，而又承担如此大的储量任务，感到十分为难，任务便没有下达给分队，一直暂时留在大队。毕竟祁连山地质队是一个带有钻探等工程手段的综合普查大队，队部设在酒泉，有10多个分队，地质人员有100多人，工作地区包括乌鞘岭以西祁连山和走廊北山全部地区，大队还有一位苏联专家扎库敏聂依，这是一位经验丰富的专家。综合于此，他觉得至少地质队是有基础和能力去完成这个任务的，只是基础工作还需要做很多。

而今，这个瓶颈感觉就要突破了，因为陈鑫看到了汤中立带回来的矿石标本，从中，他已经隐隐看到黎明前的光辉。

他叮嘱汤中立："你按你的计划先行推进，我在这里盯着检验结果，等我消息吧！"

这个初冬的夜晚，汤中立从陈鑫的房子一出来，立刻在清冽的空气中抖擞起来。望着夜空中的星辰，他欣然地笑了。

每迈向前方一步，就靠近梦想一步。汤中立的身心从未停歇，他一直在追求梦想的路上。

向队领导汇报后，让苏联专家查看了矿石标本，汤中立没有继续停留在队部，而是很快返程，回到那个未卜待估的白家咀子现场，这里才是他的战场，他的队友们在等着和他一起作战。

在回白家咀子的路上，汤中立便有计划地召回了一分队的另外两个小组人员，让大家集中于永昌河西堡一分队驻地。他准备打一场硬仗，他正在运筹帷幄，合理调集相关兵力。

按照习惯，对一个矿区的发现，不只是要采矿样，还要用科学的化验数据来支撑，更要对该地区做全面的历史资料梳理和分析。

根据王全仓等最近一段时间的工作情况，汤中立直觉地认为进一步突破的可能性很大。没有化验结果，他心里不是很踏实，但是基础的地质工作还必须要做。在酒泉大队部，汤中立收集了一些白家咀子地区的地质背景资料，一回到河西堡后便开始整理。整理中，他才发现对这个地区的地质调查工作，中华人民共和国成立前做得极少。

其中有一个人的一些调研从为数不多的资料里映入汤中立的眼帘，这就是被誉为"中国石油地质奠基人"的孙健初，也是第一位跨越祁连山的中国地质学家。汤中立拿到孙健初所著的《祁连山一带地质史纲要》后就开始反复阅读，为全面掌握祁连山的地质情况奠定了宏观的史料认知。1955 年，严济南先生的《祁连山地质简介》、1957 年一四五大队在武威—山丹进行 1∶20 万地质普查时形成的《永昌河西堡勘查报告》、1958 年中国科学院地质研究所和玉门矿务局地质勘探公司第一地质大队等部门形成的《潮水盆地地质报告》等，都不同程度地为汤中立分析这片土地提供了思路和依据。

自从汤中立离开后，陈鑫反反复复观察汤中立带回来的标本。标本氧化很深，很大一部分是孔雀石。他想到孔雀石载体黑色岩石要是基性-超基性岩的话，这块标本就可能是铜镍矿了。

经过慎重观察和思考，陈鑫准备亲自将标本送去切片，进行镜下鉴定。就在他准备将标本送到磨片室的时候，大队副队长霍德从野外回来，带回一块中国科学院地质研究所的涂光炽托他带来进行镍分析的标本——一块含有很多细纹状绿色矿物的白云大理岩。霍德介绍说，中国科学院地质研究所在河西一带找矿带有一辆野外实验车，可以在野外做光谱测量，但由于实验车电源电压不稳，测定镍的结果时高时低，于是托霍德带来在酒泉实验室做镍的测定。

太巧了，陈鑫认为这是镍发掘将要蓄势待发的前夕。他迅速将准备送去切片室的标本和霍德带回的标本一同送到实验室，亲手交给实验室工作人员周才柱进行铜、镍两项分析，要求尽快给出结果。

周才柱的工作效率很高，标本上午送去，下午就把结果交给了陈鑫。

陈鑫记得很清楚，因为要快，所以这个化验结果不是写在正式化验单上，而是写在一张纸片上，只有简单的两行字和数据：

民乐 C_1：Cu%：0.06；Ni%：0.11。

永昌 C_2：Cu%：16.05；Ni%：0.90。

民乐 C_1 是霍德带回来的标本，永昌 C_2 就是汤中立带回大队汇报的标本。

这是一张不起眼的纸片，但是，上面记载的内容却一字千金，意义非凡。这张化验单就是白家咀子铜镍矿的第一张化验单。陈鑫把这两行数据看了一遍又一遍，白纸黑字写得很明确，永昌标本的含铜镍数据指标远远高于民乐矿石标本。陈鑫暗自欢喜，这是多么珍贵的一张简易而伟大的化验单啊！陈鑫按捺不住内心的喜悦，拿着那张化验单和化验员周才柱说了好几句"谢谢，谢谢你的快手，给咱们带来了喜讯！"是啊，这是天大的喜讯！

后来，陈鑫将这张化验单一直珍藏了40余年，1999年欣然捐献出来，同时标以"金川铜镍矿第一份化验单"的亲笔说明，摆放在金川有色金属公司档案馆里，向人们诉说着金川镍矿的发现史，现该化验单保存在金川科技馆。

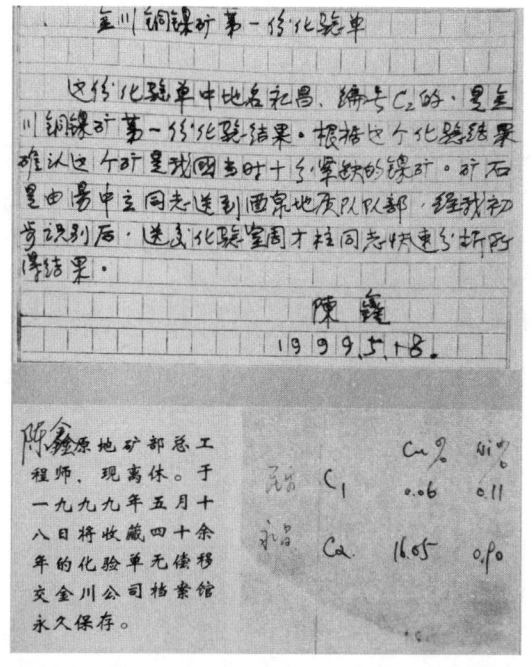

1958年发现白家咀子铜镍矿的第一张化验单，1999年5月18日该化验单交由金川有色金属公司档案馆保存

陈鑫拿到这张化验单，立刻向队部申请要车，马上要去找汤中立所在的一分队。眼看着天就要黑了，他毅然地要求立刻出发。他随便吃了两口晚饭就上了吴荣德开的车，车子离开队部的时候，钟表时针指向了下午5点。

为了尽可能快地和发现这些矿石的队友们分享这个喜讯，陈鑫连夜也要赶过去，第一时间告诉大家这个好消息。车子开出去的时候天色已经暗了下来，过了张掖，已经是深夜了。吴荣德问陈鑫："工程师，要不要到这里休息？"

陈鑫说："不，不用，继续！"

车子开到山丹附近时，吴荣德已经十分疲惫。安全起见，陈鑫才让他将车停到路旁，伏在方向盘上打了一会儿盹儿，不过半小时的样子，就被陈鑫喊醒，继续前行。

黎明时分，从酒泉夜行400多公里的陈鑫，终于赶到了永昌县白家咀子村。在一户不起眼的人家里，陈鑫找到了汤中立。虽然汤中立一直都是一个早起的人，但还是被赶了一夜长路赶早来见自己的陈鑫从睡梦中叫醒。在这个初冬的黎明，气温很低，当看到总工程师陈鑫意外地站在自己面前时，汤中立立刻明白了一切，这本不是意外的意外，让人兴奋和激动，他知道陈鑫工程师给他和河西堡带来了最美的晨曦。

两个人面面相对，会心而笑，然后握手、拥抱到一起。

陈鑫拿出写着化验结果的纸条，向汤中立摇了摇，说："没错，有铜，还有镍，了不得，你们搞了个大家伙，镍的含量还挺高！"

他迫不及待地拉着汤中立说："走，赶紧带我去现场。"

路上，陈鑫向汤中立前前后后介绍了送检及化验结果出来的情况，内心的激动让他说话的声音都高了半个调。

借车行路上的机会，汤中立拿着那张写着化验结果的纸条，目不转睛地看着那几组数据，心中多了许多期待和动力。在去现场的路上，他们没有忘记和汤中立一起发现这个矿点的另外两个人——王全仓和赵国良。

王全仓、赵国良驻扎的矿点检查小组就设在野外，起初是方便抓紧时间按照汤中立的安排开展三项工作，后来基本勘验清楚后，他们就转向附近的几家农户居住。

虽是农户，也是分散在荒滩野外稀稀落落的人家，不成村落体系。汤中立带着陈鑫，走进了相互并不挨着的几户农家的其中一家。

王全仓、赵国良都很诧异在一大早就看到队工程师来到了"家"门口，这是多大的事情啊！

是啊，这是天大的事情！陈鑫赶了一夜的路，就是要把最好的消息告诉工作在最前沿的人。脸上满是笑容的陈鑫，看到王全仓、赵国良两人生活的环境时，忍不住热泪盈眶。

眼前，一间只有几平方米大小的农家厢房里，几乎没有什么家具，一进门就是一个土炕，炕上有两床絮露其外、破旧不堪的棉被，上面布满了不知是臭虫还是蚊子的斑斑血迹。窗户都是纸糊的，漏洞漏风。还有一个箱柜，上面放着两个人开展地质工作时常用的工具。

陈鑫不忍心再继续看这场景，为了振作士气，他笑起来，高兴地给两人报喜，告诉他们矿石的分析结果，还招呼大家说："走，我们去现场！"

到了现场，望着实实在在的矿区原貌，陈鑫更加兴奋了。

眼见为实，他真真切切地看到了这些矿石，配着手里拿着的那张化验单，眼前的一切，就是最完美的一份报告。

和现场队友朴素的目光相对，陈鑫说："同志们，你们发现和找到的是铜镍矿！这个很了不起！了不起啊！如果我们搞上三五万吨铜，那不算啥，但是，如果能搞上三五万吨镍，那可不一样了，你们在北京、在地质部就都要挂上号啦！"

大家听了只是笑了笑，认为这是领导在鼓劲儿，会不会惊动地质部，会产生什么样的作用，他们根本没想过。他们都是最质朴简单的地质工作者啊！他们奋斗在祖国的偏远之处，只知埋头耕耘，却不问何处彩云飞来。

就是在这荒凉的龙首山的矿区之间，他们吃、住、工作，以天为盖地为庐，虫鸟相伴虎狼相随，野兔随地跑，青羊山壁攀，他们权当是最好的自然陪伴。他们全都专注于追索矿化线索上，并没有感到有那么艰辛。

当天晚上，汤中立留下陈鑫，请他和大家一起吃顿饭，再借机好好聊一聊现场的情况。当时，地质队员的饭食是在生产大队的大食堂解决的，大食堂一天供应两顿饭，每顿每人一个半斤重的馒头，但不提供菜。

为了和工程师聚顿餐，王全仓、赵国良和大食堂的师傅商量说："大队和分队的工程师来了，能不能搞点儿菜，做点儿好吃的。"结果，食堂的师傅非常难为，不好意思地说："真的没有什么好的了，这情况你们一直都是知道的。"好心的食堂师傅看着王全仓他们尴尬的样子，思量了半天说："我给你们想想办法，看能不能弄一盘土豆丝吧！"

当天的晚餐就是馒头、土豆丝、白开水。很寡淡的饭菜，围聚了几个激情澎湃的人。从队部来的陈鑫苦笑着说："你们在一线辛苦了！"几个人都笑了，你一言我一语，自从干了地质，谁还在乎这个呢？城市里没有矿，矿都在杳无人烟的山野荒原。一线的地质工作者，谁在野外不是风餐露宿呢？谁外出不是一壶开水、两个馒头撑一天呢？谁不是帐篷既当野外之家又当提笔写报告的临时工作室呢？饿其体肤算不了什么，那些攀悬崖、遇鸟兽、临险境的地质人，如钢铁一般慨然行走在祖国的山河之间。

陈鑫吃着土豆丝，就着白开水，不由得感叹：每一个奋斗的人都了不起啊！

四、"镍都"的开拓者

对于汤中立他们来说，陈鑫的到来不但给他们带来了喜讯，还带来了希望。

在陈鑫的指导下，作为分队长的汤中立开始全面部署普查检查工作。除了已经开展的槽探工作外，他们还利用大平板对西区进行了1∶1000地形测量工作，圈定普查区域，以两个露头为中心对矿区进行系统的1∶1000地形地质测量，调整勘探基线，并利用基线每间隔100米测制一条剖面，以罗盘交会法控制距离，根据天然露头及槽探揭露圈定了含孔雀石及褐铁矿的矿带范围，并根据肉眼鉴定得出一般岩层界限。取样的工作也开始安排，要求采用刻槽法取样，探槽中在矿带上连续采样，肉眼鉴定非矿带每5米取一个样。所采刻槽样，一部分在现场加工至100目筛子留副样进行野外快速分析之外，剩余部分全部送往酒泉化验室进行简项化学分析，分析项目计有硫化镍、硅酸镍和铜。

汤中立在矿区的普查检查工作，基本上是在陈鑫的指导下开展的。那时的汤中立，刚过24岁生日，从事野外地质工作也就两年半，但野外地质实践让他很快成为业务骨干，尤其是在陈鑫这样的师长的指导下，汤中立的成长更是突飞猛进。

他们在西区测量的基础上扩大范围，进行了1∶2000比例尺的地形测量，面积1.65平方公里。随后，完成了1∶2000地形地质图。同时，在勘探线上布置和施工了探槽工程及浅井工程，充分了解了岩体产状、矿体氧化带特征，并圈定出上部矿体的界限。

每天，汤中立陪着陈鑫在矿区马不停蹄地奔波，爬一道坡，下一面沟，乐此不疲。无论走到哪里，陈鑫都随身带着纸烟、雪茄、木烟斗，三种烟轮番抽，尽管走在山坡上，若烟抽完了马上就停下来换好再爬山，爬山抽烟两不误。但陈鑫最为关注的还是槽探的情况，他不断翻看着矿石样品，来来回回进行对比。汤中立起初不知道他在寻找什么，后来才知道，陈鑫在盼着原生矿的出现。不管地表氧化矿怎么好，在地表和探槽中都未见到原生矿，这让陈鑫的心里极不踏实。

汤中立在野外工作（摄于1960年）

站在矿区，望着起伏的地面，遐想着不知所以的地下，陈鑫说："原生矿体没有出现，地下的前景就不乐观啊！深部会不会出现矿带都值得怀疑。如果深部矿带是贫矿，这样的勘探也没有价值。"

汤中立点头同意，陈鑫是一位有着多年野外地质工作经验的地质工作者，对此类现象屡见不鲜。在这样的情况下，要听老同志的指导。

按照陈鑫的嘱托，汤中立在氧化矿体的两个露头处，也就是后来的18行线和12行线上布置了两处竖井[①]，并且要求把浅井直接布在矿体露头上，希望以最快的速度和最有效的方式找到原生矿体。通过竖井穿过氧化带，并掘进20余米，井下有平行于勘探线方向的穿脉，以圈定矿体底部边界。同时，采集技术加工样品。

竖井施工立竿见影。一号竖井打到七八米处已见到原生矿体。15天后，当陈鑫再次来到矿区时，第一口竖井已打到16米的深度。

傍晚时分，汤中立陪着陈鑫来到浅井工地。陈鑫看了矿石样品，坚持要下井亲眼看看井下的情况。挎着一根绳头结成绳圈的绳子，民工把陈鑫放到井底。陈鑫在井底待了好长时间，上来后点上一支烟，深吸一口后长长吐出。他看着汤中立，点点头说："下山！"年轻的汤中立暗暗欣赏陈鑫的淡定，果然"姜还是老的辣"。

临离开矿区的时候，陈鑫对着地质图，指导汤中立再布置了2口浅井、6个探槽，并告诉汤中立在矿带上每隔50米布置浅井，进一步揭露矿体，在浅井中根据矿体变化情况，在一壁或两对壁上连续分段刻槽取样，岔子中在两壁上取样，无论围岩或矿体同样如此。

1958年11月，河西走廊已经到了寒冬。南望祁连，积雪皑皑。北望龙首山，苍茫萧瑟。对于白家咀子矿点的发现，特别是镍的发

[①] 深度大于20米的称为竖井，小于20米的称为浅井。

现，祁连山地质队党委、大队部都高度重视，连夜召开紧急会议。陈鑫通报了他在井下的观察结果，并形成了自己对白家咀子矿区的基本评价。陈鑫说："现在已经可以确认，白家咀子是一个具有一定规模的铜镍矿工业矿床。"祁连山地质队党委当即决定，立即抽调人力和物资设备支持，争取在短时间内对矿点做出初步评价。祁连山地质队队长许宗岳从各分队抽调人员、组织物资到达白家咀子，全面部署地质检查工作。

大张旗鼓的勘查工作就这样迅速地展开了。陈鑫调入甘肃省地矿局工作后，仍时刻关注着白家咀子的情况。与此同时，祁连山地质队将刚刚从云南墨江全国普查镍矿现场会议回来的陈学源派进矿区工作，担任大队地质工程师。汤中立带领的祁连山地质队一分队已经是白家咀子矿区地质普查的主力军，主导着白家咀子矿区地质普查工作的全面展开。

勘探的步子急骤加快，寒冷的冬天似乎也变得温暖了。山村高家庄热闹红火起来，不仅所有的空屋子都住满了，还架起了一顶顶帐篷，白家咀子满满的人气，充满了生机。

勘探工程进展顺利，成果喜人。1958年12月中旬，18行勘探线上的竖井的氧化矿见不到底，10行勘探线上在10米深处见到原生矿，12行线竖井在40米深处见到原生矿。所有这些成果，都让人们的期待正在变成现实。汤中立心中燃烧着创业的火焰，长期扎在一线，见证着这里的每一个细小的发展变化。

当时，镍对于新生的共和国非常重要。中华人民共和国成立初期，自身不能生产镍，只能靠进口解决工业生产需求。曾经有这样一种说法：我国以73吨小麦和1吨对虾的代价换取进口1吨镍。正因为代价大，所以动用1吨镍都需要国务院总理亲自批示。镍制约着新中国的发展，白家咀子如果能够突破瓶颈，就能从根本上解决问题，那将会是多么大的喜讯啊！

1958年12月的一天，听说苏联专家扎库敏聂依要来指导工作，汤中立特别期待，上次拿到矿石标本的时候他曾见过这位专家，获得了很大的鼓励和支持，这次，专家要到现场来了，能够做现场直接指导，这是多么难得啊！他也暗自高兴，自己大学外语学的是俄语，和专家交流还不至于很茫然，他很期待专家能早点儿到来。

苏联专家扎库敏聂依到金川矿区视察（摄于1959年）
同行有余鸿章等，地质局陪同有沙仑等，图面背向第一人是陈学源，
正面持长柄地质锤者为汤中立，身后有李长春、张建英等

那天早晨，扎库敏聂依被一辆车送到了矿点，汤中立远远地迎上去，热情地握手后，大家直接奔赴现场。站在冬日的旷野里，扎库敏聂依听着介绍，看着绵延的矿石，显得十分激动。他搓着冻得冰冷的双手，眼中绽放着希望的光芒。他提出矿床与断裂构造有关的一些看法，还说这里具有远大前景。他向汤中立和其他围着他的人详细地讲解了铜镍矿床的检查评价方法。

正如大家所期待的，这里的一切都在波涛汹涌地推进着。截至1958年底，矿区共施工800立方米左右的槽探和150米的浅井工程。同时，采集了353个样品，全部送往酒泉化验室分析，另外拣块样46个，在现场进行快速分析11个，光谱检查样送兰州中心化验室分析。两个半月之间，实验室、矿区两头作战的结果显示：在白家咀子矿区基性岩体中可以肯定3个矿体，并且大致都位于超基性岩下部一定层位，呈带状分布，其延伸方向大致与超基性岩——橄榄岩的走向一致，由西向东分为Ⅲ、Ⅰ、Ⅱ、Ⅳ共4个矿区。

在陈鑫的部署下，在队化验室的帮助下，汤中立、王全仓对矿物成分的认识更加清楚，所有的工程呈现出的成矿物质主要是铜镍金属硫化物，矿石矿物为镍黄铁矿，磁黄铁矿、黄铜矿及部分磁铁矿赋存于强烈蛇纹石化的橄榄岩中，其结构也丰富多彩。

对矿床成因的认识开启了汤中立逐渐成为一名矿床学家的门径。从这里开始，他研究矿床达半个世纪之久。而在当时，由于白家咀子铜镍矿的发现时间太短，尚未进行过详细的地质工作，所以只能根据一些极其零星的观察研究开展工作。汤中立和同事们认为，白家咀子铜镍矿床主要是在灰黑色橄榄岩中，根据地表观察和西部浅井资料，初步认为矿体为透镜状。矿区东部矿体地表长约300米，厚约15米，西部矿体地表长150米，平均厚度也在15米左右，矿体与围岩的接触界线是逐渐过渡的，但硫化物矿条和硫化物细脉（矿条的缩影）与围岩的接触界十分清楚。矿体中的矿石矿物主要是磁黄铁矿、镍黄铁矿和黄铜矿等，脉石矿物主要是橄榄石和极少量的辉石。硫化物多充填在硅酸岩矿物的颗粒之间，呈网脉状、浸染状。此外，硫化物也以细脉状和矿条状沿节理穿到含矿橄榄岩中。基于这些地质现象，汤中立初步认定白家咀子铜镍矿应是既经过早期岩浆熔离又经过晚期的压入作用形成的。

当时，参与勘探的人都认为铜镍矿是存在的，但对储量认识还没有达到统一。"如果有争议，有分歧，那就来个座谈讨论会，把该说的问题说清，大家共同研究，形成一致的观点。"这是当时甘肃省地矿局局长丛健提出的建议。丛健是一个实实在在的人，这就是他的做事方式，特别是对有争议的问题，他在自己学习的基础上，海纳百川，倾听大家的意见和建议。召开座谈讨论会，就是推进研究工作的一种方式。

汤中立久闻丛健大名，丛健出生于山东文登，原名王有巡。1937年9月参加革命。抗战时期，任山东昆嵛县县长，领导当地人民群众和武装部队对日寇展开积极斗争，成为胶东地区的模范县长。当时，日本侵略者对他恨之入骨，重金悬赏要取他项上人头，为了避免无谓的牺牲，他改名丛健。

1952年，丛健到地质部门工作，任地质部测绘司负责人。抗美援朝战争后，国家急需铜矿，地质部副部长刘杰亲自点将，派丛健担任641地质队队长、党委书记。丛健义无反顾，二话没说就带着一家老小前往甘肃白银。用了3年多时间，他带领641地质队全体职工，探明了一个以铜为主的特大型多金属矿床，为建设我国第一个大型铜矿基地做出了贡献。1955年，丛健任西北地质局第一副局长。1956年，丛健又回到兰州，任甘肃省地矿局第一任局长、书记。

汤中立很佩服丛健，虽然丛健是打仗出身的，但从事地质工作以后，他努力学习专业知识，听说仅工作笔记和专业学习笔记就记了100多本。汤中立从丛健的身上看到，成功的人和之前所学的专业以及所从事的行业没有必然的联系，只要坚定信念，确立目标，刻苦学习，善于思考，就能成为专家型的领导干部。

1958年12月，丛健一行来到矿点检查工作，并召集汤中立、李书源等参加座谈会，了解矿床深部的远景。

参加座谈会的都是主要参与勘探的人，大家围着丛健坐了一圈。丛健个头很高，身形清瘦，人高大英武，脸上白里透红，那种骨子里渗透出来的精气神儿，让人一看就觉得他是一位举大旗的人物。

但是，他丝毫没有领导的架子，热情地招呼大家畅所欲言，让大家不要有顾忌，不要担心因发言观点不一而争得面红耳赤。

看到有人有些拘谨，或者欲言又止，丛健就鼓励大家说："为了学术，为了研究，为了发展，我们再怎么争论都是必要的，我们的目的就是拿出一个准确的结论，为以后的工作指明方向。不要有顾虑，大家伙儿敞开了说吧！"

他这么一鼓励，大家纷纷发言，你一句我一言，甚至其间还不时有打断发言插几句观点的情况。会议中，丛健听得很认真，还在笔记本上不停地记下一些人的观点。在汤中立的印象中，丛健是一个十分注重自己形象的人，座谈会期间，他时不时地用手扶一下高度近视眼镜，理一理自己的发型。

当汤中立介绍情况时，丛健一直微笑地看着他，不停地点头表示肯定和赞同。

丛健在座谈会上曾询问矿区储量，对于矿区的铜镍储量，汤中立根据工作情况，估算镍的储量在 25 000 吨左右，而李书源等认为至少在 50 000 吨。

当时，汤中立对储量的估算是保守的。他的理由是什么？无外乎是他比较谨慎。

汤中立根据自己的观察与研究认为：白家咀子的铜镍矿，地表为透镜状，东矿体厚度沿走向比较稳定，沿倾向在 25 米以上矿体仍无显著变化，25 米以下的资料目前尚未取得。西矿体地表厚度不稳定，中央部分矿体厚达 20 米。东西延伸数十米即行变薄，地表氧化带中和浅井原生矿带中（一般在地表下 15 米左右），以及它们两者间的有用组分品位一般是比较均匀的，但向地下深处的情况，资料尚未取得，估计在深处，矿体厚度、形状、品位都有可能变得更加复杂。另外，就当时已有资料而言，硫化铜镍矿石大都呈浸染状、细脉状产出，尚未探到块状富矿体。至于准确储量，现在不好计算。如果经过初步勘探之后，若矿体产状、矿石质量变化比较稳定，再求储量就会更加准确。

当然，对于其远景储量，大家意见一致，充满信心，认为白家咀子硫化铜镍矿具有很大远景，现有资料说明它可能是一个较大型的矿床。丛健听后没有说什么，直奔位于酒泉的祁连山地质队队部，进一步研究部署矿区地质勘探工作。丛健提出：铜镍矿对适应国家工业的飞速发展有极其重要的意义，加上白家咀子交通极为方便，因此完全有必要对这个矿进行勘探，而且应当以最快的速度勘探清楚。他指示祁连山地质队，要加快普查速度，加大检查力度，全力以赴转入矿区地质勘探，落实矿床远景储量。

座谈会结束后，丛健和大家一一握手，他感慨道："你们能发言，说出自己的观点，就是在思考工作，我们要团结一起，认真地研究，拿出一个中肯的结论。"说着，他走到汤中立面前，长时间地握住汤中立的手说："你要发挥先锋作用，多思考，多研究，我们要靠你们来实现突破啊！"汤中立不住地点头，他感觉到一位革命同志的双手，温暖而有力。

参加完座谈会后，丛健就把白家咀子发现铜镍矿及勘探情况，以及矿区评价第一时间报告给了中共甘肃省委。1959年1月8日，中共甘肃省委向甘肃省地矿局和祁连山地质队发出贺电，祝贺找矿工作取得显著成果。这封贺电的内容是这样的：

地质局丛健同志并祁连山地质队全体同志：

　　欣闻你们在永昌县白家咀子找到一处大型的铜镍矿床，这对于加速我省工业建设有重大意义，特别是镍矿是我国工业建设中非常重要而又十分缺乏的矿产，对我国冶金和机械制造工业也将发生重大的影响，这是一个很大的喜讯，特向你们致电祝贺。

中共甘肃省委
1959年1月8日

这封贺电在祁连山地质队热议了好一阵子，国家已经在关注祁连山的新发现，而且肯定这次发现的意义，地质队员们都备受激励，他们摩拳擦掌，全力以赴地做好自己的每一件工作。

每一次勘查，最后都要形成一个结论，对勘查的矿区进行综合评价，这个评价将成为是否对此矿区做进一步勘探和开采的重要依据。组织将这个评价报告交给了汤中立来主持。

1959年1月，天气异常寒冷，冬天的风带着哨子，汤中立的心中则热情呼啸、激情澎湃。之前，他和王全仓全程参与了白家咀子的勘探，对矿区的基本情况了若指掌。他们还参加了丛健组织的座谈讨论会，汤中立与王全仓先后交流了无数次，对其中的细节一一进行了探讨，该是拿出最后结论的时候了。

一顶小小的帐篷，就像一个小小的产房，在这顶帐篷里，汤中立和王全仓执笔，一字一句地商讨，一个观点一个结论地切磋，终于完成了《甘肃永昌白家咀子铜镍矿58年地质工作总结与59年第一季度地质工作安排报告》（简称《报告》）。

《报告》对他们的发现与工作过程进行了总结，也对矿区的前景进行了展望。《报告》得出了初步的结论：仅就所取得的资料，可以初步对白家咀子铜镍矿的铜、镍两矿金属储量做一估计，比较可靠的含量数字，应为镍50 000吨左右，铜20 000~25 000吨，而镍的远景储量是20万吨，铜约为10万吨。

1959年1月25日，《甘肃地质》第13期头版刊登了甘肃省永昌县境内发现大型铜镍矿床的消息，这一消息，好像一股春风，吹遍了祖国大地。这是全国最早报道我国发现最大铜镍矿床的一则重要新闻，它向全世界宣告，中国已经不是一个铜镍贫国。

汤中立和同事们继续在现场观察研究，在Ⅰ矿区8行附近布置了第一个浅井，为了便于勘探，永昌镍矿地勘组将整个龙首山划分为4个矿区，发现孔雀石标本的Ⅰ矿区实验性钻探初战告捷。回到驻地，大家又一起研究如何加强地表检查评价，以及槽探浅井和系统采样工作的部署……汤中立并不知道，《报告》已经受到了各方面的关注。后来，汤中立说，这份报告，就是自己给中华人民共和国成立10周年的一份献礼。

《甘肃省永昌县白家咀子铜镍矿第一矿区地质勘探最终报告》（1961年）

　　甘肃省委发来贺电就是一份关注，更多的重视举措也接连而来。甘肃省委、省政府对永昌县白家咀子矿床组织加强了力量，将1955年以来先后建立起来的马鬃山队、花牛山队、硫黄山队等9支地质队伍合并到了祁连山地质队，使得祁连山地质队迅速壮大起来。到1959年，职工已发展到近千人，开动钻机20台。一时间，龙首山下钻机轰鸣、红旗招展、人头攒动、捷报频传。1959年4月15日，为了加快镍矿的勘探进程，祁连山地质队队部又从酒泉迁至了永昌县白家咀子。

　　白家咀子镍矿的发现，更让陈学源、李书源和汤中立（破格）一起被提拔为工程师。

1958年！这是一个载入史册的年代。白家咀子！这是一个无法忘却的地方。

由于白家咀子铜镍矿的发现，1960年10月4日，国家经济委员会（简称国家经委）特向中央和毛主席报告："……在甘肃永昌县，已经查明可采储量八十万吨；远景储量可能达到三百至五百万吨……"这一发现加快了我国镍矿的建设，从此，茫茫戈壁上一座新兴的"镍都"逐渐进入了人们的视线。

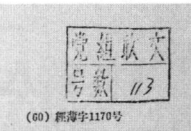

国家经委党组向中央的报告——《加快我国镍矿的建设工作》（1960年）

如今，在金昌市金川公园，高高矗立着一座地质工作纪念碑，这座纪念碑，是所有地质人心中的丰碑，是中国地矿史上的丰碑。在发现金川特大型铜镍矿的过程中，汤中立功不可没。他的名字被光荣地刻在这座纪念碑上，碑文中写道：

1958年，甘肃省地质局祁连山地质队（现甘肃地质矿产局第六地质队）汤中立等同志，根据报矿材料，在工程师陈鑫同志的指导下，发现了白家咀子镍矿。第六地质队全体职工当即在Ⅰ矿区开始勘探工作。他们风餐露宿，艰苦创业，于1960年就为金川有色金属公司的先期建设提供了设计依据。到1974年，又全面完成了Ⅱ、Ⅲ、Ⅳ矿区的勘探任务，为我国探明了一处巨大的镍矿基地，一举改变了我国缺镍少铂的历史……镍都开拓者的实践证明，找矿立功光荣！献身地质事业光荣！艰苦奋斗光荣！

　　汤中立，就是"镍都"的开拓者之一。

　　走在6月的骄阳下，汤中立望着纪念碑上自己的名字，望着那三个"光荣"，内心无比激动，人的一生奋斗为何？只为实现人生价值，荣光一生！

甘肃省人民政府和地质矿产部举行金昌市地质工作纪念碑
"献给祖国镍都的开拓者"落成典礼（摄于1986年）
左起：严济南、陈鑫、樊毅、许宗岳、卢仁枨、范云谱、汤中立

汤中立获金川集团股份有限公司科技进步奖一等奖，并被授予公司"荣誉职工"称号（2001年摄于金昌市地质纪念碑前）

五、里程碑式的一钻

20世纪五六十年代，第二次世界大战以来形成的基本国际秩序不断分化重组，美国对中国采取敌视的态度。60年代初期，苏联撤走了在华苏联专家，中苏边境摩擦持续增加。虽然拥有五千年中华文明的中华民族注定要木秀于林，但是新中国刚刚在帝国主义的重创下艰难爬起，在旧社会血与火的急速更迭中重生，宛如一个刚刚独立的少年，战战兢兢，如履薄冰。正是在这种形势下，中国以及中国的地矿事业迈着坚强的步伐前行。

在这样不容乐观的国际环境下，国内也弥漫着一种紧张而尖锐的氛围，对立的声音变多了。

1965年，人们头上像是笼罩着一层阴云，不知道是要打雷还是要下雨。阴云笼罩下，边塞外的祁连山地质队置身于是非之外，反而是一番团结紧张实干的氛围。时不时会有人从山下来传言要打仗了。打不打仗，汤中立不知道，他只知道无论是搞经济还是战争，镍，始终是祖国急切需要的资源。

冬季的祁连山脉，像是一条白龙，横卧在祖国西北，守护着西北的交通命脉——河西走廊。河西走廊以北的绵延山系，当地人称之为北山。汤中立所在的祁连山地质队驻扎的矿山位于河西走廊以北的龙首山隆起带上，各大矿区大都在龙首山东北部的缓坡地带，这里的山倒也不高，四周草木荒芜，寒冷的西北风呼啦啦地吹着，鸟兽也都不见了踪迹。正北方，是苍茫的大戈壁，时而阳光普照，时而沙尘肆虐，一眼望不到边。

1964年8月，以中国有色金属工业第八冶金建设公司为主，同金川有色金属公司选调了3600多名强将精兵，开掘了46条坑道，安装炸药1980多吨。12月6日，矿区进行了第一次露天大爆破，随着轰隆隆的声音，三座山头被削平了，山腰和谷底落满了废石渣子。几场大雪后，这些废石渣子被遮掩得无影无踪，被削平的矿山也仿佛戴上了雪白的帽子。

汤中立31岁了，当年他的大姨父为他取名"中立"，期望他自强自立，成为汤家栋梁。汤家人怎么也没想到，这个刚过而立之年的小伙子，那个曾经逃课在河中嬉闹的孩子，他的名字已经响彻了中国地质行业，在更大的家国中"立"起来了。汤中立是个埋头苦干的人，平时言语不多，领导问什么他就说什么，不问就不说。有人说他是个"闷葫芦"，其实，他脑子里尽是地质勘探方面的数据信息。只要他就地质勘探技术开口说话，大家都心服口服，这种权威，是在几年地质勘探工作的锤炼中树立起来的，他的推测总能被实践验证。

1965年伊始，白家咀子铜镍矿勘查走到了生死存亡的时刻。

大队长欧阳章忧心忡忡，Ⅱ矿区马上就要着手正式勘探了，然而对于这片矿区，大家的争议颇多，主要争议点在于"要不要向深部勘探"。讨论会已经开过好几次了，会上汤中立明显是有些想法的，但是会上大家争执颇多，越是在这种情况下，汤中立越是谨慎发言。几次会议过后，依然没有定出什么所以然来。欧阳章作为祁连山地质队队长，心急如焚，他既要对国家资产负责，对上级负责，又要对地质队的同事们负责，半点儿也马虎不得，一个错误的决断就可能会让大家的心血白费。

接下来的工作，怎么做？欧阳章决定私下去会一会汤中立，看看他有几成把握。然而，面对不爱讲话的汤中立，他还得琢磨一番怎么撬开这个"闷葫芦"。

一天晌午，天不冷的时候，欧阳章拉着汤中立来到Ⅰ矿区爆破坑边上，两人看着机器隆隆地转动着，身边忙忙碌碌的地质工作者走来走去。这样的环境，才是汤中立战斗的环境。没一会儿，汤中立那种淡淡的焦虑就消失了许多，他完全放松下来，已经可以和欧阳章说说笑笑了。欧阳章收起近日来积攒的忧虑，开始笑着对汤中立说："中立，你小伙子可以，你和黄保全、王全仓写的Ⅰ矿区地质勘探补充报告，上面都看过了，这可真是给咱队立了个大功！"欧阳章笑着拍拍汤中立的肩膀，把他搂得更靠近了自己一些。

"大队长，我看咱Ⅰ矿区、Ⅲ矿区都勘得差不多了，咱未来几年还得紧盯Ⅱ矿区呢！"汤中立也大约猜到了欧阳章找他谈话的意思，他向东望了望，那边是Ⅱ矿区圈定的区域，是一片空空荡荡的山野。

汤中立主动提起Ⅱ矿区，欧阳章心里暗暗欣喜，看来这一番工作没有白做。但是，说起Ⅱ矿区，两人充满希望的眼睛里都闪烁着一点惶惑。

Ⅱ矿区在Ⅰ矿区东部，自从发现矿床起，Ⅱ矿区就进入了勘探者的视野。Ⅱ矿区圈定的岩体是全矿区最大的，出露的岩体也是最大的。根据苏联专家的指导，一般而言，越大的岩体越有可能出大矿。但最初的普查却不如人愿，探查队发现，中部地下200～400米

第三章 "镍都"开拓者

处隐伏着主矿体。虽说是主矿体，但也不大，且没有什么发展前景。在岩体上部，有岩体分枝，却相继尖灭。在岩体底部，围岩呈盆状形态控制，像一口大铁锅支在那里，岩体被封堵在锅底，尖灭了。再向东，钻探到地下450米深处，更让人绝望的是，其呈"U"形尖灭。总之，纵观整个Ⅱ矿区地下，岩体并不像之前圈定的那么大，成矿岩体大都消失在200米深处，整个岩体在锅底被尖灭。

几经普查，打了19个钻孔，Ⅱ矿区最终还是圈定了矿体，先计算出矿石储量，再计算出金属总量：镍12.7万吨，铜6.3万吨。平均品位：镍1.11%，铜0.55%。

面对这么大的岩体，相对于Ⅰ矿区的情况，这个结果不值一提，甚至还不如Ⅲ矿区。最要命的是，以成矿远景而论，Ⅱ矿区简直就是黯淡无光。

现实就是这么残酷，严峻地摆在大家面前：岩体尖灭，锅底封死。

"没有大岩体，不可能出现大矿体！"汤中立身边的技术人员在讨论会上不止一次地重复着苏联专家传授给他们的"地质名言"。

"Ⅱ矿区的少矿化可能是构造剥蚀的结果！"看来有人已经下了Ⅱ矿区的"勘查死亡报告"。

这意味着什么？前景消失，金川铜镍矿勘探戛然而止。

就这么结束了吗？

汤中立不甘心，与其说不甘心，不如说他在这令人绝望的现实中觉察出了一点光明。

"你看Ⅱ矿区，到底是怎么回事？会上我看你有些想法，但是人多嘴杂，放开讨论大家又会吵闹得不可开交。这会儿，就咱两个人，你可得好好给我说道说道！"欧阳章抓住契机开门见山。

"大队长，先前我们在Ⅰ矿区的勘探中，见到过含矿岩枝贯入底盘围岩中的现象，穿过围岩，在地表以下500多米，再次见到了矿体。你说有没有可能……"

"继续说下去！"欧阳章激动地朝汤中立招着手，鼓励他畅所欲言。

"1964年物探大队在Ⅱ矿区进行1∶2000的激发极化法、磁法金属量测量时，发现了浅部、中部、深部三种异常。其中，中部的一级异常是由深部引起的，而深部极化率异常说明在300米以下存在有较大矿体的可能性。我们既然有了两个可能，我认为还是可以再往深处试一试的……"

汤中立还想继续往下讲，但又不知从何说起。他有一种奇怪的想法，但这种想法在外人看来肯定是荒诞不经的，他因此迟迟不肯开口，不想告诉欧阳章大队长。几个月以来，汤中立一直有一种强烈的想法：Ⅱ矿区的岩体，就像一个偏离道路的行人，想走捷径，却进了山林，迷失方向。具体到Ⅱ矿区来说，他推测岩体可能向深部"漏"下去了，穿过围岩之后，还有可能见到岩体。只是在目前钻探的控制点，没有见到它。或者岩体根本就没有封闭，而是拐了个弯又伸下去了；或者是大岩体在岩浆阶段向上冲的时候，躺在半道上了。

他知道自己的这种想法完全超出常规，甚至与地质学现有的规律不符。他曾经为自己持有这种想法而感到惭愧，也多次在内心谴责自己："老汤啊老汤，科学探索怎么能凭感觉呢？"但是，几个月过去了，这种想法非但没有淡去，反而越来越强烈，乃至迫切想要被证实。此时，他看着已经陷入深思的欧阳章，欧阳章大队长为Ⅱ矿区的勘查工作也是费尽了心神。汤中立此刻出自本能地反思，自己是不是说错话了，或者没有体会到大家的难处？他开始支支吾吾了一番，将话题转向别处。

欧阳章也似乎明白，眼前这个"闷葫芦"其实是心里有底的，只是这个底超出常规的思路而不能顺畅表达，于是，他便用激将法激了一句："难道我们走投无路啦？"

汤中立说："怎么会？天无绝人之路，我看准了，这Ⅱ矿区有文章！"欧阳章听着汤中立冒出的这句话，脸上露出了笑容，他继续鼓励汤中立："你说说看。"

汤中立没有犹豫，倒豆子一般地说道："我在勘探Ⅰ、Ⅲ矿区的时候，一直在盘算Ⅱ矿区的事情。根据Ⅰ矿区的勘探情况，又翻阅了地质普查工作中的成果资料，对比来看Ⅱ矿区，我确实没有得出Ⅱ矿区岩体剥蚀程度高的结果，也没有得出岩体西部含矿性差的结论。大队长，我认为Ⅱ矿区没有死，至少Ⅱ矿区西部没有死！"他的眼神愈加坚定了。

没有死，那就是活着。那时的汤中立真的是这样感觉的：Ⅱ矿区是"活不见人，死不见尸"。既然没有看见"尸体"，那就应该找。即使最终结果令人失望，那也必须尽心尽力。人到黄河，心也甘了。

大队长欧阳章比汤中立考虑得还要多一些，地质行业的科研不是一个人的事情，一个推断需要整个团队进行现实的实践，他不能拿全队的时间和精力来冒风险。如果失败了怎么向全队同志交代？又怎么向上级交代？必须做到胸有成竹。

"那就赌一把！"欧阳章听完汤中立的表述，心里已然有了几成把握。随后，他召开了队党委会议，力排众议，汤中立的想法继而得到了同事们的大力支持。祖国彼时正处于缺少镍的关键时刻，冒一点儿风险也是值得的。队党委认为这种大胆探索是必要的，并做出决定：大胆设想，勇于探索，向深部找矿！

方向终于明确了。

1965年2月，汤中立主持编制了《甘肃永昌白家咀子铜镍矿Ⅱ矿区1965年普查检查设计方案》，方案的核心就是设计一批深度为400～550米的钻孔，找岩体漏向深部岩枝中的矿体。方案上报甘肃综合地质大队后，大队以文件的形式批准设计，并给祁连山地质队下达了任务。

1965年的春节刚过，地勘组就进入矿区，按照设计书定位、布孔。

Ⅱ矿区在Ⅰ矿区的东南方向，山势更高，山体更大。大理岩及花岗片麻岩形成倾斜、狭窄的山脊，剥蚀与侵蚀切割的强烈作用使山脊间形成V形陡谷，加上季节性暴雨的冲蚀，谷深沟大，地形相对高差近百米。最为致命的是，山脊崚嶒，山坡陡峭，坡谷岩石尖锐，坡面碎石风化，这给地质钻探工作的开展增加了难以言表的困难。

所有的井架、钻杆钻头等钻探设备，以及帐篷、锅灶等生活用具，通过人抬肩扛，陆续被运上山坡山头，进入井位。首批6台钻机进入现场，其中，5台耸立于Ⅱ矿区西部。钻孔基本都设计在山地上部，沿谷上山，方能到达施工点。山虽不高，仅有百八十米，但坡陡且没有路，用地质锤或钢钎捣一串脚窝，便是路。

部分钻探设备陆陆续续运到现场后，8行、16行和26行勘探线上的3台钻机先行开钻。汤中立从开钻那天起，就一直牵挂着每台钻机的运转情况。一个月后，16行和26行钻探到达初步设计深度，却没有见到矿体。技术负责汤中立和地勘组组长天天爬上机台，用放大镜反复观察岩心，设计推断中的情况并没有按照预期出现，所有参战队员都有些惶惶然。从队长到钻工，从工区到地质科，整个现场的气氛逐渐紧张起来。但是，此时已经没有退路，只能继续前进，其余钻机也陆续开始上山开钻。

1965年4月16日，布置在12行勘探线上的12ZK22钻孔开钻。这个钻孔位于Ⅱ矿区西部的一座山体的南坡。向南可以俯瞰大片龙首山地，一座座山峰相连，向西北爬上二三十米，便是山顶。站在山顶俯瞰西北方向，就是Ⅰ矿区了。站在这里俯瞰Ⅰ矿区，好像伏在洼地。东北方向，依然是山连着山，但能看到连绵山峰消失的地方。向北望去，耀眼的阳光正穿过大风吹起的烟尘，朦朦胧胧的一片。

开钻已经是下午了，12ZK22钻孔设计深度是530米，倾角85度。地勘组组长任端进查验了钻机的立轴方位和倾斜角度，拧紧了螺丝，在施工通知书上签上了自己的名字。

12ZK22 钻孔的施工并不顺利。钻机穿过厚厚的围岩，进入岩体分枝，岩体钻了没多少，又进入围岩。更糟糕的是，虽说见到了岩体，但是始终没有见到矿体。当钻机进入岩体夹层时，钻机突然发生了卡钻，钻具脱落在钻孔中，事故处理几经挫折。机长遂提出终孔要求，理由是钻孔已经穿过上部岩枝岩体。地质科对终孔要求进行了论证。以汤中立为首的地质技术人员查看了岩心，并将钻孔和岩性数据投放到施工剖面图上，与其他钻孔资料进行对比，认为见到的岩体可能是围岩夹层或者是捕虏体，并没有见到真正的岩体。

"不能终孔！当初设计的孔深还早着呢，大家不要心急。"汤中立代表地质技术人员提出建议。

机组人员只好重新调整好心态，处理卡钻事故，继续钻进。当钻到339.06米时，见到了橄榄辉石岩，众人皆喜，工区与地质队的关系也慢慢融洽起来。

然而好景不长，一直钻进到371米深度的时候，穿过超基性岩体，见到了岩体下盘，一组白色的大理石。这种情形与以往浅部施工的两个钻孔一致，而且超基性岩体有继续封闭的迹象。这种状况十分糟糕，大理岩是矿体的"底盘"，预示着12ZK22钻孔和其他钻孔一样，没希望了。

两次打穿岩体，见到围岩，按照常规，遇到这种情况，即可终孔。但是，按照设计要求，沿着围岩再钻进三五十米，也不值得争议。是停钻还是继续钻进？在祁连山地质队内部发生了激烈的争论。队长欧阳章召开队务扩大会议，研究这个棘手的问题。以工区和钻工为一方，认为已无再打的必要，否则就是浪费；以汤中立和地勘组为另一方，则坚持应该继续打下去。

"地质现象本就千变万化，尤其是人眼看不见的地下。地质勘探设计的实施方案，本来就是以现有地质资料，对未知情况的推断，而且会根据新发现的情况，对随时都在变化的地质条件重新认识与理解，并不失时机地调整设计，做出新的决策。"汤中立据理力争，

31岁的他表现出来的冷静令人称奇。

汤中立的办公室就是一个地图的世界，地形图、剖面图、柱状图、投影图等，凡是他能看到的地方，都是地图。此时他目不转睛，长时间地盯着12ZK22钻孔的剖面图。设计孔深530米，371米以上的内容也算丰富，破碎的蚀变岩，不时出现的小岩枝，还有厚度将近40米的橄榄辉石岩，然后就是大理岩了。橄榄辉石岩是不是主岩体？如果是，那么就不会有乐观的远景。大理岩是不是主岩体的底盘围岩？如果是，12行剖面也就到底了，也就是见到锅底，有可能尖灭。如果这层大理岩不是底盘围岩，那它应该是什么？如果橄榄辉石岩不是主岩体，那主岩体在什么地方？

汤中立从24岁起就作为主要人员参加了Ⅰ矿区所有年度勘探设计、总结的撰写，参加了Ⅰ矿区3个地质报告的撰写，有的甚至是作为单独撰写者。在设计与报告的撰写过程中，他积累了矿区几乎所有资料，分析、研究过矿区所有出现的情况。通过这样的工作，他对矿区情况烂熟于心，他的目光，早已经深入矿区的内部。

通过对所有资料进行综合分析，汤中立认为：白家咀子铜镍矿是岩浆熔离矿床，矿体赋存是有层次的，按照Ⅰ矿区的矿体赋存规律，岩体的底部应该是含矿最丰富的纯橄榄岩，那么，下盘相对凹陷的部位，应该富集着纯橄榄岩。12ZK22钻孔中，虽然见到矿化橄榄辉石岩，有近40米厚，但含矿最好的纯橄榄岩没有出现。这个将近40米厚的含矿橄榄辉石岩，是不是比较厚的岩体分枝？

汤中立回想起自己在Ⅰ矿区见过这种现象，也是在Ⅰ矿区12行勘探线上，见过很厚的分枝岩体，通过分枝岩体下盘，主矿体都在深部。在Ⅱ矿区目前所打到的岩体中，没有见到含矿的纯橄榄岩，那么橄榄辉石岩应该是分枝岩体。可是，含主矿体的大岩体在什么地方？要么横在旁边，要么伸入深部。如果在旁边，只能等待其他钻孔的结果；如果在深部，那就只能继续往下钻探。

汤中立对地勘组的同事说，"目前能够做的就是进行深部验证。

打穿貌似底盘围岩的大理岩，看看深部到底是什么。如果到达设计深度530米，依然是底盘围岩，那也是一种结果，到那时死心也不晚"。

队领导召开生产会议，听取了汤中立等的意见。汤中立和技术人员坚持不能终孔，要求继续向深部钻探。会议最终支持了汤中立等的意见，决定再打打看。会后，汤中立直奔兰州向甘肃省地矿局做了汇报，省局支持按原设计继续施工。

汤中立和他的同事们的探索精神，以及所表现出来的魄力和勇气，在这种情况下发挥了巨大的推进作用。

钻机再度轰鸣，钻探继续。钻孔内的情况倒也简单，钻进20米，取出岩心，是大理岩，再钻10多米，岩心依然是大理岩。打不穿的大理岩，让所有的人都有些惶恐。负责编录的地质技术员，每次看到岩心，总是惴惴不安。钻工们用质疑的目光看着地质人员。汤中立也经常到机台上观察钻探情况。看着排列在山坡上的岩心，灰白灰白的一条线，他认为大理岩岩性稳定，一定是巨大的大理岩岩体。这么大的大理岩体，下面出现矿体的话，一定是大矿体。如果没有矿体，那么这个大理岩体就是那个巨大的锅底了。看到这里，他的内心一片宁静。钻工用质疑的目光看着他，口中喃喃地说："530米，打到设计深度就停钻。"

钻探依旧进行，当钻到410.71米时，整个工地沸腾了。岩心终于不再是大理岩了，重新又见到了超基性岩体——橄榄辉石岩。

这就是期待的第二个岩枝。

整个工地重新燃起了希望，大家一片欢呼叫好。钻工们用热切的眼神注视着汤中立等技术组人员，汤中立都有点儿不好意思了。吉夫650，这台老式钻机，似乎也焕发了青春，日日夜夜，唱个不停。

超负荷钻进，橄榄辉石岩仿佛深不见底，直到设计深度530米，依然还是它。整个工地都沸腾了，大家感慨道："专家就是专家，得亏技术组胆正，要不错过多大的矿呢！"机长马文明操着一口浓重的陕西话不时感叹。

不见围岩，不能终孔，地质组决定超越530米，继续钻进。

时间已经是7月下旬，本来是天高日丽的季节，却遇到一个刮着大风的日子。吉夫650钻机耸立在风沙中，不停地喘着气。当岩心管提出井口，把岩心放在木箱中时，地质队员发现，这一截岩心的颜色变化突然，滴着水的岩心绽放着纯橄榄绿色，绿、黄、褐，色彩变幻，散发出迷人的光泽。地质队员魏乾金取出放大镜细看，是海绵陨铁结构——这是富矿体出现的标志。魏乾金一言不发，查看了钻探进尺记录：566.71米！在填写记录表的时候，他激动得几乎流出眼泪。

富矿体的出现，更像是给全体地质队员打了鸡血。这些天，汤中立每天都保持着异常兴奋的状态，笔和尺在一张张测绘图与数据表上转得飞快。队长欧阳章几乎天天都要凑到汤中立身边，观看检验数据，还激动地说着："这下事情弄大了啊！我们白家咀子又要轰动全国了，你小伙行啊！"

设计几经修改，进尺多次追加，直到780米，钻头正在富矿体中钻进，吉夫650钻机却趴下了。

机长马文明刚过20岁，有一身的力气，只见他帽子一摘，袖子一挽，大喊一声"不信邪了！"便亲自上阵。

然而，吉夫650钻机毕竟是老了，负荷太重，超过了工作极限，流油烧红，钻机冒烟，实在是打不下去了。

马文明既着急又生气，"哎"了一声，抹了一把泪水，下山去了。

累瘫了一台钻机，还没有到底。但是，绝对不能停钻！

上跃进1200型钻机！

跃进1200型钻机，号称"千米大钻"，为苏联制造。这台钻机是个庞然大物，将所有的零部件拆卸后，机体有5吨重。上山没有路，怎么办？当然还是老办法——人拉肩扛。为了把这个大家伙运上山，全队动员150多人，有工人，也有干部。前面绳拉，中间杠抬，下垫辊杠，连推带撬，一寸一寸地向山上挪移。铁肩膀，硬骨头，从早到晚，苦战一天，硬是把这个庞然大物耸立在12ZK22钻孔上。

跃进1200型钻机轰鸣起来的时候，地动山摇。钻进速度加快，一口气打到944.86米，才穿透矿体，穿透岩体，结果发现隐伏矿体厚度达358.16米，这是一次对地质科学领域进行探索的重大突破。

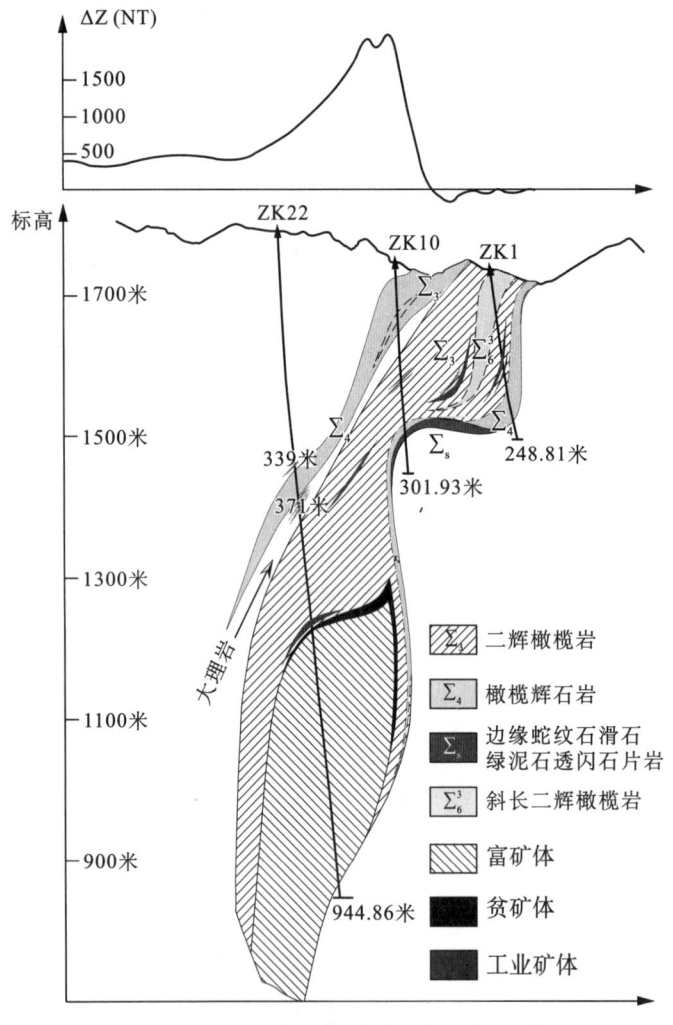

白家咀子铜镍矿Ⅱ矿区12行剖面图

1965年8月15日，12ZK22钻孔胜利终孔，深度944.86米，矿体厚度358.16米。12ZK22钻孔的终孔标志着深部找矿取得重大突破，揭开了Ⅱ矿区主矿体的奥秘，对整个矿区的发展都具有划时代的意义。之后，喜讯就如同珠串一样接连出现。他们在1000多米长的地段布置了几十个钻孔，几乎在每个钻孔都见到了深部隐伏富矿体，这使金川矿床的铜镍勘查储量翻了几番，一举成为世界第三大镍矿。当月，地质部副部长胥光义来到Ⅱ矿区，视察了12ZK22钻孔。汤中立代表祁连山地质队汇报了白家咀子矿区勘探情况，并详细介绍了矿区的全貌及前景。胥光义对汤中立和他的队友们给予了高度评价。

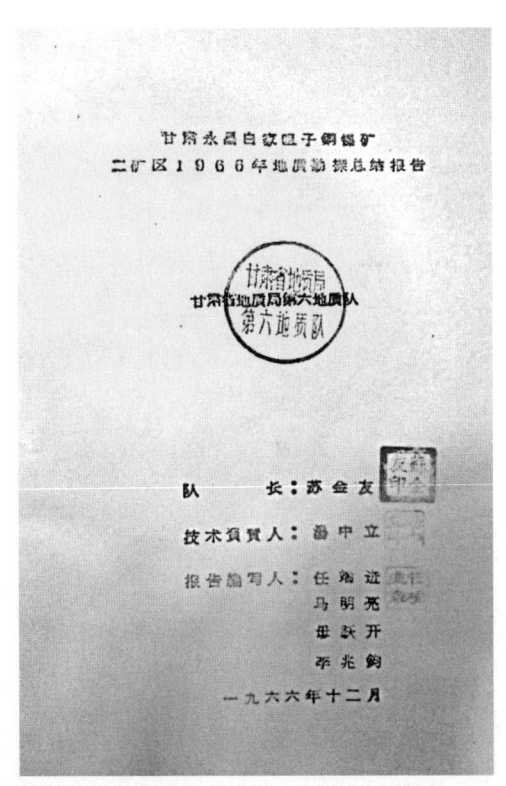

《甘肃永昌白家咀子铜镍矿二矿区1966年地质勘探总结报告》

祁连山地质队的勘探者，用他们的智慧、丰富的实践经验和坚定的信念，在白家咀子铜镍矿（1966年后改名为金川铜镍矿）勘探史上写下了辉煌的一笔。

一座宝藏，惊天现世。

1966年3月27日，邓小平等中央领导到金川视察。他们来到露天矿，听现场技术人员讲了矿区的基本情况和矿床特点，以及金川有色金属公司的运营情况后，赞誉金川的矿产资源是个不可多得的"金娃娃"。从此，"金娃娃"这个词成为金川镍矿的代称。

一座城市，拔地而起。

金昌一跃成为我国最大的镍生产基地，以及铜、钴、金、银和铂族金属提炼中心，并有"中国镍都"之称。诞生在金昌的金川集团股份有限公司已是世界500强企业。

第四章

向光而行

一、艰难时期遇爱情

白家咀子铜镍矿（即金川铜镍矿）勘探从一开始就波澜壮阔，时而让人充满希望，时而又让人失望。汤中立是个内心丰富又非常强大的人，不善于把心中的波澜表现出来。他沉浸在工作进步和收获的喜悦当中，更在那样波澜壮阔的勘探工作中，经历着一个普通人的生活。在奔忙于金川技术研究的同时，爱情也悄悄降临在他的身边。

1960年，是三年困难时期的第二年。地质队工作的地方都是野外荒滩，干旱以及其他自然灾害使大西北成了缺粮少菜的"重灾区"。地处腾格里沙漠边缘、人烟稀少、土地贫瘠的金川乃至兰州，自然都成为"重灾区中的重灾区"。

那个时候，无论是领导干部还是工人，住房全部是帐篷或地窝子。

水，在这里很稀缺，可谓"贵如油"。在干涸的戈壁，气候干燥，雨水稀少，蒸发量很高。当时，矿区只有白家咀子一口农民挖的水井，挖得早了，甚至都有些弄不清到底是什么年代挖建的，因此，老井时常枯水。后来，大家就依赖附近的一个涝池，人喝、机器用、老乡饮牲口，初次饮用的人都不能接受这样的水质，可是在这里耕耘的地质工作者们，却早已习惯了用这一池水，并十分珍惜这涝池。后来，永昌县政府批准这里的工作人员可以使用农用水渠里的祁连雪水，即便如此，供水也得不到保证。冬天涝池干涸，水渠冰冻，大家就得到很远的地方去凿冰、背冰。地质队每天都会组织几个青壮年，专门远途背冰，化水为源。因为缺水，这里的人尤其期待下雨或下雪天，只要下雨，各类可以接水的盆、桶、碗都会赶紧拿出来；只要下雪，就都会立刻被扫积起来。

吃饭更难。粮食少，人们时刻受到饥饿的威胁。队上号召大家采集骆驼草籽、野草根等，回来磨成粉，搅和在青稞面、黑豆粉里做窝窝头充饥。即便是领导干部和技术人员，当时也不能保证每月24斤定量供应，没有肉，蔬菜更是匮乏，汤中立记得自己只吃到了每月 18.5 斤的黑面。那段时间，他常常感到头重脚轻，走路无力。

1960 年冬天，勘探队只吃一种菜，就是从外地运来的几千斤萝卜，早中晚三餐都是萝卜，空气里都弥漫着萝卜的味道。

正是在这样艰难的岁月里，汤中立拥有了甜蜜的爱情。

她叫方桂云。

60 余年后的西安，长安大学家属院的房间里，汤中立老两口坐在沙发上，相互依偎靠拢，汤中立微笑着说："方桂云让我一辈子矢志不渝的是她坚强的内心和对我的全心全意。"方桂云有些害羞地轻拍着他的胳膊，笑着说："我们一辈子没吵过什么架，吵什么架啊？人，在生活中，没有什么对与错，就是在互相迁就、互相尊重的陪伴中。"是啊，就是在相互的陪伴中，时光一下就走到了 2024 年，一瞬而已，便过了 60 余年。

现在的生活越来越好了，汤中立和方桂云身体健康，两人住在长安大学家属区，起居生活基本都是自己料理，尽可能不用孩子们操心。每天，方桂云去楼下转转，顺便买点儿菜，回来做适合两人口味的家常菜。越是年龄增长，对生活的要求也越来越低，两个人吃饭很简单，只求可口，一两个菜就很舒服。

汤中立说："我想雇一个保姆，方桂云一直拒绝，说雇保姆不方便，一个陌生人来了，生活上就不够自由了。我尊重她的意见，但也心疼她，我 89 岁，她 87 岁了，好多事情的确有一些不方便。她不同意，我就尊重她，我就是觉得她太辛苦，她很操劳啊！"

在孩子们的眼里，母亲方桂云最疼爱父亲汤中立，从他们认识的时候起，尤其是汤中立在逆境中时，母亲始终和父亲站在一条线上，甚至冲在前面，为父亲而敢言敢做，维护着父亲的尊严。自从他们相识相知相爱，婚后一路走来，他是事业上的强者，她是生活上的伟人。

说起两个人的相识，方桂云说："有人介绍是外因，我们的相遇归根结底是因为——矿。"

方桂云在宣化地质学校（现今河北地质大学）学习了两年后，又转学至西安地质学院，毕业后分配到地质部兰州中心实验室工作。这一路学习，也让她和地矿结下了不解之缘。学岩矿鉴定的她，毕业后恰巧被安排到白家咀子参加伴生元素攻关小组进行岩矿鉴定。

一切都是命运的安排，一个在白家咀子野外工作的安徽人和一个因为工作项目来到兰州中心实验室的河北人相遇了。

1960年的春天，奔忙于野外的汤中立已经26岁，在当时算是大龄青年了。因为对工作太过于投入，又因为工作多在野外，汤中立的感情生活一直是一张白纸。谁会在这张白纸上写下浪漫的文字，谁会和汤中立相遇，冥冥之中，自有安排。

时任伴生元素攻关小组党支部组织委员的袁永昌是个热心人，在与爱人聊天的时候得知和爱人在一个实验室工作的人里有个单身女孩儿，他就问爱人："那个姑娘有没有意中人？如果没有，我就给这个姑娘介绍一位。"巧了，这个叫方桂云的女孩儿还真是待字闺中。袁永昌听了这个消息不由得乐起来，心里暗自盘算着什么时候让她和汤中立见见面。

为此，袁永昌专门找到汤中立，说："中立，我要给你介绍个对象。"

这单刀直入的话语，让汤中立有点儿反应不及，甚至还有点儿害羞。虽然汤中立自己也觉得是时候该认真把个人的终身大事推进一下了，但是突然就有人径直谈到介绍对象的事情，汤中立不禁不好意思起来。

面对热情的袁永昌，汤中立满心感激，有人在关心自己的工作，更有人在关注自己的终身大事，这是一种幸福。他静静地听袁永昌讲："这个女孩是个党员，中学就入了党，确实优秀。你看，我是咱们支部的组织委员，我有责任为咱们身边的党员同志介绍对象。虽然你不是党员，但你的表现像党员，你们两个都很优秀，我觉得你们俩蛮好的一对，怎么样？同意不？"汤中立听了半天还是一头雾水，只知道给自己介绍的对象是个党员，还没怎么着就已经把他和那个姑娘说成了一对，汤中立禁不住腼腆地笑了，他很感恩袁永昌夫妇的牵线。汤中立觉得，优秀的人才能成为党员，入党是非常光荣的事情，汤中立便决定按照袁永昌说的时间和地点去见见方桂云。

一天中午，太阳暖暖的，汤中立站在地质队对面的路边，等着未曾谋面的方桂云。不知道是太阳晒的缘故，还是因为内心激动，汤中立觉得热乎乎的。已经是地质队工程师的汤中立，像对待自己的工作一样高度重视、极其认真地对待这次见面。平时他在野外工作很忙，为了这次见面，他专门提前理了发，挑了一套比较正式的衣服，早早等在约定的地方。

每路过一个女性，汤中立都会定一定目光，仔细回忆袁永昌给他看的那个女孩儿的照片。来一个不是，去一个也不是，她怎么还没出现？汤中立的额头渗出了细密的汗，他忽然看到一个仿佛在哪里见过的女孩儿走了过来。

"你是方桂云？"汤中立淡定地问。

"是，我是方桂云！"方桂云不免有些惊讶还有些许羞涩。

两个人沿着地质队门前的那条路，慢慢走，从这头走到那头，见面就结束了。汤中立又回到了白家咀子，方桂云也回到了兰州中心实验室。

第一次见面就这么简单，是真正的只是见见面。两个人彼此简单地了解了对方一下，然后就回到了各自的岗位。

袁永昌的爱人是女方的介绍人。她见到方桂云回来了，就立刻问道："怎么样？"

"主任，这是您介绍的，我很认真去赴约了，我们走了一会儿路，但是……"方桂云慢吞吞地说："我没好意思多看他，好像没有太深刻的印象，第一直觉就是，这个人比较老实、忠厚。"

方桂云说的是真心话。从一个姑娘的角度来说，她还没有特别和汤中立对上眼缘，尤其是当她得知汤中立要经常在野外工作，至少一半的时间都不能在队部的时候，她犹豫了。有人编了这样几句关于地质人找媳妇的段子：嫁人不嫁地质郎，一年四季到处忙，春夏秋冬不见面，回家一包烂衣裳！方桂云心里琢磨着有一个稳定的家，需要两个人共同支撑，两个人都从事地质工作，要是都在外面跑，那可怎么办？

袁永昌的爱人感觉到了方桂云的想法，就说："说句真心话，大家都是地质人，只有我们自己最了解自己，如果找外行业的，大概都没有人能理解我们这样的生活啊！我们老袁说了，汤中立人老实，好着呢，你呀，不要错过机会啊。"

一名党员对一名党员的心里话，一名地质工作者的家属对地质夫妇的感言，在那个春天滋养了方桂云的心。

两个人第一次见面后，汤中立已经默默地喜欢上了方桂云，她干练、简单。作为地质队的工程师，虽然经常在野外工作，方桂云的身影却已经深深印在汤中立的心房。只要有机会到兰州出差，汤中立就到实验室找方桂云。每次来，汤中立都会带几块小矿石，让方桂云帮忙检测一下，这大概是理工男特有的一种套近乎的方式，用矿石抛砖引玉，用共同的话题来靠近这朵飘着桂花香的云。每一次汤中立来实验室，方桂云都会陪着他，说说矿石，还总能拿出一些打牙祭的食物——干馍片。

1960年，有吃的东西是一种幸福。方桂云总能给汤中立幸福的感觉。

从春天的相识开始，他们你来我往，从兰州到白家咀子，他们恋爱了。

在同志们中间，都说是汤中立在追求方桂云，总来找方桂云。在方桂云看来，两个人的恋爱有些戏剧性，这种戏剧性基于馍片。

汤中立确实爱往方桂云的房间里跑，因为那里有干馍片，能吃饱肚子。

三年困难时期，几乎每个人都处于吃不饱的状态，树叶、树皮、棉花籽、玉米芯等，都成了人们赖以生存的充饥之物。汤中立觉得自己的生活终究算好的，有国家每月定量的24斤粮食，但20来岁的小伙子，又整天在野外跑，脑力、体力都在超常地透支，正是能吃的时候，却常常吃不饱。在白家咀子吃不饱，回到安庆也是吃不饱。吃不饱肚子，走路时常都觉得不稳当。

住在对门的陈学源也吃不饱，每顿饭只能从食堂买一个苞谷面馒头，自己买一瓶酱油膏，放些甜菜，这就已经是美味佳肴了，可是量少，根本填不饱肚子。汤中立对陈学源说："人就是再有本事却总是吃不饱，身体缺乏一种支撑的气息，没有体力，没有动力，也没有成就感。"

吃饱饭是那时候的头等大事。有一次，局领导到队上检查工作，刚好到了饭点儿需要在职工食堂吃饭，食堂的大师傅见是局领导，便给烙了一个油饼子，结果第二天大字报就贴在了食堂门口。食堂的炊事员也想着办法度过困难时期，几个月见不到荤腥，遇到节日，食堂会准备一条鱼，这么多队友，一条鱼怎么够吃？炊事员费尽心思，细心地把鱼用纱布包上，轻轻放到大锅里，烧了一大锅红烧鱼汤。

饿肚子是常态，方桂云和汤中立在一起时，方桂云经常听到汤中立的肚子咕咕叫唤，她知道汤中立一定是没吃饱，肚子在闹意见呢。于是，她打开自己桌子的抽屉，变魔术一般取出两片苞谷干馍片。对于这份突然而来的食物，汤中立认为简直就是人间美味啊！汤中立先是吃惊，再是尴尬，继而是兴奋。虽然有些不好意思，但还是抵不住肚子饿，汤中立满眼笑意地吃下馍片，内心充满幸福和感动。

汤中立始终没有搞清楚方桂云是如何省下馍馍，然后晒干放在抽屉里的。但他由此发现，方桂云是一个非常会过日子的人，每次吃饭都能省出半个馍，拿回家切片、晒干，便于收存，以防万一哪天断了粮好应急。三年困难时期，让方桂云把缺粮的危机感变成了储藏干粮的习惯，也让汤中立对她有一种惺惺相惜共患难的感觉。

在汤中立的心中，那抽屉里的干馍片太有诱惑力，吸引着他一有时间就到方桂云的小屋。这样，同事们都认为汤中立不但干工作主动，谈恋爱更是主动。直到他俩结婚，那抽屉里的馍片都没有断过。这些馍片，让汤中立得以更加深刻地了解方桂云。方桂云出身农家，是个朴素、节俭的人。她从小跟着舅舅长大，但勤奋努力，最终还上成了学，这在当时的农村是了不起的事情，舅舅、大姨等都以方桂云为荣。

有爱的时光过得很快，眼看着从春天就到了年根儿，汤中立和方桂云两个人都要回家乡过年探亲。汤中立做足了思想准备，从白家咀子一回到兰州，他就去找方桂云，很郑重地对她说："我和你商量个事儿，我们一起回家，我送你回家吧！"虽说是商量，但他说得十分坚定，甚至感觉是决定并就按照这样做的样子。

彼时，方桂云从学校毕业没几年，又是一个比较传统的人，对汤中立提出的这个建议觉得有些突然。虽然两人已经交往了一段时间，但她没想到这个平时言语不多的男人，会这么主动坚决地提出送她回家。方桂云也是一个聪明人，她已经揣测出汤中立潜在的意思，就是要让她的家人看看他。方桂云想了想，没有拒绝汤中立，望着他的目光说："可以。"

于是，两人大包小包拎着汤中立准备好的礼物和行李，踏上了开往河北的列车。这是一趟通往幸福的列车，两个人第一次一起出远门，迈向的都是家——她的家和他的家。

车上，汤中立和方桂云交流了很多，包括家里所有的亲人和未来所有的设想，方桂云听着听着，偷偷望着车窗外淡淡地笑了起来。

在回家前，方桂云向家人透露，自己认识了一个男的地质人，名叫汤中立，是一个南方人，个子不高，但是人很好。她还给家人寄过汤中立的照片，舅舅回信说：你长大了，自己的未来自己选择，我们都祝福你。

把方桂云送到正定县大姨家后，汤中立做了短暂的停留。在正定，他去方桂云从小生活成长的地方看了看，也顺带着让方桂云的家人都看看自己，无声地告诉他们自己就是方桂云的对象。当他看到方桂云家人都笑呵呵地接待自己时，他悬着的心终于放下了。只要她家人满意，一切都按计划进行吧，汤中立很快就踏上了返回安庆的列车。

1961年，在安庆过年的日子里，他十分高兴。自己的人生大事就要有结果了，这也是家人长久以来希望的。他按捺不住内心的喜悦，悄悄和母亲分享自己的大事，母亲也为儿子的终身大事落定感到高兴，她鼓励儿子说："加快步子，妈等着抱孙子。"

春节快过完的时候，汤中立又赶到正定接方桂云。这一次来，汤中立就决定要和方桂云结婚了。这个决定是《甘肃省永昌县白家咀子铜镍矿第一矿区地质勘探最终报告》完成之后，汤中立人生中的另外一件大事。

一到正定县，汤中立就带着家人准备的礼物，来到方桂云家。正月尚未结束，正定依然洋溢着春节的喜庆和团聚。他很正式地让方桂云把舅舅、大姨都约在一起，向长辈们正式汇报："我打算和方桂云去领结婚证！"家人高兴地举起茶杯，向他们表示祝贺。

那时候，结婚是需要单位介绍信的。方桂云一没有单位介绍信，二不好意思去正定村委会提出要领结婚证的事情。正当这时，汤中立不慌不忙地从口袋里掏出来一张纸，淡定地展开，方桂云惊讶得目瞪口呆，原来汤中立拿出的是单位的介绍信。他是怎么变出来单位介绍信的？

领完结婚证回来的路上，方桂云才得知，汤中立精心准备了此行的目的就是结婚领证。从单位出发前，他就"走后门"开好了结婚介绍信，这一切都悄悄准备好，就等方桂云和她的家人同意。

领了结婚证，发了一张10尺的布票，可以买一张床单。汤中立激动地握着这张布票，对方桂云说："以后柴米油盐酱醋茶就都是自己的生活了。"

回到兰州，他们叫了几个关系较好的朋友，举行了简单的结婚仪式。其实就是在家里做了一桌饭，宣告"我们结婚了！"在朋友们的祝福中，汤中立开怀地笑了，他感觉自己在感情上是富有的。更让他惊喜的是婚后方桂云告诉他，两人平时节俭攒起来的工资竟然已经有400多元了。汤中立越发觉得方桂云简直就是一个完美的妻子，不仅会照顾自己常常吃不饱的胃，还会精管家事积少成多。自此以后，汤中立就将经济大权交与妻子，直到现在。

方桂云和汤中立结婚的那天，待朋友们都一一散去，小房子里就剩下汤中立和方桂云，这就是二人世界，无论陋室还是粗茶淡饭，两个人都要一起面对，一起努力。汤中立拉着方桂云说："未来，我们一起向前！"方桂云遇到汤中立，觉得自己遇到了可以倚靠的一座大山，她相信汤中立是一个勇往直前的实干家，她更相信汤中立对自己会始终如一。

2023年5月，年近90岁的汤中立和妻子方桂云拍了一张结婚60周年（俗称"钻石婚"）纪念照。结婚60余年了，两个人一路走来，都对自己的婚姻很满意。对于汤中立来说，方桂云不仅仅是自己的妻子，更是自己精神上的伴侣和事业上的伙伴。同是地质人，两人的交集不单单是家庭，更有事业和理想。汤中立与方桂云有许多共同话题，遇到什么事情和困难都能一起分析与面对，这也是他们一路走下来能够互相理解与扶持的基础。他们将周恩来与邓颖超这对夫妻作为榜样，两人在精神层面旗鼓相当，严肃对己，认真对事，真诚对人……

二、逆境中葆初心

自从在 II 矿区发现富矿体以来，祁连山地质队勘探工作就进入高潮，技术负责人汤中立已经成为矿区不可或缺的人物。

入秋后，天气愈加寒冷，整个矿区更是一片萧索寂寥。但汤中立的心却是火热的，金川镍矿这座富有巨大前景的矿区，给他的人生带来了无限的可能与畅想。他夜不能寐，每天心里都在想着如何在 II 矿区勘探中实现突破，他要么独立思考，要么和几位技术骨干一起忘乎茶饭地研究勘探，终日在图纸的海洋里尽情邀游。

1966 年 2 月 16 日清晨，冷风刺骨。在龙首山的晨曦，一个隆重而前所未有的开工仪式在这里举行，那就是 II 矿区勘探大会战的开工仪式。

16 台 650 型和 1000 型的大型钻机全面部署在东西长约 3 公里的战线上，它们像战士一样精神抖擞地伫立在寒风中。汤中立等站在山坡上，注视着由数百名钻工列成的方阵，整齐划一，总指挥徐一民逐个宣布各台钻机的任务和命令，欧阳章等站成一排分别剪彩。1966 年 2 月 16 日 8 点整，一声炮响，16 台钻机同时开钻，钻机的轰隆声，震撼着山谷和旷野，一场历史性的决战开始了。

又是一年秋来临。入秋后，夜晚一天比一天长了。夜晚的山风呼啦啦地穿过矿区的营地，也拍打着汤中立的门与窗，敲击着汤中立的心房。

汤中立的脑子天旋地转。原本以为自己参加的动员会议就是一场学习的会，却不料自己被莫名其妙地扣上"资产阶级技术权威"的帽子，更让他措手不及的是，现场的批评犀利而尖锐，甚至还有人当场说汤中立就是"技术恶霸"。

恶霸，这是怎样的一个词？他无法想象恶霸的丑恶形象竟然能和"技术"两个字联系在一起，还重重地扣在自己的头上。他没有丝毫准备，更没有办法去面对和消化这一突如其来的信息。

汤中立忘记了自己是怎样从会议室走出来的，只觉得自己从会议室走回家的路很长，腿脚很沉重，脑子里一片茫然混沌，这一切是怎么发生的呢？

这还要从"工业学大庆，农业学大寨"说起。

1966年4月，欧阳章、汤中立等祁连山地质队一行6人去大庆学习了一个多月。回来时，"文化大革命"就开始了。其实，在学习的过程中，一些分歧就在地质队里传开了，分歧主要围绕中央"突出政治到底突出到什么地方？"其中，以欧阳章队长为主的一干人坚持认为是要落实到业务上，以书记为主的一干人却说是要落实到思想革命化上。从大庆学习回来以后，在动员大会上，书记开始批评欧阳章带着工业学大庆的队伍反对他，反对"突出政治落实到思想革命化上"，就连去大庆学习的内容也一并成为批判对象。汤中立和欧阳章同行大庆，他的观点与欧阳章也一样，因此，毫无意外地被定为"技术恶霸"。

啪啪啪……

"老汤，有人敲门呢！"方桂云推了一把汤中立。

门嘎吱一下开了，王全仓几人拖着沉重的步子走进来，面色难看地在汤中立身边坐下，身后带着浓浓的寒气。

"老兄，你受委屈了！"王全仓拉着汤中立的手，感慨万千。

本来有些愤怒和无措的汤中立，顿时眼泪都要流下来了。"本来是要求进步的，都是革命同志，怎么就成了恶霸了？我怎么能是反革命？从革命成了反革命，我真的想不通这个事情啊！"

没想到，更想不通的事情还在后面。

动员会过后，汤中立接连被批斗了40多天，隔离了40多天。白天，他到会上，大家提意见批斗，晚上，他写检查，根据大家的意见写检讨。过几天去检讨，然后再批斗，然后再写大字报。

批斗结束后，汤中立接到消息"下放进行劳动改造"。

这种跳跃式的变化，让汤中立当下无所适从。从北京地质学院毕业来到大西北，成为一名技术人员，此刻他成了一名接受改造种地的农夫，要去距离地质队三四十公里的戈壁滩上种土豆。

"我是真不想走啊！能有什么办法呢？Ⅱ矿区才刚刚起步，还有那么多工作要做……咱们技术组就靠你们了！"自己要离开矿区去改造，但是这个项目不能停摆，还有那么多同志在呢，他们有力量推进。汤中立这么想着，随后把一堆繁复的资料交给任端进、刘宝庄等一干技术工程师，给他们一一交代，生怕落下什么地方没讲清楚。

"我感觉你就像一个登山队员，正要冲顶的时候，就让撤。"王全仓悻悻地说。是啊，本来明明是看到山顶的，喘口气加把油就上去了。

作为一名专业技术人员，汤中立当时弓满箭疾，正是大有作为的时候，却不得不遗憾地下山。下山的那天，汤中立内心翻江倒海，表面却十分平静，他不想让自己的一些情绪影响队伍的士气。

自从矿山动工以来，陆陆续续从各地来了不少技术工程师与普通工人，这么大规模的人口，吃饭一直是一个棘手的问题。1966年5月，八八六厂共开垦荒地5665亩[①]，打机井8眼，建成了一条10公里长的灌溉渠道，当年收获粮食17 825公斤。如今，汤中立也被送到了八八六厂开垦的农场，成为一名普通农场劳动者。

好在在农场里他遇到了欧阳章等老领导，有了往日这些熟悉的人，他们还有共同的话题，共同的梦想，也让这场种马铃薯的劳动改造不显得孤单无味，他的心里安稳了许多。

汤中立脚下踩着厚厚的泥土，头上戴着硕大的草帽，在田间弯着腰，这马铃薯一种，就是四年。

种植、浇水、施肥、翻耕、除草，地质出身的汤中立，在风吹雨打中回归到一个接近土壤的生活状态，这让他在普通的耕作中体

---

① 1亩≈666.7平方米。

会到了苦、经历了锤炼。

当年自己在艰苦的环境中找矿的那些经历和现在有什么不同呢？心境！

他想起，在野外工作的时候，山上70度的斜坡无路可走，只能依靠攀登。岩石松散，黄羊带着小石头滚下来，又带下很多大石头，随时都会砸到自己的头上，那种危险，就是对自己意志的锤炼。

他想起，在漫长的跋涉中，吃不好、喝不好，常常背着棉袄和馒头出发，在山顶、在荒滩吃凉馒头，喝凉白开。在戈壁探矿的时候，就地扎帐，即便地钉牢牢钉住帐篷的四角并用石头压着，帐篷也常常半夜被风沙刮开，就以天为盖地为庐睡在荒地里。无论是风雪严寒还是酷暑当头，他们一次次发现露头矿化，一次次采集标本，一次次绘图制定采矿方案，在没有尽头的地质调查中前行。

他想起，在甘肃北山的一次找矿工作中，眼看着天黑了下来，突然遇到了风沙，汤中立一行迷了路。虽然已是四五月，但山里一到晚上就骤然降温。天寒地冻，四个人的口粮又只剩两个馒头，和外界无法取得联系，不断增多的不利因素都在提升着危险系数。汤中立先稳定大家的情绪，同时很快想办法用地质锤打了一只野兔，用骆驼草烤熟，为大家消除了饥饿的恐慌。然后，大家围着火堆聊天。那一夜，大家席地而卧，仰望星空。汤中立觉得，世界那么大，所有的一切都和自己在一起；自己那么小，却拥有整个苍穹大地。在夜晚寒冷的侵袭中，几个人熬到了黎明，又继续寻找回队部的路。在重峦叠嶂中，在戈壁荒漠，按照地质求生规律，他们沿着太阳的方向，观察植物的颜色和长势方向，直到第二天下午，才远远看到队部派来四处寻找他们的嘎斯–69车，他们终于走出了困境。

他想起，乘坐一辆苏联制造的嘎斯–51车在柏油公路上跑着时，突然车轴断了，方向盘失控……虽生死相挟，但执着于地质事业的他热爱这份事业，爱到骨子里，且爱得有情怀、有定力。

他想起，他时常在太阳没升起的时候就出门，在看不见路的夜晚还没有回到营区，这种两头无光的日子，让他更迫切地期待光亮来得快一些，他要在光明里做更多的事。

眼前，这些种地的苦，哪里算得是苦？脱离矿区，才是对他最大的折磨。因为，选择了地质事业，他就从来没有打过退堂鼓。

在当农夫的日子里，汤中立白天种马铃薯，晚上做大梦。梦的内容大同小异，Ⅰ矿区、Ⅱ矿区、Ⅲ矿区、Ⅳ矿区，像电影一样，一幕幕循环出现在自己的梦境里。梦里，汤中立将所有的矿区连在一起，构成了一个无边无际的大矿区。大矿区南方是连绵的山峰，其余三面都是无垠的大海。他想爬上山去俯瞰一下这个大矿区，却总也走不到山跟前。他面朝大海，想去海里游泳，于是他一步一步走向大海，但走了一天又一天，走到梦醒，也没有抵达海边。他觉得这茫茫大海，离自己那么远，离自己的理想那么远，他对这个梦感到心酸。

汤中立发现，自己真的放不下矿区。在Ⅱ矿区找矿最无望的时候，他想起了欧阳章，这个始终鼎力支持自己的老领导，他想把心中的话说给欧阳章听。

一天，他看到欧阳章正在田里挑水，便走到欧阳章身边，想说出自己的心思。但当他看到欧阳章憔悴的面庞时，他又把要说的话吞进了肚子里。此刻的欧阳章，和自己一样，都是自身难保，前途未卜。自己把苦水倒给老领导，就是给老领导心里添堵，对于现实也不会有什么实质性的改变，想到此，他终究咽下了想说的话。

可是，欧阳章还是看出来一些什么，他告诉汤中立，苦难只有两个作用，要么压垮你，要么成就你！

汤中立在沉默中接受了欧阳章的教诲。

专心种马铃薯的汤中立时常也会站在地里走神，明明眼前是黄沙土，但他的脑海里却呈现出Ⅱ矿区的高低起伏。多年后的今天，汤中立仍时常感念种马铃薯的那段日子，在接地气的土壤中，他的神经得到了放松，更有利于跳出来思考Ⅱ矿区的发展。

一个偶然的机会，他看到一篇罗伯特·迪茨（Robert Dietz）的文章《萨德伯里的陨击构造》（"Sudbury Structure as an Astrobleme"）。他发现此文早在1964年就发表了，但当时由于种种条件限制，直到"文化大革命"时期，这篇文章才流传到了汤中立手里。他如饥似渴，一个字不落地读完整篇文章，感慨陡生。

"哎呀！原来如此。"他拍了一下大腿，恍然大悟。

"发现什么新大陆了？这么激动？"一旁的方桂云一边摇着孩子，一边问道。

"桂云，你记不记得，当年咱们Ⅱ矿区正式勘探前，许多技术员一口咬定的'只有大岩体才能形成大矿体'，主要根据之一就有加拿大的萨德伯里矿区。你猜怎么着？"

"怎么着？"

"人家加拿大萨德伯里矿区，在1964年发现了许多陨石碰撞的痕迹，国外学者就推测这里的大岩体成矿主要是天体撞击的结果。"

"那能说明什么？"

"说明当年的例子并不能作为普遍规律套用到其他地区啊！要成大矿，不一定非是大岩体呢！"

"哈哈，老汤，你说Ⅱ矿区开都开了，现在琢磨这么多还有什么用？这个现世，还是先活过眼前紧要！"方桂云笑道，又把孩子递给了汤中立。方桂云也是从事地质工作的，虽然是在实验室工作，但是，她的研究分析始终和地质事业的发展同频共振。尤其是她和汤中立结婚后，特别爱钻研地质工作的丈夫和她属于志同道合的人，两个人时常交流。即便在家里，两人探讨工作的话题也特别多。

汤中立想，确实如此，现在即便明白了，既不能让他少挨几次批斗，也不能让他回到地质队继续工作，还是先熬过眼前的日子要紧……不过，他默默收藏了这篇文章，不时琢磨上一阵。没想到，多年后，这样的积累为他的"小岩体成（大）矿"理论奠定了理论基础。

日复一日地重复劳作，终于熬到 1970 年，汤中立在几经"劳动改造"后，被指派到 II 矿区"招呼"工作。让"招呼"就是让干活儿！只要是让干地质的活儿，汤中立浑身就有使不完的劲儿，他的心又热了起来，准备完成 II 矿区完美的收官。

汤中立跑到勘探现场，发现问题，解决问题，收集资料，准备对矿区进行综合研究。此时，汤中立的脑子里全是矿区工作，根本没有为自己的未来想过，活在当下每一天，干在眼前每分钟。

看着前后忙活的汤中立，同事们却不知如何称呼他为好。那时，他刚刚 36 岁，年龄说大不大，说小不小，称他"老汤"还不够年纪，喊他"小汤"又不够尊重，所以大家便都称他为"汤招呼"。"汤招呼"并非是字面上那样招呼招呼，而是真刀实枪地干。

那时，II 矿区勘探工作即将结束，汤中立正在准备全力以赴地编写勘探报告。他刚刚拟定了报告编写提纲，结果却被通知："你不适合矿区工作。"又是阴云里的一道惊雷，炸得他晕头转向，他不知道原因，但内心深处依然坚信太阳总会升起来。

怀着难舍的心情，汤中立重返农场。此后，在接受批判、学习提高中度过。

劳作之余，他可以打乒乓球、玩扑克，但就是不得进入矿区，不能接触地质资料。这让他感到十分憋屈，更让人难受的是，人人见了他都像遇见瘟神一样。汤中立胸中像是憋着一股气，常常两肋作痛。虽然有些绝望，但他始终坚强地从日出走向星辰，并把所有的疼痛都遮掩在平静的脸庞下。

所幸，方桂云一直陪在他身边。

汤中立最开始被定为"技术恶霸"的时候，他的二女儿汤桦才两岁，有这个小家伙在，还有一直作为他坚强后盾的方桂云，她们始终能让他觉得生活还有希望。虽然"恶霸"这两个字，就像刀一样砍在自己身上，但是，每当方桂云专门把汤桦塞到他怀里，望着小汤桦纯真的笑容，他都能稍稍感觉到春风化雨般的温柔，稍稍放松下来。

然而，第一次被批斗，汤中立就有些承受不了，回到家里情绪有些失控。

"为什么那么多的人都反对我！"

"多大点儿事，群众对你的压力你都受不了？"方桂云鼓励汤中立："他们都是没有办法，起哄呢！"

汤中立终究是理性的，在方桂云的安慰下，他理解了群众的难处，开始慢慢适应各种批斗。

批斗会开始以来，方桂云十分忙碌，白天要工作，晚上要开会，既要安抚孩子的情绪，又要跟相关人员周旋。祁连山地质队到处都贴满了"打倒反革命分子汤中立！"的标语，工作的地方、家里都贴上了大字报。刚开始孩子们吓坏了，一直哭。后来，她们习惯了天天看那些标语，甚至有时候会念出来，还会问方桂云："妈妈，这上面为什么要打倒爸爸？"方桂云不知道该如何和孩子解释，只能哄孩子说"他们玩游戏呢"。

后来，性格耿直、敢说敢做的方桂云专门去和相关部门反复沟通，大字报换成了小字报。汤中立暗暗佩服方桂云有胆量、有魄力。再后来，有人动员方桂云主动揭露汤中立的罪行。方桂云直言："汤中立最大的罪行就是只知道工作，不知道操持家务和管孩子。"他们又让方桂云与汤中立划清界限，方桂云坦荡地说："上班时间划得清着呢，下班以后，就没有办法划清界限嘛。我能划得清吗？我们不吃饭，不睡觉？孩子我一个人看着？我能在外面睡吗？我说我划清了，你相信吗？"

最惊险的一次，是母亲周凤英从老家安徽来甘肃兰州看望儿子。因为汤中立夫妇工作繁忙，所以他们的大女儿汤棣小时候基本由奶奶在安庆抚养。这一次，老人家带着汤棣来兰州，却恰逢那时候所有受批斗的家属都要参加开会，参加运动。老人家很积极，拿着小凳子去参加批斗会。看到这种情形，方桂云担心坏了，老人家并不

第四章 向光而行

知道自己的儿子汤中立也是要被批斗的对象啊！方桂云心里特别紧张，如果让老人家看到那可怎么好？到时候一屋子人都绝望，日子可要怎么过？

为此，方桂云想尽各种办法，让老人回安庆，躲过这个时期。她和老人家聊天："妈，您回去吧！这边儿太忙乱了，我们也照顾不好您。"经过一番劝说，老人觉得夫妇两人的工作实在是忙，只要来看看亲人就可以了。于是，老人没待两天就回安庆去了。老人家一走，方桂云的心理压力小多了。

四五年的时间，就这样批着、斗着过去了。对于一个正当中年的人来说，对一心想干一番事业的汤中立来说，这段时间在某种程度上是一种无谓的消耗，可火苗始终在他内心燃烧着。

他坚信，每一段阴云密布的日子，都会镶着金边。

在这种艰难的日子里，他选择了热情地活下去。他时常下棋、打乒乓球，通过运动排解心中的郁闷。他也开始探索向外的思路，尤其开始关注世界地矿工作的发展，从学习英语开始让自己行动起来。

有一天，女儿汤桦看到爸爸不知从什么地方弄来了一本英语册子，还认认真真地和学生一样读写，就问道："爸，这是什么书？你要学英语吗？"

汤中立笑了，说道："这不能完全叫书，是一个老师自己制作的讲义稿。叶淑珍，是我们地矿系统的一个老知识分子，一直在给我们地质工作人员做英语培训。以前，没有机会去听课，现在，这本讲义可珍贵了啊！"

"那我和你一起学，我也得学英语。"汤桦高兴地说。

"好啊，学英语啊，是一件快乐的事，充实的事。"汤中立抚摸着汤桦的头发，想起大学求学时，涂光炽老先生在矿床学课堂上的话"咱们国家现在落后，所以必须学习外语。我们要学习外国人，和他们交流。总有一天祖国强大了，也许我们就不用学习外语了！"

汤中立拿到叶淑珍的这本英语讲义时，他有一些激动，学习是一生的事情，如果学习能够促进成长和发展，那就更有意义了。从那时起，他便开始练起英语来。尽管大学学的是俄语，也有一段时间没有专门学英语了，但中学的英语基础还在，他相信有坚定的毅力，铁杵就能磨成针，重新开始自学也不是特别费劲。

农场和矿区，时空相隔，工作内容也大不相同，但是，这里仍时不时传来Ⅱ矿区勘探的工作情况。汤中立离开Ⅱ矿区接受"劳动改造"后，任端进挑起了矿区工作的大梁。

任端进进入Ⅱ矿区工作，和汤中立还是有一定缘分的。1956年，任端进从西安地质学校毕业后，一直在野外从事地质普查工作，是经汤中立之手调入Ⅱ矿区工作的。任端进因此和汤中立交流了很多，他平时喜欢和汤中立谈自己的想法，对地质勘探有自己独到的见解。汤中立后来评价他"是个有见识的突出人才"。

三年困难时期，任端进来到金川，带领地勘组的技术人员继续奋斗，布孔、调配机组，收集各种资料进行综合分析研究。直到1972年10月，甘肃省地矿局第六地质队的任端进、刘宝庄等提交了《甘肃省永昌县白家咀子铜镍矿第Ⅱ矿区地质勘储量报告》，这标志着Ⅱ矿区地质勘查工作画上了句号。

这一消息传来，汤中立既欣喜又失望。欣喜的是，同志们终于不负众望完成了勘查任务。失望的是，金川已经不需要他了，自己在这里的使命也将就此结束。

汤中立内心有些失落。这几年离开矿区的日子，就是静心思考的日子，而今他已经有了打道回府的想法。他拿起笔，郑重地写了工作调动报告，表明要离开自己梦想开始的地方。他想要回到故乡，那里有他的母亲，那里或许是他的根。或许，回到故乡，他的心才能不再空空荡荡，他的灵魂才有可能安宁。

大队收到他的请调报告后很重视，因为汤中立是地质六队的总工程师，属于局管的副队级干部，其人事调动需要局里批准。虽然，队上没有让他负责技术工作，但也没有哪一级组织下过半片纸的免职书。大队非常慎重地将他的报告送到局里。报告到了局里，没有一个人同意汤中立调出。甚至有领导想起了地质部原副部长胥光义交代过的话："对汤中立这样的知识分子，要培养他入党，要从思想上政治上帮助他。此人是可用之才。"

然而那时的地质六队，"革命"烈火正旺，局里虽然不同意他调回故乡安徽，但也没有办法让他继续在金川干下去，而是安排他调入队部在兰州的甘肃省地矿局第一区域地质测量队（后更名为区域地质调查队，简称区调队），担任技术负责。

从 1958 年到 1972 年，汤中立在金川奋斗了整整 14 个年头，跑遍了金川的沟沟坎坎，为金川 Ⅰ、Ⅱ、Ⅲ、Ⅳ矿区的地质勘探和设计工作做出了不可磨灭的贡献。从 24 岁到 38 岁，汤中立谱写着他人生中最为壮丽的精彩华章，这成为他一生中最为辉煌的人生经历，也成为他人生的基石。

1972 年 3 月，汤中立带着深深的遗憾离开金川。此时，他想起 1965 年 4 月 16 日的晚上，大队长欧阳章又一次来到自己的小屋。他望着汤中立的眼睛说："起初，对你不放心。这么大的矿区，你那么年轻，我后悔不该放陈学源走，现在更舍不得你走……"

现在，汤中立要走了。苍茫大戈壁，阳光依然，漠风依然……

三、区调八年

种子不落在肥土，而落在瓦砾中，但若是有生命力的种子，绝不会悲观和叹气。苦难的日子给了汤中立力量，随后的区域地质调查队基础工作虽然枯燥，却给汤中立这股向上的力量提供了一片生长的肥沃土地。

离开了祁连山地质队，汤中立前往位于兰州市区的区调队，担任队技术负责。离开相伴他 14 年的白家咀子，赴一个前途未卜的岗位，汤中立十分伤感。白家咀子，是他梦想开始的地方。对于一个地质人而言，"金娃娃"就是他的新娘，他为此付出了心血，在这里跌倒过，在这里成长，几次起起落落，爱恨交织，反而情感愈加深厚。14年，他的身心所在，只因这一件事情，就这么离开了，他有些惶惶然。

方桂云却觉得很好，至少兰州是甘肃的省会，无论对生活还是孩子成长，都会有益。然而，她了解自己的丈夫，清楚他内心一直以来的追求，所以在不尽如人意的境况下，她时常给汤中立打气："你还年轻，才38岁，能干的事情很多。人，重要的不是干什么，而是要干就干得更好！"

汤中立默默地点头，适者生存，这是亘古不变的真理。虽然离开了矿山勘探工作的最前沿，但终归还是在从事地质工作。桂云说得对，干，不问东西，埋头苦干就是。

兰州，这个自古以来"联络四域、襟带万里"的交通枢纽和军事要塞，因筑城时挖出金子而得名"金城"。黄金，就是一种矿，冥冥之中，汤中立觉得这座城市将会和自己有割舍不断的缘分。过去，他曾路过这里，未来将会在这里开辟新的事业。

甘肃省地矿局位于兰州火车站东边，火车的来来往往，让汤中立感受到了祖国前进和发展的步伐。

来到兰州的第一夜，汤中立躺在床上久久不能入眠，直至将近凌晨，他才恍惚地闭上眼睛，眼前立刻呈现出许多闪烁着璀璨光芒的有色金属。千百亿年前，深水挤压，烈火烤炼，经过多少地质运动，多少次分化组合，多少次耸起高山，又多少次跌入海底，这些矿石才坚强地得以与人相见。若非遇上了这个时代，岂不是终究没有可用的一天？想着想着，他仿佛化作了一颗小小的矿石，一会儿躺在千百亿年前的海底静静地睡着，一会儿随着地壳运动在整个世界遨游……

从选择报考地质学院的那一刻起，汤中立的生命里就始终流淌着地矿的血。

时常，他立身甘肃省地矿局的院中，抬头向南望去，皋兰山上春意正浓，而北方，祖国的母亲河向北伸了个懒腰，又向东缓缓流去。

当重新领到国家地质总局统一印发的红色野外记录簿时，汤中立心中又燃起了新的希望。他在第一页上郑重地写下了自己新的工作地区与姓名，开始投入工作。

刚到任时，队上正在进行甘肃境内1∶20万区域地质调查任务，已完成了24图幅。汤中立一方面对业已完成的图幅进行复查、补课和出版，另一方面先后完成了20余幅新图。他和区调队的队友们一起背着地质包，拿着野外记录簿，行走在祁连山中东段、西秦岭地区、阿拉善地区和鄂尔多斯西缘。

区域地质调查是整个地质工作中综合性较强的基础地质工作。虽说不是矿山勘查，体会不到找到大矿带来的成就感，但这是地质工作的先行步骤，这样的工作调动相当于将他从工作的后半部拉回到前半部，其工作内容更是涉及地质学的几乎所有领域。同样是开展地质工作，其中还是有区别的。在金川铜镍是勘探，内容复杂但地点单一。在区调队开展的工作是发现，内容复杂而面积广袤。初来乍到的汤中立忽然感觉，自己需要在很多方面、很多领域深入和钻研。正是在这个时候，他获得了更加扎实的地质学基础及更广阔的视野，为日后的学术研究打下了坚实的基础。

在几年时间内，1∶20万区域地质调查根据新的要求完成任务，44幅图控制面积超过28万平方公里。无论在地质填图还是矿产调查方面都取得很多突破，所有图幅全部合格，顺利出版。1∶20万区域地质调查成果为甘肃省绘制了绚丽多彩的地质蓝图，大大提高了区域地质研究程度，为提高地质、矿产研究程度做出了重大贡献。除发现了一批有意义的矿床、矿（化）点之外，其所取得的一切成果资料，不仅为后来的1∶50万和1∶400万甘肃省地质图、甘肃省矿产图及其系列的图件的编制，以及甘肃省地层表、甘肃省区域地质志、甘肃省志、地质矿产志的编写和图件的编制提供了极为丰富的原始资料，而且为交通、煤炭、冶金、石油等生产部门和科研院校各部门提供了宝贵的基础性资料。后来的事实证明，在进行区域地质调查中突出化探扫面及矿产内容的调查，为甘肃地质找矿实现突破提供了有力的支持。

比起1:20万区域地质调查，汤中立对1:5万区域地质调查表现出了更浓厚的兴趣。1972年，全国区域地质调查和矿产普查工作会议召开，常年在找矿一线的汤中立敏感地领会到了会议精神，这和自己正在关注的1:5万区域地质调查图不是一脉相承的吗？紧接着，甘肃省地矿局就分派区调队首次按1:5万国际分幅开展区调工作。汤中立内心荡起了兴奋的波澜，这不是恰如其分的安排吗？

1973年的春天，汤中立召集五分队与第一物探队召开了1:5万国际分幅小队会议。此时的汤中立，虽然是区调队技术负责人，但是还没有结束政治审查。他空降来到区调队，在与区调队同志和谐相处的一年中，彼此融洽，没有什么矛盾，但是，要推行这样一个大的决策，他还不确定是否会顺畅。经过几日周密且详细的推演，汤中立确定了几个关键岗位的人选，这几个人都是在矿产地质调查中有着丰富经验且可靠老实的专业技术人员。工作开始之前，汤中立召集了这次区调工作的相关负责人，做了最后的动员工作。

"咱们这次1:5万区域地质调查，从白银地区和脑泉地区开始，由于咱们五分队有过在这些地区的工作经验，大伙儿又都是咱们区调队的能手，都是精兵尖兵，请大家不辞辛苦，为1:5万地调打个头阵！我和大家共同战斗！"

话音刚落，一阵掌声响起。

"对于这次的人事安排，是这样的：李瑾换、张之进同志为技术负责，范拯中同志为副技术负责，出版工作由滕方孔同志负责；物探工作由省局第一物探队一分队配合完成。咱们一起齐心协力，争取于1978年底提交出版验收。大家还有什么其他的建议？"说完，汤中立的目光扫向在座的各位参战人员。

得到李瑾换、张之进等同志的应声，汤中立松了一口气。但仍有人没有响应，因为他们还有疑问，还没有理解汤中立的想法。汤中立静静地站在原地，专注地望着那些没有应声的同志，等着他们发问。如果他们不问，反而是问题了，汤中立可能就要逐一上门开展思想工作了。

"中立同志，我有一点不太明白。你说咱都做了1∶20万区调图了，局里怎么又让做1∶5万的呢？"那些没有应声的同志终于发问了。

汤中立回答道："1∶5万和1∶20万区域地质调查的目的是不一样的。根据国家计委地质局的会议精神，1∶5万区域地质调查应该在成矿带进行。成矿带更精细的区调，对于一线找矿同志而言，会有很大帮助啊！咱们省这次选择祁连山东段，沿早古生代海相火山岩分布区，开展1∶5万的区调，一是为了加强基础地质研究，二是进行以铜及多金属矿为主的矿产调查，三是还要为寻找白银黄铁矿型铜矿提供远景地段。不知道大家现在能理解吗？"

大家微微点着头，笔头在本子上沙沙移动。

"请各位负责人注意，这次区调，不同往日。测制区域地质图的同时，咱们还要对区域内的重矿物分布以及地球化学、地球物理场进行调查，对矿点、矿化点和各类主要异常进行检查，圈出成矿远景区带和普查找矿有利地段，编制区域矿产图。说真心话，这是一个大工程！我们要齐心协力，要坚定信心做好这次区调。如果大家有什么难处，尽管找我。我随时随地响应，尤其在技术与方法上，一定尽我所能和大家探讨，给大伙提供帮助。"汤中立边说边环顾了一下全场的同志，他们认真听、仔细记的样子，让汤中立悬着的心终于放了下来。

从头再来的汤中立，扎扎实实，把区调工作组织得有声有色，成绩斐然。

这时候，金川的勘探工作正酣，既有挑战更有诱惑力。他白天和晚上做梦都放不下那个自己挥洒了14年青春的白家咀子。在那里，汤中立的想象力在实践中被否定、被肯定，被肯定又被否定。他已经很享受这种被失败折磨和被成功感动的感觉了。

不能进行一线勘探，汤中立得以沉下心来，对过去发生的种种人与事进行体味和思考。他下班以后时常走在兰州的大街小巷上，看看街景，深入了解真实的兰州市民生活。

距离他居所不远的街上，穿着蓝色和灰色中山装的人们拿着各类票据在粮店、国营百货副食商店排队，购买日常所需的粮食、布匹、针织、文具、糕点、烟酒。他也经常站在队伍中，静静地看着人们为了买到食用之物排队，看着人们脸上淳朴的笑容。在这些充满烟火气息的地方，他最爱去、逗留时间最长的还是新华书店。地矿科技类的图书专柜是他每一次去看得最仔细的地方，甚至会拿出其中一本站在那里看半天。这是他的专业，他时刻都停不下学习这个领域的知识。

从书店出来，他也时常会想起家里的方桂云和孩子，捎带着买一点点心之类的东西，让他们打打牙祭，他慢慢让自己学会既享受工作，又享受生活。

方桂云说："老汤，你这样，我就觉得你现在有人气儿了，塞翁失马，焉知非福，有今天这样的生活，岂不挺好？"的确，这样的生活比在野外生活舒适多了，孩子们还因此能接受更好的教育。但是，奔跑了这么多年，他的脚步停不下来。学习、积累，汤中立在平静的日子里不断开辟新的思路，并尝试着向未来的方向一点点伸出触角。

离开金昌后，有一些疑惑和问题一直萦绕在汤中立心中。在业余时间里，他仍然在回忆、思考白家咀子铜镍矿床的事情，依然关注着金川。他默默地收集资料，开展"地下"研究。1976年，汤中立在《西北地质》上发表论文《甘肃某硫化铜镍矿床氧化带》，这篇文章是他为金川略尽的绵薄之力，因为他内心有一些担忧，他必须行动起来。

伴随着矿山的开采与时间的推移，金川铜镍矿区的氧化矿消失得很快，当年看见氧化矿带的人不多，也就是初期的陈鑫、汤中立和王全仓等人。随后地表勘探开始，到后来的矿区开采，出露于地表的氧化矿被破坏。矿区的工作人员太过忙碌，都没有时间对氧化矿带进行记录研究。当年汤中立等人在现场看见过那条壮观的氧化矿带，如果不把这种情况记录下来，如果再不整理关于氧化矿的资料并写成论文保存下来，加之后人也没有机会看到它，那么，那条氧化矿带就可能永远不被人知，消失在个别人的记忆里。

在论文中，汤中立这样描述那条氧化矿带：

> 原生矿体主要沿超基性岩体近底部连续分布，因此，地表氧化带亦发育于岩体的北部边缘或近边缘地带。
>
> 一般来说，岩体的东段到中段，以海绵晶铁构造富矿石为主，其上部的矿床氧化带发育有铁的氢氧化物和氧化物、铜和镍的碳酸盐以及绿泥石类、蛇纹石类、绿高岭石等多种多样的矿物，呈现黄、褐、鲜绿、深兰（蓝）及暗绿等绚烂夺目的色彩，容易引起人们注意；岩体的西段到中段，以星点状构造贫矿石为主，地表氧化带主要由铁的氢氧化物和氧化物、硅酸盐类矿物组成，铜和镍的碳酸盐矿物仅见稀疏细小的斑点，直观以褐黄和灰绿两种颜色为主，色彩相对比较暗淡和单调。

在这篇论文中，除了交代氧化矿带的发育情况，汤中立还根据当时祁连山地质队的地质资料与报告，根据兰州中心实验室提供的化验分析和相分析资料，记录了矿床氧化带的矿物成分、矿床氧化带的垂向变化、矿床氧化带中镍铜等元素的地球化学性状。最终，他提出一个重要观点：根据这类矿床氧化带普查原生铜镍矿体以及判断原生矿体的规模、物质成分、矿石质量等都是一个有效的直接标志。

论文的发表，就是探索的小结，就是新观点的出世。这篇论文得到了学术界的认同和肯定，这令汤中立感到十分欣慰。

与此同时，区调工作也在全面推进。技术负责人李瑾换、张之进带领一干技术人员，在白银地区开展工作。短短几年内，五分队完成了 1∶5 万填图面积 628.28 平方公里，1∶2.5 万岩性岩相填图面积 22.5 平方公里，1∶1 万填图面积 17.66 平方公里，以及各种比例尺实测地质剖面共计 102.006 公里，钻探 11 864.11 米，槽探 6261.4 立方米，于 1978 年底提交出版验收。这是一份沉甸甸的答卷，汤中立觉得自己和同志们做了一些实实在在的事情，每个人前行的脚步都铿锵有力。

1977 年 4 月至 1982 年 6 月，由原六分队技术负责人钱志铮、刘述贤，带领队员及本队新组建的三分队（物探）配合物探工作，在天祝玛雅山至永登石灰沟地区按成矿区带开展 1∶5 万区域地质调查，综合找矿。完成 1∶5 万填图面积 682 平方公里，1∶2.5 万填图面积 17 平方公里和 1∶1 万填图面积 8.29 平方公里，各种比例尺实测地质剖面 56.24 公里，钻探 2628.6 米。

1981 年 8 月，野外最终验收，1982 年 6 月提交出版验收。这是又一份献礼祖国地矿事业的礼单，汤中立在递交这份可圈可点的成绩单时心潮澎湃，不负我党，不负祖国。

区调队在进行 1∶5 万区域地质调查中，进行了综合性的地质矿产调查，包括地质填图、矿产检查评价、水文地质、重砂测量、化探、钻探及山地工程揭露。这些内容和以往的区域地质调查相比，更加接近地质调查的性质，任务的重点也很突出，使区域地质调查呈现出新的气象。

在担任区调队技术负责人的 8 年中，汤中立反复翻阅了祁连山、西秦岭、北山以及邻区的地质矿产资料，将脚步踏向了祖国更广阔的地质领域深处。

汤中立考察西秦岭花岗岩地质（摄于1979年）

汤中立（左一）与沙仑（左二）等在野外考察西秦岭花岗岩成矿问题
（摄于1979年）

汤中立（右二）考察北山地质（摄于20世纪80年代）
同行有李增明（右一）、李清海（右三）等人

  1980年11月9日，汤中立前往青海、甘肃、新疆进行调研。46岁了，汤中立对自己的时间颇为珍惜，"时间就是生命"成为他的座右铭，他始终在争分夺秒地思考地质找矿，探索地质理论发展。

  在青海区调十三队的调研中，汤中立的工作行程安排得很紧。上午在区调十三队调研，简单吃完午饭后，又赶往青海实验室调研，下午四点已到了青海区调一队调研……在调研的过程中，他发现，原来惜时的不只是他一个人。敏锐的他了解到，区调十三队有一个职工培训，一个基层大队能搞系列培训，这足以让汤中立眼前一亮，更让他赞叹的是，这里的同志为了不影响白天的工作，将培训都安排在工作8小时以外的晚上进行。他专门问这里的领导这么安排的原因，回复说因为专门脱产培训是很难实现的。话是这么说，汤中立却觉得，最客观的原因就是地矿事业特别是野外工作在夜里不好开展，但是怎样才能争分夺秒地把时间利用起来，把思想统一到地矿事业上来？这个培训班大概就是基层在这方面落实的体现吧。汤中立心里的光更亮了，他看到了这些基层的同事们在努力地坚持学

第四章 向光而行

习，更看到了地矿事业发展的前路与后发力。

此行，他们的调研工作途经日月山、倒淌河等，越是到空气稀薄的地区、条件艰苦的地方，汤中立对地质工作的认识就越深刻，越是边远地区，开展地质工作就越艰难。然而，往往这些地方都是地质工作的重点区域，这里的同志无私、朴素的工作情怀，正是祖国需要的地质精神。

在不同地域的调研，就是对地矿工作更全面的了解。汤中立以全方位的目光，审视金川铜镍矿床的研究以及甘肃地质工作。

1982年，在原地质矿产部编辑的《地质工作研究》（1982年，第90期）上，汤中立又发表了一篇论文《为建设强大的金川综合资源基地提供新矿源》，阐述了自己对为金川综合资源基地提供新矿源的思考。

不知不觉中，汤中立已经逐渐走向学术研究的道路。虽没有了竹杖芒鞋时的豪迈，但在科学研究的康庄大道上，汤中立还是迈出了勇敢且坚定的步伐。抛出一个疑问，在深度和广度上不断思索与积累，在实践中不断验证。如果将人类对科学的探索比作一个圆，人类已知的规律是圆的边界，那么汤中立已经找到了属于自己的圆心，一点点向充满诱惑的边界伸出了触角。

第五章
一心向党

2020年七一前夕，86岁的汤中立特地对自己的学生徐刚说，今年七一，我们要重温党章，要好好把党史再学习一下。他说得很郑重，徐刚听了，就很快去落实了。

这一年，新冠疫情肆虐蔓延，校园里的学习生活受到一定程度的影响。七一的早晨，汤中立戴着口罩，早早来到会议室，随自己的团队一起观看教育部开展的高校党组织战"疫"示范微党课七一特别节目"党旗飘扬·筑牢红色防火墙"。整个节目播出期间，汤中立看得十分专注，每一帧画面、每一个字句都让汤中立看到了祖国的日益强大，看到了中国新生代的成长。他也回想起40年前自己入党时的情形。

1980年，是汤中立生命中的春天。这一年，他加入了中国共产党，入党时的情形，永生难忘。

1980年2月的一天早晨，天气微寒，汤中立缓步来到自己的办公室。这些年来，他习惯了早早起床，静静地在清晨万物待醒的时候唤醒自己。一个简单的灵魂，精神负重，却依然执着坚持前行。他清醒地知道，春风终会吹拂而来。

很快打扫完办公室，汤中立坐在木椅子上，想起已有构思的一些论文轮廓，他拿起笔，开始结合工作实际继续思考，梳理思路。

咚咚咚，有人在敲门。

"谁呀？"汤中立放下笔，合起自己正在撰写的文稿，说："请进！"他起身正准备往门口走去开门，区调队党委委派党支部书记潘启雁就已经带着微笑推门而入。潘启雁一脸春风，让汤中立感觉到他心情很好。汤中立连忙礼让他进来坐，潘启雁没有坐下，而是站在办公室中间不大的空地上，激情洋溢地说："老汤，告诉你一个好消息！"

汤中立站在原地，不知潘启雁所说所指，忽然有了一些紧张。

多少年来，他已经习惯了没有消息就是好消息。今天一早，潘启雁的到来会给自己带来什么样的好消息呢？

潘启雁说："老汤，所有的调查和全面的审查，都结束了，结束了！"

汤中立听到后，心嗵的一下，落地了。人生的坎坷都是财富，发展中的波折都将推动更大的进步。中华人民共和国成立以来，虽然已经成功爆炸了第一颗原子弹，也在全国范围内建立了基本的重工业体系，但是整个社会经济总量相比于同时代的大国而言，差距还很大。汤中立一直在默默关注着地矿事业与祖国的发展，关注着中国在世界地理空间中的发展。穷则变，变则通，虽然他不大探讨和交流这些大局的变化，内心却已经感受到即将变革的萌动。

1978 年 12 月，十一届三中全会顺利召开，中国开始实行改革开放。改革，即对内改革，就是在坚持社会主义制度的前提下，自觉地调整和改革生产关系同生产力、上层建筑同经济基础之间不相适应的方面和环节，促进生产力的发展和各项事业的全面进步，更好地实现广大人民群众的根本利益。开放，即对外开放，是加快祖国现代化建设的必然选择，符合当今时代的特征和世界发展的大势，是必须长期坚持的一项基本国策。改革开放的春风吹遍华夏大地，新的政策唤醒了人们创造生活的活力。国民经济全面调整，地质工作也百废待举。

特别是 1980 年地质工作管理体制改革，以地质部为主的双重领导给地质队伍增添了活力和动力。地质部部长孙大光把注意力逐步转向选拔干部、培养接班人，因为人才是事业发展的根本力量。1980 年上半年，孙大光要求组织部门从各省局的副局级干部中挑选一批革命化、年轻化、知识化、专业化的优秀干部作为部级、局级领导后备干部进行重点考察培养。其后，他深入新疆、甘肃和青海 3 省区 20 多个部属基层单位开展调研工作。

此刻，汤中立听到潘启雁带来的喜讯，笑了。

所有黑暗的日子都将沉入历史，他感觉自己浴火重生，经历了磨炼，完成了蜕变，又一次活成了自己。他的笑容没有那么灿烂，但这笑容，是发自内心的，笑得从容。

在过去的年月里，汤中立始终坚持在偏安一隅的世界里默默做好自己，不问东西。而今，一切阴霾都已过去，拨云见日的时刻来了！

潘启雁接着说："老汤，你应该感到高兴，这段对于你来说是'劫难'的日子，结束了！这是好消息之一。"

汤中立的眼中含着泪水，望着潘启雁，"之一？"还有什么好消息呢？汤中立有些疑问，并迫切地等着他说消息之二。

"党组织收到了你的入党申请，我，就当你的介绍人！怎么样？"

入党申请书？1956年2月还在上大学的时候，汤中立就递交了入党申请书。这么多年过去了，入党申请书写了好几次，1958年12月，在发现金川镍矿后第二次写入党申请书，调入区调队之后第三次写入党申请书……一次又一次，每一次提笔写入党申请书，他都郑重静心，充满仪式感地坐下来，端正自己的内心和自己的思想，把自己对党的认识，把想加入党组织的心愿表达出来。24年来，他始终没有放弃自己的追求，没有动摇自己的信念，始终坚持学习党的知识，始终在向优秀党员看齐，高标准严格要求自己。现在，他真的等来了回复。

春雷一声震天响，这接连而来的好消息，让汤中立听得半信半疑，他捏了捏自己的手心，确定这是真的。眼前的潘启雁，他可是区调队的党支部书记啊，难道还不信党支部书记的话了？

世界的每一天，都是在黑夜白昼之间交替的，光明，终究回来了。

潘启雁走后，汤中立来回在自己那间几平方米的办公室里走动。窗外渐欲萌芽的树梢，倾诉着生命的力量，阳光透过萌芽射入

第五章 一心向党

办公室，汤中立看着自己案头的那些论文稿件，看着柜子里记录着自己心路历程的好几个日记本，内心十分激动，却又有意按捺自己澎湃的心潮。他坐下来，又站起来，走向院子，院子里的报刊栏里张贴着近期的报纸，报纸上的内容，比以往更清晰地映入他的眼底：2月23日至29日，中共十一届五中全会在北京举行……

一切旧的时光都过去了，新的征程正在开启。

站在大树之下，汤中立深深地吸了一口气，这是春天的气息，当下，阳光灿烂！

这一天，时间过得很快，汤中立重新梳理了自己的入党记录，特地在自己的笔记本上记下潘启雁来找自己的那一刻，而后又专心投入自己案头正在撰写的论文中。

下班回家后，汤中立超乎寻常地主动帮方桂云打扫卫生，他手里拿着湿抹布擦桌子、擦板凳，眉目之间洋溢着无以言表的喜悦。

刚放学回来的小女儿汤桦，一进门就看到了与往常不太一样的父亲，她站在门口，特地定定地多看了几眼自己的父亲。这几年，汤桦没怎么太多见过父亲的笑容，此刻的父亲，像是换了一个人。

汤桦放下书包，悄悄来到母亲身边，问："爸今天有什么喜事儿？"

方桂云望着正在擦柜子的汤中立，扭头对汤桦说："你爸入党了！"

入党了！这无疑成为汤中立本人乃至他的家庭中最振奋人心的事情。

时隔40年后，看完"党旗飘扬·筑牢红色防火墙"这个令人振奋的节目后，汤中立带头和自己的团队，一起重温了入党誓词：

> 我志愿加入中国共产党，拥护党的纲领，遵守党的章程，履行党员义务，执行党的决定，严守党的纪律，保守党的秘密，对党忠诚，积极工作，为共产主义奋斗终身，随时准备为党和人民牺牲一切，永不叛党。

一位耄耋老人，念起这12句80个字，字字铿锵有力，句句专注笃定。

他和学生们说："入党，在我一生中是非常重要的！"他和大家分享，当时成为预备党员后，听党话跟党走的信念更坚定了，他比以往任何时候都更加严格要求自己。他说，党员就应该这样，高标准严要求，一心向党，在自己的工作岗位上发挥先锋带头作用，倾情用力尽好每一份社会职责。

1981年3月20日，经过一年的考验，汤中立就要转为正式党员了。

当时，汤中立所在的支部为甘肃省地矿局地矿处党支部，党支部书记是温家宝。他的入党转正鉴定在通过支部会议讨论通过后，由温家宝亲笔书写。

内容是这样的：

> 经审查，汤中立同志历史清楚，一年来，在贯彻党的三中全会的各项决议中，态度积极，学习认真。工作踏实，作风正派，谦虚谨慎。能自觉地坚持四项基本原则，从政治上与党保持一致。思想觉悟有了进一步提高。但工作上还不够大胆与果断。希进一步克服缺点，不断前进。

党支部党员大会一致同意汤中立同志按期转为正式党员。

汤中立举起拳头，念着入党誓词，热泪盈眶。

及至今日，回忆当年入党时的情形，汤中立依然非常激动。作为党领导下的一名地质工作者，一名在高校任教的老师，他深刻感受到：没有党，就没有地质工作蓬勃发展的今天。那些党的好干部，都令汤中立感恩在心，难以忘怀。尤其是和自己在甘肃战斗过的温家宝。多年后，温家宝在出版《地质笔记》前，专门征求汤中立的意见；但凡温家宝来到甘肃，或在地矿系统的会议、全国的科技工作会议上，他都会提起汤中立，不仅因为汤中立是自己的学长，更因为汤中立在地学方面很有成就和建树。

20世纪90年代汤中立在甘肃地质博物馆为青少年讲解科普地质

第六章

开启甘肃黄金大省的足迹

改革开放初期，党和国家把工作重心转移到经济建设上来。矿产资源作为人类社会赖以生存的一种重要物质基础，不仅是国家安全的重要保证，更是发展社会主义市场经济必不可少的前提条件。

1979年3月22日，《人民日报》发表社论《地质工作要以找矿为中心》。社论指出：全党工作的着重点转移到现代化建设上来，从地质战线来说，就是要以找矿为中心，提高地质调查研究程度为基础，多快好省地取得地质成果为目的，保证为实现四个现代化提供充足的矿产资源和地质资料。[1] 1981年初，国家计委提出拟定"六五"计划，这是自改革开放新时代以来的第一个五年计划。以找矿为中心这一政策，从根本上摆脱了"一五"以来地质工作目的与手段争论不休的困局。

社论在全国地矿系统引起了强烈的反响。1981年1月，在南京召开的全国地矿部门局长会议上，孙大光部长传达了中央一、二号文件精神，参会的汤中立从中明显感受到国家将要开始调整多年来"重基建，轻生产，高指标，低效率"的路子，孙大光指出，在这个调整期间，需要做好各项准备工作，包括地质调查和资源保证的准备工作。在这次会议上，汤中立听到地质部再一次吹响了"找矿"的号角。

借着在南京参加地质工作会议的契机，汤中立见到了从初中到高中的老同学杨启俊，他们在追忆往事中感叹青春，少年不努力，老大徒伤悲，此时，自己的一些同学都已经在各条战线上承担着建设祖国的重任。汤中立还打长途电话给在上海延安中路的戴华淦（汤中立的表姐夫，上海交通大学教授），得悉在上海的表姐史润芳已经因癌症不治而亡，听得他戚戚落泪。他想起1946年的时候，已经12岁的自己从湖南刚回到安庆，表姐当时正读高中，大姨待汤中立很好，怕他夜里想妈妈，就带着他睡在一张床上，一直说笑讲故

---

[1] 人民日报.地质工作要以找矿为中心.人民日报，1979-03-22：第1版.

事，直到他睡着。还记得1949年安庆解放前夕，枪声紧急，市民纷纷躲避，表姐、大姨、汤中立和母亲、妹妹汤若霞都躲到圣保罗中学的一个水泥防空洞里，掩体突出地表，一颗子弹"嗖"的一声从掩体门上穿过，惊险无比。时情时景犹在眼前，不想亲人已成故人。那一夜回到住处，汤中立特别追记了几笔二三旧事，聊表对表姐的悼念之意。

无论是和同学慨叹岁月，还是因亲人离去感喟人生无常，都让汤中立产生了更强烈的危机感，时不待我，要争分夺秒地去做自己想要做的事情。

在回兰州的列车上，他阅读了《马克思恩格斯选集》第一卷中的《路易·波拿巴的雾月十八日》一文。"人们自己创造自己的历史，但是他们并不是随心所欲地创造，并不是在他们自己选定的条件下创造，而是在直接碰到的、既定的、从过去承继下来的条件下创造。"这些话让他颇有感悟，未来的一切都要不偏不倚地建立在现实之上。

历史的篇章已经随着改革开放快速谱写。随着地质界号角的响起，甘肃省地矿局也闻声而动，对全局地质工作进行调整。贯彻地质部制定的《地质工作三年调整纲要》，制定并实施地质工作调整方案，解决控制勘探，加强区域调查和普查，突出能源地质工作，扩大地质工作服务领域等，处处革除旧弊，迎接新气象。甘肃省地矿局打算撸起袖子，大干一番。面对改革进步，人们不再一味头脑发热，而是更加理性地分析与看待现实。

汤中立坚持每天锻炼身体，这个早晨，他一早起床，走出城关区红星巷168号院，一路向南快步向前，皋兰山已经被改建成兰山公园，新的建筑零零散散地点缀在山上，增添了几番生机盎然。身边一些年轻人，穿着鲜艳的时装，肩膀垫得高高的，潇洒地走在街道上，和汤中立擦肩而过赶着去上班。人们身上衣服的颜色和当年他刚来兰州时灰黑色的色调相比，显得丰富绚丽多了，这是时代的发展，也是人心灵的解放。汤中立看着这些年轻人，似乎看到了当年充满活力的自己，更感受到了国家发展的步伐。

小跑半个小时回来，汤中立精神抖擞，一靠近甘肃省地矿局门口，"以献身地质事业为荣，以艰苦奋斗为荣，以找矿立功为荣"这条鲜艳的横幅就映入眼帘，旁边的白色墙上，还有"富国兴业"四个大字。

"'三个光荣'放在这么显眼的位置，一会儿开会得提一提。"他心里琢磨着，缓步走向甘肃省地矿局的三层小楼。此时，已是甘肃省地矿局总工程师兼副局长的汤中立将近 50 岁，白头发开始不知不觉地爬上两鬓，举止言谈间，汤中立多了许多成熟的魅力。因为职位关系，一向"学院派"的汤中立，言行谨慎，他十分注意什么话该说，什么话不该说，什么话该在什么场合说。

从街面的群众到甘肃省地矿局的同事，每个人都精气神儿十足，到处都是一派朝气蓬勃的样子，汤中立内心十分振奋。前半生以找矿为重心的他，如今又有了用武之地。一切都是嫩绿的、新生的，汤中立与这个蓬勃的时代同频，跃跃欲试，也想着创造一些什么。

地质工作会议定在甘肃省地矿局二层的会议室。汤中立进门不一会儿，局长马万里、副局长温家宝以及各处处长也都陆陆续续落座。大家围绕"六五"计划展开了讨论，大会提出下一阶段的地质工作应以找金为重点，兼顾有色金属和特种非金属方向。甘肃省地矿局一直按照这个报告行事，贯彻"以金找矿"。1981 年，汤中立在当时地质部主办的《地质工作研究》第 41 期发表文章《从一些主要矿例讨论甘肃地质工作调整的问题》，对甘肃现阶段找矿工作进行了分析，并提出下一阶段的重点。

随后，甘肃省地矿局制定了"六五"计划，从 6 个方面对下一步找矿工作进行了改革。计划制定的当天晚上，汤中立仔细翻开自己的日记本，一条一条地加深学习：一是重视并加强成矿区带的研究。克服地质找矿的盲目性，坚持在成矿区带上部署地质找矿任务和力量。划定了西秦岭、金昌—敦煌、北祁连等6个重点成矿区。二是根据国家建设需要和省内资源条件，确定主攻矿种。在保持优势矿种有色金属普查找矿力量的同时，加强能源、金和非金属矿产的地质工作。三是发挥物化探在地质找矿中的战略先行作用，以物化探为先导开展新一轮的矿产普查。提高全省物化探工作的研究程度，在地质找矿中发挥重要作用。四是重视综合普查、综合评价。在矿产普查评价过程中，加强成矿系列、区域成矿规律和典型矿床的研究，注意矿床的共生组合，开展综合评价。五是加强基础地质研究。在重点成矿区带的重点地段开展1∶5万区调工作，发现一批新的具有前景的矿产地。六是调整探矿工程任务和技术结构。"六五"期间，调减一批因成矿条件不利、交通困难、选冶加工性能差以及国家在当前难以建设利用的矿产普查勘探项目，降低一批项目的工作强度，因而相应调整探矿工程任务和内部技术结构。

"六五"计划实施后，甘肃省地矿局地质工作的单一化倾向得以克服，地质工作的内部结构日益合理。成矿远景区划的圈定克服了过去找矿的盲目性，做到了有的放矢，目标明确，提高了找矿工作效率。同时，调减了一批综合条件较差的普查勘探项目，把力量集中到基础地质和成矿区带上。

虽然方向对了，但是地质工作并没有立竿见影。时光飞逝而去，金矿一个还没找到。尽管汤中立在甘肃省地矿局已经对甘肃地质形势有了扎实且全面的了解，对找金矿也有十足的把握，但面对实际，他依然感到肩上沉甸甸的压力。

年轻时，他无所畏惧，身为一线找矿人，一顶帐篷、一把地质锤就可以竹杖芒鞋行走天涯。金川镍矿的发现，不仅凭借几分学识智慧，还要靠运气和勇气。而今不同了，身为甘肃省地矿局的技术骨干，他是运筹帷幄、决胜千里的将军，带领着一支队伍的他，还需要宏观的视野和扎实的科学基础，最重要的是要有组织力和判断力。

他在日记上写下几个大字——"一将无能，累死三军"，将是谁？就是自己。

压力归压力，君子谦而不悲，谋而不躁，这是汤中立十几年在干部岗位沉淀出来的定力，他迅速平静下来，继续冷静思索。

他列出了1985年甘肃省地矿局的人员数据：

职工 11 619 人

合同工 288 人 2.5%

工程 2225 人 19.15%

行政 1365 人 11.75%

工人 4692 人 40.38%

服务人员 1809 人 15.57%

其他 1515 人 13.04%

汤中立开始意识到问题的严峻性。问题是：如何调配1万余人的有限"兵力"，在甘肃全省45.29万平方公里的广大区域上找到金矿？

他常常彻夜思考，寻找那柳暗花明的突破。终于有一天，他的思路大开，拍着大腿就站了起来，不由得喊着："对，再次缩小勘探区域！"

汤中立开始重新审视金矿勘探区域，一幅甘肃省地质图在汤中立的脑海中再次铺展开来。从地图上看，甘肃省像一个哑铃，中间是长长的河西走廊，河西走廊的南侧是祁连山，北侧是北山，哑铃的东南边还有西秦岭山区。区调队8年的基础工作，让汤中立对甘肃省的成矿区域了如指掌。经过缜密思考，他迅速圈定了西秦岭华力西—燕山期金成矿区、北祁连加里东金成矿带、北山华力西—印支金成矿带三个成矿区带，这三个成矿区带就是下一步勘探金矿的重点。

有了目标的聚焦，还远远不够。地质队伍的知识结构、能力水平怎么样？当下使用的仪器设备能不能支撑这样大规模的找矿工作？运行的管理体制能不能更好地调动队伍的积极性？汤中立在纸上不断划拉着，"烧脑"的思考让他常常通宵不眠。他回想起前些日子专程去拜访中国科学院院士、甘肃省地矿局前辈宋叔和时的情景，当时，宋叔和刚刚从葡萄牙著名的火山岩型铜多金属矿山考察归来。汤中立谦虚地坐在宋叔和的身旁，说："宋老，您给我们指点指点！"

宋叔和语重心长地对汤中立提出几点可供借鉴的经验：

第一，要重视理论基础，着急找矿的同时，基础问题得搞清楚；

第二，重视一般的日常用品的建设，小细节往往能解决很大的问题，例如葡萄牙切削器械就很发达，切割岩心就像削木头一样方便，我们却用大锤子砸；

第三，地质工作不能一刀切，要针对具体的情况，当细则细，当粗则粗，针对不同矿种、不同情况实行相应的部署。

改革，是一场必须进行的战斗。汤中立开始下大功夫推进地质系统各方面的创新变革，从重视基础地质工作着手，不断强化地质人员的基础理论水平；毫不犹豫地引进新技术方法，当化探扫面、痕量金分析等新方法、新技术一出现，就立即引进、部署、大力推广使用；不断重视成矿区的研究和工作；有力加强设备更新，如配备最先进的千米钻机、做好照相机等设备更新、大力强化英语学习等。

所有的改变，重点在于用最优秀的人，在最要紧的地区形成拳头力量，打造拳头项目。"用人，用优秀的人才"，这个观点汤中立一上任就开始思考了。1981年4月6日接到地质部正式的任命通知后，汤中立在日记中这样写道："物色人，用一些有才能的人才，全才是很少的，要注意发挥一技之长，量才使用，使人得其所，畅其意，倾其所长……唐太宗会用人，知人善任……看重一些老技术人员是搞好工作的关键因素……"

迎来一拨人，听报告、分析、指导

再迎来一拨人，再听报告、分析、指导。

这种重复，就是一种短平快的培训，就是"培训+交流"的头脑风暴，多批次的人员交流，不断提升和强化着队伍对学习、科技、创新的认识。

汤中立与甘肃省地矿局的工作人员在讨论地质工作（摄于1987年）
左一：汤中立，右一：李俊伟（甘肃省地矿局地矿处主任工程师）

汤中立在种马铃薯期间开始重拾英语学习，自此他一直很重视英语。1981年2月20日还没上任总工程师的时候，他就做过专门的统计，甘肃省地矿局的技术队伍大概有2300人，但是能承担英语专业口译任务的人员恐怕只有一人，简直是凤毛麟角，即此一人，除了家庭和幼年的教育之外，也是自学成才，这个人叫苏树椿。在即将批准的10位高级工程师中，无一人精通一门外语。这种英语人才危机，境状可怜，如果没有人去改变现状，没有从政策和措施上改变，这对地矿事业的长远发展，尤其在国际交流方面必定会产生障碍。汤中立想得长远，要想进行世界层面的交流，把中国地矿置于世界地矿的领域去探讨，就必须把英语学习抓起来。他建议局里买一批录音机配给负责人员，既有利于他们自身学习，也有利于对一些学术交流活动进行及时录制。

认识到英语学习是阅读国外地质论文绕不开的环节后，汤中立还在局里组织了英语学习班，请局里英语比较好的老同志给大家授课。一到晚上，若是有路人走近甘肃省地矿局的三层小楼，就能听见里面传来参差不齐的各种口音的英语阅读声。

为了调动大家学习英语的积极性，汤中立带头学英语，他不远千里，专门去西安外国语学院学习了半年英语。局里的年轻人看到50多岁的汤中立都这么努力学习，敬佩之余，学习的自觉性和主动性提高了，大家学习英语的氛围更浓了。

围绕就矿找矿，汤中立深思之后提出了以下几点意见。

首先，要始终坚持以地质为基础，按照有利成金的大地构造单元和区域构造位置，有利成金的矿床类型，有利成金的岩石、矿源和热源，有利富积的砂金河段等各种地质因素，择优选择、部署评价大量的矿点、矿化点、砂金河段和各类化探异常区、异常点。

其次，密切注意点上突破，就矿找矿，一旦在某一区带发现了金矿，就全力以赴组织评价突破，总结经验和规律，及时向面上、带上推广。甘肃第二个坪定金矿就是这样推广的。

再次，积极引进、部署化探扫面、快速痕量金分析等新方法和新技术，并大力推广应用。

最后，逐步地、坚定地把地质勘查的主要目标转移到地表难识别的黄金矿种上来，以黄金地质勘查带动其他有色金属矿种的勘查。

与此同时，他在对14个矿例进行分析的基础上，提出突出金、铂、稀有、稀土和特种非金属矿产地质工作，集中力量在成矿远景好的区带实施一系列动作，包括部署1∶5万区域地质矿产普查，开展1∶5万区域地质调查。从理论和实践上拓宽找金视野，除石英脉型、花岗岩型外，还扩大寻找与火山岩和老变质岩有关的金矿类型。

汤中立竭力思考找金矿的一系列问题，尽其所能地做好了能想到的所有战略部署。在他的统筹之下，遍布在甘肃省三个重点区域的各地质队紧锣密鼓，几千双脚迈开来，为找金矿踩通了山间小路，全新的钻机在渺无人烟的地方轰隆隆地响起。

网已经撒下去了，鱼什么时候上钩呢？汤中立在有序安排中静静地等待。在忙碌的瞬间，不经意一瞥，只见霞光舒卷，花叶明寂，岁月匆匆而过。

在没有消息的日子里，汤中立和局里的同事们也都没有闲下来。他深知地质基础理论研究和学习的重要性，于是组织局里广泛开展《甘肃省区域矿产总结》的编写及1：100万矿产系列图的编绘工作，形成了甘肃省第一份全面系统的区域矿产总结。他鼓励局里的年轻人积极申请课题，如"鄂尔多斯盆地（甘肃部分）中侏罗世延安期煤聚积规律""甘肃省铜矿资源总量预测"。启动了"1：100万甘肃省地质矿产研究程度图及说明书""甘肃省铁矿资源总量预测""甘肃省肃南裕固族自治县镜铁山铁矿床地质特征及其成因""甘肃省石灰岩矿产资源总量预测报告""甘肃省矿产资源综合开发利用规划"等一批重点矿产地质科研项目。

此时，汤中立对金川的一切依然念念不忘，这是他地质学认识和实践的起点，必须稳扎稳打，解开心中的一个个谜团。他边思考边研究，相继形成了"金川铜镍硫化物（含铂）矿床成矿模式及找矿模式""金川铜镍硫化物（含铂）矿床模式及区域成矿预测"等研究成果。

走向基层，深入一线，这一直是汤中立的工作作风，即便成为总工程师，成为副局长，这个习惯他也一直没有改变，每年雷打不动地至少三个月去野外考察。尤其是当听说哪里有矿了，他更会第一时间带着局里的工程师们一起去实地指导。

汤中立在金川露天采坑（摄于1982年）

有一次，车行驶在礼县的山路上，一边是海拔1080~3312米的山，一边是5米左右的河沟。当时天下着蒙蒙细雨，路上已经湿透了。司机是新来的小伙子，没有经验，一个转弯，车子发生了侧滑，一轱辘滚下深沟里，四轮朝天。

事情发生得太突然了，当时坐在副驾驶座位上的汤中立，没来得及思考，只觉得一阵眩晕，之后好一会儿工夫，他才感觉到自己浑身疼痛。等到回过神来，已经是头朝下倒挂着，他们都落入沟底了，一车人大声喊疼。汤中立检查了一下自己的身体，发现没有受大伤，赶紧问司机和后座上的同事的情况。有人喊道："汤总，我胸口疼得要命！可能锁骨断了。""只要都能喊出声，就坚持，我们要开展自救。"汤中立一边鼓励大家，一边慢慢爬出车子，一个一个地把人从车子里拖出来，置于平处躺下。万幸，大家都只是受了不同程度的伤。

在等待救援的几个小时里，汤中立耐心地安慰受伤的人，甚至忘记了自己身上的疼痛。地质队员面临的困难和危险还有很多，这件事只是其中的一个缩影。后来，局里派来救援的车终于到了，汤中立和同事们被拉回兰州市的医院救治。

这场事故，让汤中立和共同经历的人感慨万千，互相唏嘘地质工作的艰辛。有亲戚朋友听说这件事后，曾在他跟前说："老汤，你说你这把年纪了，还这么卖命，图什么？"汤中立总用爱因斯坦的一句话"一个人的价值，应当看他贡献什么，而不应当看他索取什么"回复大家。方桂云总是在旁边笑着打趣汤中立几句："做自己想做的事，做你认为对社会有益的事，这是你的原则，老汤，我说的没错吧？"汤中立听了，点点头。多年夫妻，又是同行，她总比别人对汤中立有更深层次的理解，她知道汤中立想要什么样的人生，她一直在默默支持着他。

　　这次事故没过多久，汤中立等人又开始全身心地投入找矿事业。方桂云知道，这就是真实的汤中立，他是一个革命乐观主义者。

　　1982年5月，汤中立从高家庄进行地质调查回来，拿出自己的工作笔记本给方桂云展示一片花瓣。望着那片花瓣，汤中立说："那天是个星期六，天气特别好，晴空湛蓝。我在白家坝外围物探过程中，听取了王景维、种茂发、林伯言等人关于白家坝多金属矿点的评价后，看到周围怒放的鲜花，忍不住从其中一朵上摘下一片花瓣。"他轻轻地把花瓣铺在自己刚刚绘制的白家坝多金属矿点示意图及剖面图上，这片花瓣，是汤中立当时心境的反映。离家出来好几天了，他想念方桂云和孩子们了。方桂云看到汤中立的笔记本里，除了这片花瓣，还摘抄了蔡文姬的两句话："十八拍兮曲虽终，响有余兮思无穷。"方桂云不由得笑了，平时做事有板有眼的汤中立，有时候还是有一种单纯的浪漫情怀啊！

　　没有调研，就没有发言权。担任总工程师，分管技术工作，就必须及时掌握基层的实际情况。在常态化的调研中，尤其是在找金矿的过程中，汤中立每到一队，都要求各队抓紧资料的二次开发工作，甚至每年都深入野外现场，调研指导各队的野外勘查工作。同时，他不断加大对史料的翻阅，全面而广泛地关注全国各地地矿事业的发展情况。1981年6月9日，他在读山西沈永和的《列举地质工作中左的影响》这篇文章时，看到文章中写到，当时地质工作有重矿产、轻地质，重手段、轻科研，重工作量、轻成果，重当前、轻长远的问题。对此，汤中立颇有同感，同时，他也仔细地阅读了部里的简报，看到江西、上海等地地矿工作的一些经验做法，他认真学习，并积极主动地把各方面的经验信息和甘肃的实际情况相结合，再一次对全省几十个主要矿产地的区域背景及发现史进行综合分析。

功夫不负有心人，经过坚持不懈的部署和实施，就在1985年，甘南地区地质三队传来捷报：舟曲县坪定镇可能发现了原生金矿。这个地区，正是汤中立预先设想的三个区域之一——西秦岭地区。

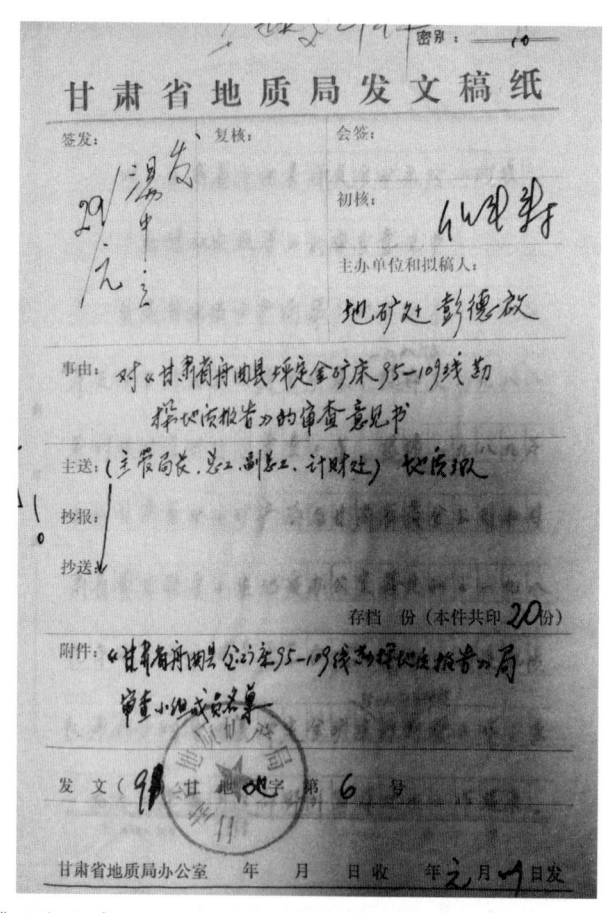

对《甘肃省舟曲县坪定金矿床95—109线勘探地质报告》的审查意见书（1991年）

"走！去现场！"汤中立二话不说，就带着一干人马直奔现场。由于这是全省在西秦岭地区第一次在找金方面有所突破，汤中立特地拨通了全省各个地质队总工程师的电话，要求他们都赶往现场，召开现场会议。

地质三队队长十分激动，他带领汤中立和各队总工程师来到现场。汤中立听了地质三队汇报的试验数据，又亲自来到浅井附近察看地貌，只见钻机取出来的岩心呈现黄褐色。

汤中立弯下腰抚摸着岩心，指着呈现微细粒的矿石对各队总工程师说："这是氧化了的黄铁矿。"当年在金川发现镍矿的时候，表面有一层厚厚的氧化带，这给找矿工作带来极大的指示性。经验告诉他，惊喜可能还在深处。

现场会上，汤中立向在场的工程师们讲起当年看到金川镍矿表面氧化带时候的情形："当时我们用硫化镍确定氧化带，现在虽然没有硫化状态的金子，但是可以用硫化铁来判定，效果都是一样的。现在这个黄铁矿氧化程度比较严重，虽然也含有黄金，但是含量比较低，每吨只含有零点几克，最多每吨能炼出1克了不得了。咱再往深处打，争取找到原生矿。"

果然，浅井打到9米多的时候，井壁上出现了黄灿灿的黄铁矿，这里的黄铁矿氧化程度低，是原生矿的表现。

试验设备检测结果为：5克/吨！

整个工地一片欢声笑语，庆祝甘肃西秦岭地区第一座原生金矿的诞生，后来大家得知，这是一个具6吨金的原生矿，也是甘肃找到的第二个原生金矿。

按照金川镍矿的经验，汤中立划分了金矿的氧化带、过渡带以及原生带，对地质三队以及所有在场的总工程师说："以后发现的金矿，都按照这个标准作为划分氧化带界线。"汤中立制定的这个标准，为后来几年的找矿工作带来了极大方便，直到20世纪80年代末各工地普遍采用堆淋方式提取黄金后才摒弃不用。

后来，地质三队在坪定金矿预测出了6吨的前景，依照汤中立同样的方法，在大水发现了20吨的原生大型金矿，这是甘肃省境内发现的第一座大型金矿，如今已有100吨的超大型规模。

　　发现大水金矿以后，汤中立立即召集各队总工程师，组织了"大水式金矿找矿方向研究"研讨会，通过对比国外地质理论"拉尔玛金矿床地质特征及地化特征研究"，再结合"甘肃金矿成矿系列研究"，以及大比例尺成矿预测，又成功地发现了鹰咀山、寒山等一批金矿床。

　　就这样，一个点有了突破，顺藤摸瓜，充分挖掘，穷追不舍，一系列大、中、小型金矿陆续被发现，而且勘查前景越来越好。

　　实践证明，在西秦岭发现坪定、九原金矿后，及时评价勘探，通过加强部署，加大勘查力度，又陆续发现了拉尔玛、石鸡坝、鹿儿坝和大水特大型金矿。这些矿产地的发现和勘查，为甘肃在20世纪90年代成为黄金大省提供了丰富的资源保证。这一切，都记录在甘肃省地矿局发展史当中。

　　在甘肃地质工作调整之际，汤中立写过一篇文章《从一些主要矿例讨论甘肃地质工作调整的问题》，比较系统地阐述了他关于甘肃地质工作调整的思考，当时这篇文章刊载于《地质工作研究》杂志上。与此同时，甘肃省地矿局的科研大军也异军突起，为发现和勘查金矿立下汗马功劳。"七五""八五"期间，汤中立组织完成了一批重大科研项目，包括"甘肃省白银—石青硐地区黄铁矿型铜及多金属矿床大比例尺成矿预测及方法研究""国内外黄铁矿型矿床研究进展和特征对比""甘肃省北祁连西段铜铅锌金矿成矿带远景区划报告""甘肃省成矿远景区划""甘肃省北山北带火山岩型金矿地质—地球化学找矿模型"等。这些重大课题的完成，极大地丰富了甘肃成矿理论研究的内容，提高了甘肃矿产地质的研究水平，为甘肃省地矿局找金矿起到了积极作用，建立起了一套行之有效的找矿方法体系。

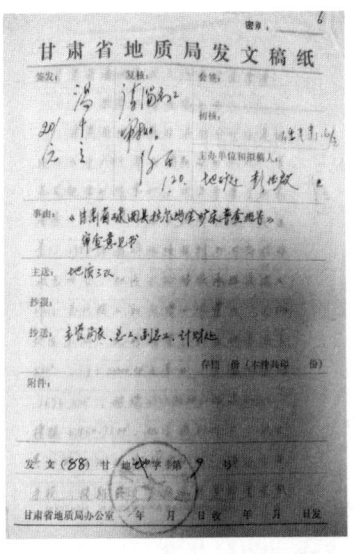

《甘肃省碌曲县拉尔玛金矿床普查报告》审查意见书（1988年）

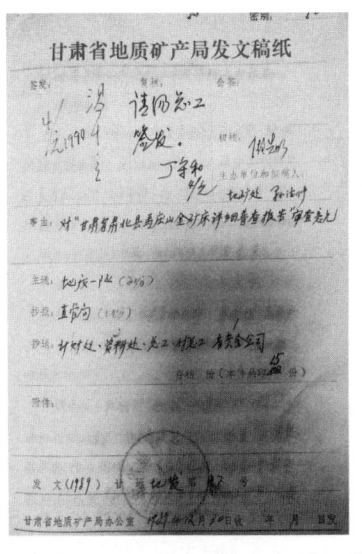

《甘肃肃北县马庄山金矿床详细普查报告》审查意见书（1989年）

汤中立与同事在宪沟金矿区考察（摄于1987年）
左起：黄保全、董明礼、汤中立、张先觉

甘肃省的独立黄金矿储量由20世纪80年代前根本谈不上黄金产业的不足2吨的状况，发展到1995年的300吨，并且还有2000吨的发展远景，随之先后发现和探明了3个独立大型金矿——大水金矿田、鹿儿坝金矿床、拉尔玛金矿床。发现的中型金矿床达 16 处之多，包括小西弓金矿、坪定金矿、石鸡坝金矿、柴家庄金矿、南金山金矿、党河南山金矿、寒山金矿、金山金矿、花崖沟金矿、西安河金矿、马庄山金矿、石金坡金矿、新金厂金矿、老金厂金矿、马泉金矿、鹰咀山金矿。

如雨后春笋一般，一个个金矿闪烁着希望的光芒，破地而出。

在镜铁山桦树沟矿区坑道口合影（摄于1989年）
前排右起：李俊林、殷先明、陈伟、陈鑫、黄明智、王志恒，背景是铁矿向斜

地质矿产部部长朱训在甘肃视察（摄于1989年）
朱训（左一）、汤中立（左二）

至此，甘肃众多金矿在空间分布上星罗棋布，到处"金花"绽放。这些金矿床覆盖了甘肃三大矿产分区的大部分，即西秦岭地区、祁连西段、北山地区的独立岩金产地。

从汤中立担任甘肃省地矿局总工程师到1995年，经过10余年扎扎实实的工作，先后发现特大型金矿1处、大型金矿1处、中型金矿9处、小型金矿35处、砂金矿22处，形成了陕、甘、川"金三角"基地，甘肃的黄金储量猛增至375吨，黄金远景预测达2000吨，全省黄金产量于1992年突破10万两大关，甘肃在黄金产量方面由一个落后省份挤进了全国先进行列，成为全国重要产金省之一。

第七章 科研攀升

一、当选院士，再创辉煌

落日西斜，黄河东去。河滩两岸，岁月急速变迁。兰州地处祖国的西北，虽不及沿海城市那么繁华，但也是充满了生机与活力。从城市的建设来看，高低不等的三四层小楼逐渐取代了破旧的平房，市中心甚至还有贴着彩色瓷片的高楼大厦，许多条宽阔的大道布局在这个日益繁华的城市。

汤中立的一双脚，曾经在童年的小河中踩过泥鳅，似乎昨天还那么鲜嫩似的，光溜溜的带着泥巴，转眼间便皱了，磨出了许多茧子，坚实地踩在祖国大地上。

他轻盈地迈着大步子，穿梭在青春的课堂，他重重地踏过田垄，在马铃薯地里陷出一个个坑，他一深一浅地蹒跚在山间，脚下青一块紫一块的……

在甘肃省地矿局的这些日子，汤中立踏踏实实地工作，愉悦而充实。还不曾细想，转眼间，天命之年已经过去。这几年，汤中立无事时，总喜欢在黄河边凝望，仿佛眼前的河流与童年时期的那条河流别无二致，一样地奔流而又平静。汤中立觉得，自己的事业已经到了另一个节点，未来的日子，还将这么默默地奔流下去，这是自己的方向。

汤中立未曾想过，一个来电，又一次改变了自己的命运。

1995年盛夏的一个清晨，汤中立接到一个电话，来电人很兴奋，一接通就高喊着："老汤啊！是老汤吗？"

"是我，汤中立。"

"哎呀老兄，给你报喜了。你被评为中国工程院院士啦！"

真的假的？汤中立先是不敢相信自己的耳朵，紧接着，连续几个北京的朋友打来祝贺电话，但汤中立仍不能确信。1994年，单位就推荐过自己参评中国工程院院士，结果是落选。虽然后来组织又推荐他，可是，他不敢多想。

1994年局里和他提及院士的时候，他还不了解具体情况，他一脸纳闷地问身边的人什么是中国工程院院士。被问到的人也是第一次接触，没解释通透。汤中立拿着文件看了半天才明白，原来，国家为了进一步推动工程技术的发展，促进优秀工程人才成长，大力加强现代基础工程建设，决定建立中国工程院，并设立院士制度。

中国工程院是以中国工程技术专家为主体的最高荣誉性、咨询性、学术性机构。中国工程院院士是国家设立的工程技术方面的最高学术称号，必须从做出重大的、创造性的成就和贡献的工程技术专家中选举产生。"重大的、创造性的成就和贡献"主要是指：在某工程技术领域取得重要研究成果和有重大发明创造；或在重大工程的设计和建设中，对创造性地解决工程技术问题有重大贡献，或为某重要工程技术领域的奠基者和开拓者；或在工程技术应用方面成绩卓著者。

读着文件，汤中立反复对照着自己：这么高的荣誉，我行吗？他不由得扪心自问。

局里一些同志都说："汤总，您是教授级高级工程师，是咱们省地矿局资历最高的老同志了。更何况，您为金川镍矿做出的贡献，是载入史册的啊！如果不报您，我们都不知道该报谁呢！"

甘肃省地矿局就此开了会，专门研究推荐汤中立参选中国工程院院士一事，中国地质学会也在力推汤中立。他们梳理出来汤中立工作的四个重大节点：一是在金川镍都的发现以及世界第二大铜镍矿的发现；二是在部署发现黄金勘查方面的突破；三是对勘探报告的严加审核，确保把好矿山建设的第一关；四是在矿床地质学学术研究方面贡献一己之力，尤其是形成了"小岩体成（大）矿"理论。

1995年开春以后，甘肃省地矿局、中国地质学会和地质矿产部等不同方面都在纷纷鼓励汤中立，推荐他作为地质矿产系统的优秀代表再次申报中国工程院院士的增选。

这一次，作为提名单位的中国地质学会，满腔热忱地撰写了提名推荐意见。推荐意见中写道：

> 汤中立的主要贡献之一是发现了金川镍矿，并在不到半年的时间内，提交了第Ⅰ矿区特大型勘探基地，受到甘肃省委通电嘉奖。这个基地经过后来勘探提交了90万吨镍和50万吨铜，还有钴、铂族、金、银、硒、碲、硫等十几种共生有益元素，为金川矿山建设的上马奠定了基础。
>
> 汤中立的贡献之二是发现并探明了第Ⅱ矿区深部隐伏富矿体，使金川一跃成为世界第三大铜镍矿。1966年春，小平同志现场视察时说，金川是个"难得的金娃娃"。甘肃省人民政府和地质矿产部于1986年在金昌市公园内建立地质工作纪念碑，碑面刻着"献给祖国镍都的开拓者"，汤中立的名字以镍都开拓者的代表，镌刻在纪念碑文中。
>
> 汤中立也是甘肃省黄金产业的开拓者之一，他担任省地矿局总工程师之后，主持制定了以找黄金为主的勘查规划；他每年都用三个月左右时间，深入现场狠抓找金工作，通过约10年的努力，金矿勘查获重大突破，形成了陕、甘、川"金三角"基地，全省黄金储量由110吨增至375吨，远景预测达2000吨，全省黄金产量1992年突破10万两大关，成为我国重要产金省份之一。
>
> 汤中立长期担任省矿产储量委员会副主任、常务副主任，审批签发勘探报告41份，为28座矿山建设提供了依据。
>
> 汤中立也是一位优秀的矿床地质学家，是我国公认的"镁铁岩、超镁铁岩及岩浆硫化物床"的主要研究者和学科带头人之一。鉴于汤中立的卓越成就和重大贡献，中国地质学会一致提名他作为中国工程院院士候选人。

作为汤中立服务多年的甘肃省地矿局，也郑重地出具了《关于汤中立同志在金川镍矿地质勘查工作中所作出的重大贡献》的材料，内容如下：

汤中立同志在金川镍矿工作十四年（1958~1972年），是该矿勘查工作的主要技术负责人之一。他的主要贡献之一是于1958年带领分队同志，依据报矿线索，在陈鑫工程师指导下，发现了金川镍矿，并在不到半年的时间内，提交了第Ⅰ矿区大型勘探基地；主要贡献之二是于1965年，他提出了第Ⅱ矿区勘探设计方案，执行这一方案，发现并探明了第Ⅱ矿区深部隐伏富矿体，使金川镍矿的储量翻了几番，一跃成为世界第三大铜镍矿。金川镍矿最终探明工业镍储量550多万吨，工业铜储量349万多吨，还探明了钴、铂、钯、锇、铱、钌、铑、金、银、硒、碲、硫等十几种伴生有益矿产的储量。仅镍矿一项的潜在价值，按七十年代初的价格估算，就远超过1000亿元。如按现今国际价格（7450美元/吨）计约为3600亿元。若把铜及其他十几种伴生矿产的价值加到一起，矿床的潜在价值，就是十分庞大的数字。

1995年6月20日，汤中立收到中国工程院院长朱光亚发来的书面通知：

汤中立同志：

我十分荣幸地通知您，您于一九九五年五月当选为中国工程院院士，当选名单已经国务院批准，特此通知顺致祝贺。

朱光亚

一九九五年六月二十日

1995年7月11日至14日，中国工程院在北京举行了第二次院士大会，汤中立作为"地质矿产勘查"专业代表出席了该大会。此次增选新院士216人，院士总人数达312人。

1995年，汤中立当选中国工程院院士的通知

61岁，花甲之年。汤中立做梦也没想过，自己能在这个年纪获得这么高的荣誉。

回想自己在沟沟坎坎的山头吹着西北风，在一望无际的土豆地里抡起锄头，在寂寞萧索的深夜埋头苦读，在白家咀子和那些一起苦战过的老战友度过的时光，他们有人甚至牺牲了生命，自己如今健康依然，而且收获了如此荣誉，这是多么幸运啊！他由衷地感谢一起拼过命的同事们，感谢母亲、姐姐和方桂云，感谢自己当年的不放弃，最感谢这个时代！

收到自己当选为中国工程院院士文件的那一天，汤中立格外高兴，他第一时间和方桂云分享了这个喜讯。听到这个消息，方桂云喜极而泣，她最知道汤中立这一路走来真的不容易。虽然汤中立对功名利禄始终都淡然对待，但是不得不说，对汤中立来说，当选为院士是莫大的肯定。汤中立做任何工作，从不谈回报，不求荣誉，没想到这荣誉会降临在自己头上，这是党对地质事业的关注，是大

家对自己工作的支持。

汤中立在中国工程院院士大会上（摄于1996年）
前排左为戚颖敏院士，右为刘天泉院士，中为汤中立院士

中国工程院能源与矿业工程学部部分地学方向的院士合影（摄于1998年）
左起：金庆焕、郑绵平、汤中立、刘广志、张宗祜、常印佛、陈毓川

几位好友也都兴奋不已，他们成了"汤中立当院士"这个消息的传播者。很快，甘肃省地矿局几乎上上下下都知道了这个消息，就连传达室的工作人员都说："咱们这院子厉害了，出了个院士，我以后得保卫好这个院里的每一个同志。"

甘肃省地矿局的领导同事们专门为此摆了一桌庆功宴，几个家常菜、一杯啤酒，这么大的荣耀，是地质人的荣耀，必须庆祝一下。大家你一言我一语地热议着："院士就诞生在我们身边，咱们都蓬荜生辉了，大喜事儿啊！这是载入史册的事儿啊！"

这一天，汤中立和方桂云一起去河滩散步，他甚至觉得此刻的黄河水哗哗地流淌，仿佛也在欢快地为自己歌唱。

当选院士后，汤中立更加忙碌了，需要参加的会议多了，评审也多了。走到哪里，赞誉的声音接连不断，人前人后，大家都"汤院士""汤院士"地叫个不停。汤中立刚开始有些惶恐，后来开始警觉。越是面对荣誉，人越是容易迷失自己。

偶然间，他学习到佛家的"八风不动"，就拿来用于警醒自己。所谓的"八风"，是指利、衰、毁、誉、称、讥、苦、乐，四顺四逆共八件事，顺利成功是利，失败是衰，背后诽谤是毁，背后称赞是誉，当面赞美是称，当面谩骂攻击是讥，痛苦是苦，快乐是乐。佛学讲，应当修炼到遇"八风"中的任何"一风"时情绪都不为所动，即"八风不动"是也。汤中立站在镜子面前，对照心中的这"八风"，查点自己身上存在的问题，并不断警示自己，要保持一颗不动的心。

汤中立的内心因此也更趋于冷静，他时刻提醒自己：从此当更加低调，并以此为动力开展各项工作。

汤中立常年有一个习惯，每周五下班以后约好友殷国平到家里下围棋。1997年6月的一个周五，他们又约了一起下棋。和往常一样，他们相对而坐，汤中立执白子，殷国平执黑子。

殷国平右手拿起黑子，在右上角轻轻一点，这盘棋开始了。不一会儿，黑子与白子便纠缠在一起。汤中立起先战况并不佳，接连被殷国平吃掉好几颗棋子。他鼓足劲儿追击，几番厮杀，终于在右下角占住了大片势力。

殷国平打趣道："汤院士真是福星高照，人生赢家我就不比了，下棋也赢，我偏就不服！"

"不服咱就用实力说话！"汤中立冲着殷国平哈哈大笑。几招棋过后，汤中立更是形势大好，两方对弈杀得眼红。即便鏖战，两人仍一边下棋，一边交谈一些工作中的事情。汤中立拿起白子，紧紧盯着眼前被自己包围得水泄不通的黑子。

"看招！"殷国平用一枚黑子在一处轻盈一指。

"哎哟！我没看见！"汤中立只顾着"杀"眼前的黑子，却不想自己的白子早已被殷国平默默锁定。一招不慎，导致白子继而失去大半。

汤中立数了数棋子，只见败局已定，无可挽回，于是笑着投子认输，以176子告负。

送走殷国平之后，汤中立的表情逐渐凝固了。他感到有些低落，倒不是因为输棋，而是这场失败的棋局让他陷入思考，人生如棋，有顶峰繁荣，也有低谷一场空。自己已经60多岁了，近年来忙忙碌碌，自省时间少了。尤其是人到了这个年龄，身边开始不断有故友逝去，对年龄的焦虑，对生命终将逝去的紧张感，在一点一滴地积累着，形成一种潜在的心理压力，像迷雾一样，时不时笼罩全身。当这种焦虑开始弥漫的时候，很多人会假装熟视无睹，打个岔子，或者形成一个简单的心理闭环，就绕过去继续生活。但汤中立选择直面现实，勇敢面对问题。

他意识到自己已经走到人生的后半段了。殷国平走后，他在日记里郑重地反思：

"今后对我来说最有意义的事情是什么？我有限的精力往哪里投？我还有多少精力和能量？"这三个问题互为因果，互相关联。

第一，我能工作的时间大概还有10～15年，也就是介于72～77岁。达到72岁就算完成了低标准，达到77岁就达到了满意，大于 77 岁，算超标准完成任务。估计每天平均 6 小时，一年按照 3/4 时间计划，每年工作时间是 240×6=1440 小时。

第二，最有意义的工作是什么？

（1）中国岩浆硫化物矿床模式的应用、丰富、提高——兼做 Cu-Ni-Pt 突破攻关。

（2）中国岩浆硫化物矿床总结。

（3）中国岩浆硫化物矿床找矿标志矿物。

（4）成矿小岩体的判别标志问题。

（5）大陆边缘的成矿动力学与生成系统。

……暂时定这么多，多了实现起来不知何年何月。

时间匆匆逝去，经不起计算。汤中立打起精神，想用尽全力让余生变得充盈充实。他十分清醒地知道，自己在地质局的职业生涯已经结束，真枪实干的找矿已经与自己无缘。往后余生，自己要将更多的精力放在学术理论研究上，扎扎实实地做好学科基础工作，为我国地质学理论添砖加瓦，奋力抵达科学之巅，再创辉煌。

二、小岩体成（大）矿理论

黑格尔认为，"规律的王国是现存世界或现象世界的静止的反映"。汤中立对这句话的理解是十分深刻的，确切地说，他越是发现、总结规律，越是能够理解这句话的妙处，越是理解，就越是能够发现与总结规律。

人类脚下踩着的地球，是我们赖以生存的家园。远古时代，人们就开始了对地球岩石、矿物的思考。

《诗经》中就有"高岸为谷，深谷为陵"有关地壳变动的认识，春秋战国时期成书的《山海经》《禹贡》《管子》中的某些篇章、古希腊泰奥弗拉斯托斯的《石头论》中，都有人类对岩矿知识的相关总结。铜矿开采在两千多年前的中国已达到可观的规模。北宋时，沈括对海陆变迁、古气候变化、化石性质等做了比较科学的解释。然而，这些思考与总结都停留在极个别人的兴趣层面，小规模的采矿活动也仅仅只是满足少量手工业的需求。

西方文艺复兴以后，随着社会现实的变动与人文主义思潮的传播，欧洲出现了一场前所未有的"科学革命"，人们对地球历史开始有了科学的解释。意大利的达·芬奇、丹麦的斯泰诺、英国的伍德沃德和胡克等，都对化石的成因进行了论证。胡克提出用化石来记述地球历史；斯泰诺提出地层层序律；德国的阿格里科拉对矿物、矿脉生成过程和水在成矿过程中的作用的研究，开创了矿物学、矿床学的先河。在英国工业革命、法国大革命和启蒙思想的推动与影响下，科学考察和探险旅行在欧洲兴起。旅行和探险使得地壳成为直接研究的对象，使得人们对地球的研究从思辨性猜测转变为以野外观察为主。同时，不同观点、不同学派的争论十分活跃，关于地层以及岩石成因的水成论和火成论的争论在18世纪末变得尖锐起来。随着工业化的发展，各类经济活动使得各类矿产资源成为原材料，各工业国家都开展了区域地质调查工作，使地质学从区域地质向全球构造发展，并推动了地质学各分支学科的迅速建立和发展。在欧美等西方国家，19世纪中叶已经建立起完善的近代地质学理论和方法体系。

站在中国地矿界的发展长河当中，汤中立十分关注西方这一领域的发展，也关注中国地质学的进步。中国近代意义上地质学的诞生，是从"西学东渐"开始的。早在明清时期，西方传教士就开始传播西方科学技术与文化。清朝实行闭关锁国政策后，"西学东渐"一度中止，鸦片战争后，在西方列强的坚船利炮下，中国迎来了又一次"西学东渐"的高潮。洋务运动起，中国人自己开始创办译书机构，翻译、编辑出版西方地学书籍（如《地学浅释》《金石识别》）作为矿务专业的专属教材。新中国成立后，百废待兴，基础设施与重工业的发展急需原材料，发展地质工作上升为"国家经济建设的重要事业",地质学为地质事业赢得"建设尖兵"的地位而备受重视,从而进入快速发展的新时期。

近代意义上的地质学,脱胎于工商业文明,从一开始就与实践应用密不可分。人们在实践应用中认识规律、掌握规律。从金川开始,汤中立就开始了在实践中不断探索学术的征程。闲暇时,汤中立也喜欢看金庸写的武侠小说。他常说,学术理论的基础就是修炼内功。大家内功平时隐藏得很深,根本看不出来,等到战斗的时候就分出高下了。

金川Ⅱ矿区钻机的轰隆声似乎还在汤中立耳边鸣响。继续打钻还是停钻?一系列争论不知在汤中立脑中盘算过了多少次。那个时期,对打钻的思考是思想的斗争,打下去就是生,停钻就是死,地质探索的成败往往就只在一念之间。这一念之间的成果,若非依靠自己对现场实地情况翔实的掌握,以及长期的实践经验与理论思考所撑起的一些胆气,岂不是要被当时局限的学术理论教条葬送?

20世纪前半叶最著名的岩浆矿床实例主要是指加拿大的萨德伯里镍矿、津巴布韦大岩墙铬铂矿,以及南非布什维尔德铂、铬、铁矿。加拿大的萨德伯里镍矿床是世界上第一例超大型岩浆侵入体镍铜矿床,其母岩体面积大于1000平方公里,因此产生了深远的影响。在整个20世纪,地矿界都比照这个矿床,深信只有大岩体且产状平缓的岩体,才有利于形成这类矿床。津巴布韦大岩墙母岩体面积大于5000平方公里,南非布什维尔德矿母岩面积达几万平方公里。因此,当时流行一种成矿概念,只有很大的基性岩浆岩侵入体才能形成大的岩浆金属矿床,因为矿质是从岩浆中分凝出来的,只有岩浆体很大才能分凝出巨量的矿质,这是矿质聚集成大矿的前提。

然而经过长期实践后,人们发现萨德伯里镍矿床起源于陨石碰撞,全世界仅此一例。汤中立也是在"文化大革命"期间才接触到这个事实。按照传统的概念进行勘查,以寻找大而富的镍铜硫化物矿床，其实是一种误导人的模式。

如果严格按照"大岩体才能产生大矿体"这个学术思路与模式进行金川Ⅱ矿区勘查，就不会有后来的重大发现。汤中立每每想到此事，都会觉得后背发凉。没有从实践中总结出更加科学的地质规律，无异于盲人摸象，不知道会让中国地质勘探事业走多少弯路，浪费多少人力与物力。

"在科学上没有平坦的大道，只有不畏劳苦沿着陡峭山路攀登的人，才有希望到达光辉顶点。"与真枪实干的找矿工作不同，学术理论探索始终是一场没有硝烟的战争。往往于昏暗的台灯下苦苦思索，在浩瀚的图纸海洋里寻找那么一点儿异常。多少原有的猜想被推翻，零散的思绪被捡起来，多少次打磨，才能清清楚楚、明明白白地展示出来。地质规律探索科学与否，往往还要经过长久的实践才能够被证明，有时候下了很大力气，大部分的努力还是迟迟得不到回应，甚至石沉大海。心浮气躁的人是做不了学术研究的，尤其在人生之路有更多选择的年代，能够坐冷板凳全凭兴趣和定力支撑。幸而，汤中立在激荡的事业中修炼出一颗平凡的心，能够对一件事情保持常年足够的热忱。他说："对小岩体成（大）矿这个理论的研究一直是我一个学术上的寄托，我看到认识和实践在不断地相互促进和推动，因此在理论研究的过程中从来不觉得寂寞，总觉得有一分力就发一分光。"

金川Ⅱ矿区的富矿体为汤中立的科研生涯打开了一扇大门，至于里面是什么，汤中立用了大半辈子时间去探索和发现。

14年的地质勘查工作，证实金川岩体面积只有1.34平方公里，却富含超过540万吨镍、340万吨铜，以及巨量的钴、铂族和黄金等矿产。与大岩体成矿理论不同，如此巨大的储量，竟然产生于这样一个小岩体中。金川镍矿诞生的小岩体成（大）矿理论，成为汤中立进一步推开科研之门的敲门砖。

汤中立在办公室工作（摄于 1987 年）

后来，金川矿床的发现极大启发了我国的勘查工作。20 世纪后半叶，我国相继勘查并发现了吉林红旗岭、赤柏松，云南白马寨，新疆喀拉通克等数十个大中型、小型的镍铜（铂族）矿床。这些矿床面积更小，一般只有 $0.0n \sim 0.n$（$n<10$）平方公里，他们都富含几万吨到几十万吨富镍矿，我国的工业镍金属主要就产生在这种很小的岩体矿床中。

汤中立一直干，一直看，一直思考。

因为金川矿床的成功勘探，汤中立被邀加入《中国矿床》的编委会，并负责其中"中国镍矿床"章节的编写。《中国矿床》是在十一届三中全会和全国科学大会精神的感召下，于 1980 年在中国地质学会矿床地质专业委员会召开的全国第二届矿床会议上决定编写的专著，以历史性、阶段性地总结具有中国特色的矿床形成条件和成矿特征，推动我国矿床地质研究和勘查工作向更大的深度与广度发展。1983 年，以宋叔和、涂光炽等 40 位专家组成的《中国矿床》编委会成立，同时，面向全国邀请了 160 多位矿床地质工作者参与编写工作。

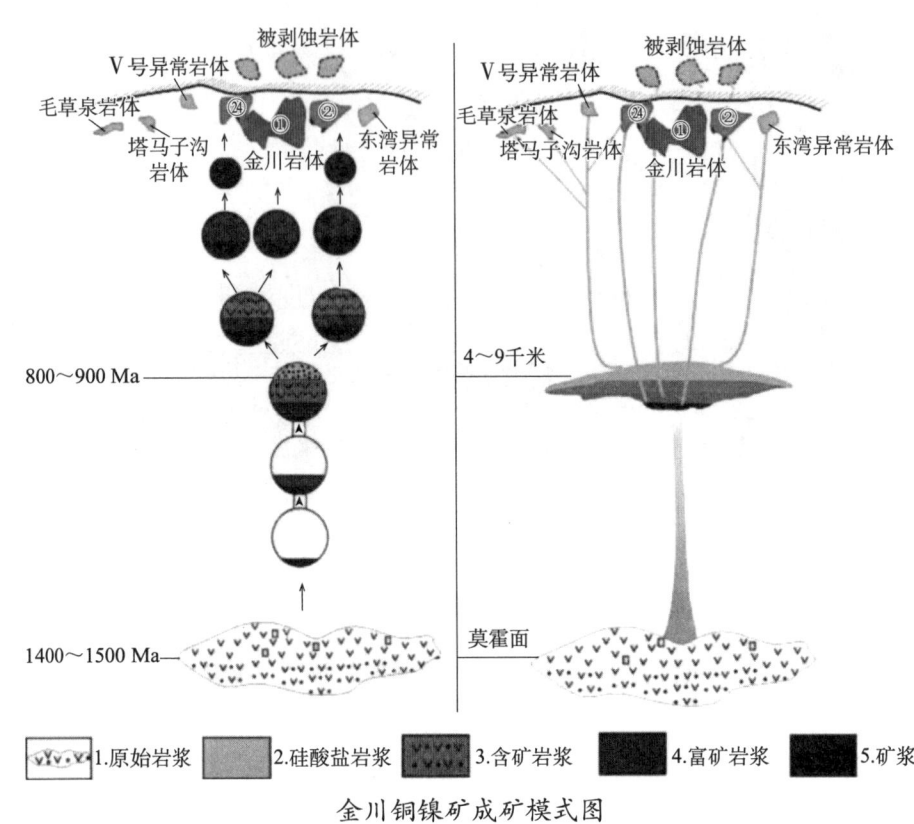

金川铜镍矿成矿模式图

图中，Ma：百万年

汤中立是《中国矿床》编委会成员之一，与甘肃地质六队的任端进、薛增瑞、毋耀开一起编写"中国镍矿床"。为了圆满完成这一项目，4人小组现场考察了吉林省（红旗岭1号、7号，赤柏松等），河北省（铜硐子），四川省（力马河），云南省（墨江、白马寨、金宝山、杨柳坪），广西壮族自治区（大坡岭），青海省（拉水峡），新疆（喀拉通克、黄山）等地的矿床，收集相关资料。依据全国14个岩带2038个岩体和7个省份的矿床实例，阐述了中国镍矿的基本特征，总结了中国镍矿的成矿规律。

正是在"中国镍矿床"的编写过程中，汤中立等对中国镍矿床的成矿规律进行了更加深入的研究，更明确、更创新地提出和当时国际上流行的关于岩浆硫化物矿床的权威观点相左的观点，如"镍的成矿岩体，一般规模较小""我国比较大的矿床都赋存在受深断裂控制的陡倾斜的小岩体中"等。与此同时，"小岩体"的概念、"小岩体"形成的背景和原因、"小岩体"在成矿过程中的作用等问题，一一在汤中立的脑海中进一步强化。

1986年《中国矿床》评审会议召开，汤中立一直想把自己的观点和地矿界的专家们进行交流，在充分与国内外矿床对比研究思考后，他郑重地在这次会议上首次提出小岩体成（大）矿观点。这一观点的提出，宛若一名奥运跳水冠军，从起跳到压着水花入水的完美，惊艳四座，引来各方关注、共鸣、肯定。

参加上海地质会议的北京地质学院五六届师生合影（摄于1978年）
前排：张炳熹（右四）、李文达（右三）、任湘（左四）、齐世进（左三）、朱凯（左二）、汤中立（左一）

会后，涂光炽和汤中立一起走在路上，涂光炽对他说："不仅镍矿是以小岩体成（大）矿为主，中酸性岩成矿的也都是小岩体。"江苏的、山西的、新疆的、青海的同行也来进行专门交流……

汤中立听到了这一理论发布之后的各种声音，他觉得引起关注及讨论就是学术的声音，这些声音令已经走入科研大门的他感到兴奋与激动。

1989年，"中国镍矿床"作为《中国矿床》中的一章随该书编制完成并出版。此年出版中文版，1992年中文版再版，并增出英文版。

从这里开始，汤中立进一步深化小岩体成（大）矿理论体系的构建与研究，"大矿床"孕育于"小岩体"中与"小岩体"成"大矿床"是由现象到规律的总结，也是由现象到本质的变化，由量变到质变，由实践到理论，需要足够的时间实现飞跃。

汤中立通过"金川铜镍硫化物（含铂）矿床成矿模式及地质对比"的研究，系统阐述了岩浆"深部熔离－复式贯入"成矿模式。他强调：这就是小岩体成（大）矿的主要机制。这项研究获1996年国家科学技术进步奖二等奖。

在"中国镍矿床"中，汤中立系统地提出了小岩体镍铜（铂族）矿床产出的地质背景。

首先是古大陆内的小侵入体矿床。这类矿床一般发育在古大陆边缘，形成于古大陆裂解时期。在我国，这类矿床主要分布于华北陆块，典型的有西南缘龙首山区的金川矿床、北缘西段区的小南山矿床、北缘东段区的赤柏松矿床和东部的铜硐子、高寺台矿床。矿床的形成时代为元古宙或华力西期，岩浆成矿过程是来自深源地幔的镁铁－超镁铁质岩浆，沿构造带一次或多次侵入现存空间成岩、成矿。一般先侵入的硅酸盐岩浆比较分散，形成由几个至几十个岩体组成的岩体群或岩体带，范围比较大；而后侵入的成矿岩体通常只有一个或几个，它们常常聚集成一个或几个矿集区，这是中国主要的区域成矿模式。

其次是造山带内小侵入体矿床。这类矿床发育在造山带内，一般形成于造山作用后的弛张时期。我国的这类矿床主要分布于北准噶尔造山带、北天山造山带东段、张广才岭造山带。形成时代为华力西期，其成矿机制和古大陆内小岩体矿床基本相似，但岩体群往往由多条岩带组成。

最后是与大陆溢流玄武岩有关的小侵入体矿床。这类矿床是地史时期与大规模大陆溢流玄武岩喷出相关的岩浆侵入成岩、成矿，这种方式的特点之一，就是它们通常侵入溢流玄武岩内或溢流玄武岩附近的围岩中。因此，岩（矿）体的分布与溢流玄武岩有着密切的空间关系，这也是与"岩浆侵入体矿床"的主要区别。我国的这类矿床主要分布于扬子地块西缘丹巴—会理—元谋一带，一般可聚集成多个矿集区。这类矿床按照主成矿元素可分为镍、铜、钴、铂和钯，镍、铜两个亚类，前者以镍、铜为主。

小岩体镍铜（铂族）矿床有其特殊的区域成矿规律，如下。

（1）邻近深大断裂。这种断裂带有时显现为重要的地壳缝合带，如金川南侧华北地块与祁连山之间的缝合带、红旗岭南缘辉发河深断裂带、喀拉通克北缘额尔齐斯北西向深断裂带、白马寨北西之哀牢山-红河深断裂带等，它们及其次级羽状裂隙为地幔岩浆上升成岩、成矿提供了通道和储矿空间。

（2）矿床往往由含矿岩浆上侵的终端岩浆房组成。金川、喀拉通克和白马寨的实例研究说明这些小岩体矿床都是岩浆成矿的终端岩浆房，并非是开放式动力学岩浆通道。这种终端岩浆房由深部分离的岩浆、含矿岩浆、富矿岩浆和矿浆多期次贯入成矿，脉冲式贯入成矿或主要由富矿岩浆单式贯入成矿。这是我国小岩体成（大）矿的主要模式。

（3）熔离贯入伴随流动分异和重力分异。多期次含矿岩浆贯入成矿往往伴随一定的流动分异作用或重力分异作用。但多期次贯入作用是主导性的，流动分异作用或重力分异作用常常只限定在某一期次岩浆就位活动时发生。

（4）矿集区往往由一个同源多期次上侵的岩体群组成。岩体群中的岩体多呈带状或分支群聚状分布，一个岩体群一般包含几个、几十个甚至上百个岩体，早期次的岩体分布范围较大，无矿化或矿化很差；晚期次的岩体分布范围一般较小，矿化亦较好，一个岩体群通常含一个或含几个矿床。

科学研究是从分析走向综合、从局部走向整体、从个体走向系统的过程。随着视野的打开与研究的不断深入，汤中立逐渐发现小岩体成（大）矿在其他矿种方面也同样适用，最鲜明地体现于两类六型矿床：第一类，与镁铁质岩浆有关的Ni-Cu-PGE岩浆硫化物矿床、V-Ti-Fe岩浆氧化物矿床、金刚石矿床；第二类，与长英质岩浆有关的Cu-Mo-Au斑岩小岩体矿床，W、Sn小岩体矿床，Nb-Ta稀有金属小岩体矿床。

这两类小岩体成（大）矿的机制是：镁铁质、超镁铁质基性岩型是深部熔离-贯入成矿机制，包括深熔-复式贯入、深熔-脉冲式贯入、深熔-单式贯入三种类型；中酸性岩型是头部气、液、矿质聚集-上侵成矿机制，包括前锋式小岩体（含爆破角砾岩小岩体）、斑岩小岩体、夕卡岩-斑岩小岩体、复式斑岩小岩体、单式小岩体、复式小岩体6种类型。两类岩浆小岩体成（大）矿的机制不同，但它们都分别发生过深部预富集作用，即深部熔离作用和头部气、液、矿质聚集作用，证明这种预富集作用才导致了"小岩体成（大）矿"。

小岩体成（大）矿的原生岩浆一般被认为是来自地幔的中等深度经中度熔融的拉斑质苦橄岩浆和大深度、经高度或中度熔融的科马提岩浆，地幔浅部-较浅部低度熔融的玄武岩浆和碱性苦橄岩浆并不产生这类矿床。

这类矿床的形成必须满足三个条件：①岩浆应达到硫化物饱和；②硫化物要达到具有经济意义的镍铜铂族元素丰度；③岩浆与硫化物必须聚集到有限的空间。

深部熔离-贯入成矿是这类矿床的成矿模式。由于岩体小、矿体相对大而富，这种矿体不可能从小岩体自身产生出来。因此，岩体在位于现存空间之前的深部或就位过程中，由于物理化学条件的变化以及与围岩发生同化混染或因外来硫的加入，岩浆在深部达到硫化物饱和，发生熔离作用和部分结晶作用，分异为不含矿岩浆、含矿岩浆、富矿岩浆和矿浆几部分，然后对现存空间（地表或浅部）上侵贯入成矿。剩余的岩浆、含矿岩浆、富矿岩浆和矿浆可以多次贯入同一空间成岩、成矿，如金川、喀拉通克、白马寨等矿床，也可以分别贯入不同的空间成岩、成矿，如红旗岭等矿床。比照就地熔离的矿床而言，这种深部熔离-贯入矿床的岩体体积小得多，含矿率和矿石品位也高得多，所以这种成矿作用导致形成小岩体、大矿床，即所谓的"小岩体成（大）矿"。

汤中立围绕小岩体成（大）矿，逐渐形成了十分庞大的理论体系，并且总结出"小、广、大、高、浅（潜）"的五字特征。

"小"是指在规模较小的热侵入岩浆岩体的内部和附近的围岩中形成了与小岩体有关的大型、超大型甚至巨型矿床。按照质量平衡原理，小岩体本身产生不了这种规模很大的矿床，现实中小岩体之所以形成与其有关的大矿，主要就是小岩体在侵入现存空间之前，经历了深部预富集成矿作用。镁铁质岩浆小岩体成（大）矿，是指硫化物矿的深部熔离作用或氧化物矿的深部结晶作用，大量同源前导性非矿岩浆的前侵分离，喷出地表或侵入其他空间，致使质量相对较小的继发性含矿岩浆、富矿岩浆甚至矿浆得以一次或多次集中或分别贯入现存空间聚集成矿，这样就形成了小岩体大矿床。这种矿床一般都赋存于岩体内部，有的矿床虽然发育接触交代热液矿体，但是仅位于次要地位。这种机制为在前导性岩浆体分布区和与它们相邻的下伏层位分布区寻找小岩体大矿床提供了方向。中酸性岩浆小岩体成（大）矿，是指当岩浆侵位到上地壳约5000米时，达到中性浮力水平，形成深部岩浆房。在岩浆房中，大量富集气泡（挥发分）的岩浆对流向岩浆房头（顶）部集中，促使这里的岩浆注入浅部超浅部（3000米以上至几百米），并形成流体的外壳。去气后高密度携矿岩浆流体下沉，残留空间由新鲜的、富流体的、低密度岩浆再次注入，并向外壳释放新的流体和热，当这些流体冷却时，不断堆积金属矿物质，如此循环直至岩浆固结。这种机制表明，主矿体主要分布于小岩体头部，首先要全力找到并控制这部分主矿体，然后向外向下逐步勘查清楚。

"广"是指分布广泛。一般来说，凡是岩浆岩发育的地区，都有可能发育小岩体大矿床。但是从就矿找矿的角度来看，还是要首先关注那些已有矿床实例的成矿构造区带。小岩体相关的矿床主要发育在大陆边缘裂解及其外侧的造山带内和大陆内部活化背景区及大火成岩省发育区这四类区域。其分布十分广泛，在这些分布区中有的已经发现了重要的小岩体大矿床，这说明它们成矿条件优越，找矿潜力巨大，需要继续深入研究，攻"深"找"盲"，扩大资源远景，发现新矿床。还有相当一些未发现重要小岩体矿床的区域，更应该加强部署，争取重大突破。仅就西北地区来说，如华北板块北部边缘、西部边缘、南部边缘及其外侧的北山地区、祁连造山带、秦岭造山带、阿尔泰造山带南缘、天山造山带，塔里木板块东北缘、柴达木地块边缘，祁曼塔格昆仑造山带等都是小岩体成矿的重要远景区，应当给予高度关注。

"大"是指主成矿元素的储量/资源量大。一般能达到大型、超大型（大型矿床5倍）乃至巨型矿床（超大型矿床的4倍）。如铜矿大型50万吨，超大型250万吨，巨型1000万吨；镍矿大型10万吨，超大型50万吨，巨型200万吨；金矿大型20吨，超大型100吨，巨型400吨等。其他矿种矿床以此类推。

"高"是指岩体高矿化率[矿体面积（体积）/岩体面积（体积）×100%]，如金川>47%，喀拉通克>60%，红旗岭7号岩体>90%，金堆城≥100%等。所以一个小岩体矿床，往往达到一半甚至全岩以上的矿化。

"浅（潜）"是指赋矿部位浅成、中浅成，常常隐伏于地下较浅的地方。这是因为岩浆上侵的浮力中性区或岩浆房发育约在5000米深度，在这个深度发生预富集作用再上侵形成小岩体大矿床就必然达到地表或浅部的现存空间。特别是那些未出露地表，潜伏矿床往往规模更大、品位更高，尤其应当引起重视。

至今，小岩体成（大）矿理论仍被同行广泛引用并指导新矿床的发现，如夏日哈木、图拉尔根等超大型－大型铜镍硫化物矿床的发现。未涉及或未深入涉及的小岩体成（大）矿的空间还相当广阔，如铀矿、铁矿、金矿等，还具有广阔的发展空间。

汤中立院士科研团队的研究成果在国内外很多期刊上发表

科学是对现实规律的发现与总结而非创造。汤中立明白，小岩体成（大）矿是一种地质规律，是对地质现象的判断、分类与总结，其存在意义是为了更好地找矿。

有一次汤中立在长安大学演讲的时候，台下有位学生问他："汤老师，您为什么要研究小岩体成（大）矿？"

汤中立说道："矿床类型就好比不同的鱼种，比如淡水鱼和咸水鱼。大马哈鱼又叫鲑鱼，肉质鲜美，平时在太平洋北纬35度生活3～5年。每年秋季成群游绕过库页岛进入黑龙江绥芬河图们江水系。9月上旬可到乌苏里江口。这种鱼上溯游极快，每昼夜达到30～50公里，10月下旬至11月中旬抵达产卵场，行程约为1500公里。每年春季，小鱼随江水流入大海。如此反复不断。中华鲟在我国长江流域，尤其以长江口最多，每年4～6月，由海入江，上溯洄游。9~11月到达长江中上游产卵后，从河入海，小鱼在河川浅水处生活，第二年6~7月进入河口区并出海生活。这种回溯珍贵鱼种，兼有咸水鱼、淡水鱼两种特性。就像多种矿床类型，兼有小岩体成矿的习性。研究它的规律是为了更好地寻找它，从特殊性出发才能更深刻地掌握它的一般性。"

汤中立这样自我评价："我深深地感到自己是一个幸运的普通的地质学家，说我幸运是因为我参与发现并勘查了金川镍矿。如果没有那次实践，我的人生肯定另有他样。我很普通，不是什么天才，我也经历过坎坷，在特殊历史时期受到过冲击。但这些都是一个人成长路上的财富，它们让人更加珍惜自己的目标和追求。这些年，我好像只做了一件事，就是沿着'金川镍矿—中国镍矿—小岩体成（大）矿—两类岩浆小岩体成（大）矿—小岩体成矿体系—小岩体成（大）矿理论体系'这样一个地质历程不断地实践与探索。我可以算是一个以'为祖国找矿、献宝'为天职的人。"

三、走向国际地学论坛

1984年，莫斯科盛夏正浓，碧空如洗，汤中立一个人乘坐地铁穿梭在异国城市。在革命广场地铁站下了地铁后，向西南走，便是红场了。红场的西侧是列宁墓，这里躺着伟大的无产阶级革命导师列宁同志。虽然参观时间已经快要结束了，但参观列宁墓的队伍仍然如同长龙一般，拐了好几个弯。汤中立甚至有点儿紧张，怕赶不上最后一波参观。

这次莫斯科之行是参加第27届国际地质大会。会议的行程安排得十分紧凑，除了开会时间，空余的时间很少，汤中立见缝插针地做了一些了解，离会址近且有意义的地方就是列宁墓。他一路小跑地赶来，也排上了队。"一定不要错过这次参观。"他心里想着，脚底下移动得更快了。

在距离入口处，汤中立找到一位苏联卫兵，他用俄语向卫兵询问道:"我是中国人,是来这里参加国际地质大会的,能不能让我加入参观队伍?"

"中国人?"老实说,这位20岁出头的年轻卫兵很少见过中国人,对中国人的印象仅仅停留在画册、广播、收音机中。他打量了一下这个文质彬彬的中国中年男子,热情中夹杂着一丝新奇:"稍等,先生,我去请示上级。"

不一会儿,年轻卫兵回来了,他示意并引导汤中立加入了列宁墓正北方的参观队伍。

透明的列宁水晶棺安放在墓室的地下一层,下了25级台阶后,就能看到了。汤中立随着人群,按照顺序,再上5级台阶,绕着列宁遗体瞻仰一周。

上高中和大学学习俄语时,汤中立曾经阅读过《列宁选集》。到了金川以后,也常听苏联专家聊起列宁。这位无比纯粹、有着钢铁般意志的革命战士,是汤中立仰望的人,在物质生活贫乏的日子里,能够来到列宁墓参观瞻仰,这是至圣的精神洗礼啊!

他深情地望着列宁,更体会到了岁月沧桑和自己肩头沉甸甸的责任。

此次汤中立参加的国际地质大会是世界地质界最高级别的会议,新中国地质工作也将在国际论坛上崭露头角,这是多么令人振奋和激动啊!

为了这次会议,汤中立做了充足的准备。他不仅早早撰写好论文,拟好英文发言稿,还一再地练习一些日常用的英语和俄语。早早地,他就在日记本中记录了北京开往莫斯科的国际列车停站时刻表,把注意事项都用关键词一一列了出来:7月7日,北京出国试讲、修改论文摘要、打印文稿、复习日常使用的英语。

早期的时候,宋叔和在与汤中立交流时曾说,现代地质科学和技术发展很快,特别是对国外有关矿产地质论著和资料数据必须及时了解,与时俱进。针对中国地矿研究还没有足够的积淀,更缺乏一些有语言交流能力的地质专家的现状,宋叔和反复强调,要尽快缩小与国际矿产地质研究水平的差距。那时,汤中立就感受到了宋叔和的期待,他希望我国地矿研究早日走向国际,希望年轻的地质工作者们都能学一些外语,至少懂一门外语。汤中立从种马铃薯的时候开始,就没有放下英语学习,他一直在坚持。

第27届国际地质大会中国部分代表合影(摄于1984年)
右一:汤中立,右三:胡见义

这一届国际地质大会,共有来自112个国家的5574人出席,是一场名副其实的国际地质盛会。会议收到的中国专家论文就达300多篇,这个数量仅次于苏联和美国的。

汤中立被分在会议的金属成矿与矿床组,将用英语向大会介绍宣讲"中国硫化镍矿床地质与成矿特征"。那天,他穿着正装,缓缓走上发言席,镇定了一下后开始用英语向大家问好,继而向在座的60余位专家学者介绍自己的报告内容。整个报告宣讲全程19分钟,他没有停歇,整个论坛会场上,每个人都听得很认真,没有人来回走动,更没有人喧哗。

汤中立宣讲完毕,会议主席、美国的J.里奇(J. Rigde)热情地讲道："过去我们对中国铜镍矿知之甚少，这个报告大家都很感兴趣！"时任加拿大矿物协会主席A. J.纳尔德雷特教授也主动过来与汤中立握手，从此两人结下不解之缘。A. J.纳尔德雷特是当时全球铜镍硫化物类岩浆矿床的权威人士，他对世界上许多主要的岩浆Ni-Cu-PGE矿的成因进行了开创性的研究，如萨德伯里、诺里尔斯克（Noril'sk）、坎巴尔达（Kambalda）、沃伊塞湾（Voisey's Bay）、布什维尔德和斯蒂尔沃特（Stillwater）等，提出了许多令人耳目一新的研究思路和方法。美国M.P.富斯（M. P. Foose）教授对汤中立的研究也很感兴趣，提出交换资料和论文。汤中立的这次宣讲引发了各界的关注，让他更有信心地和众多中国科学家一起，参加世界各地地质专家的学术交流，以及一些实地考察，他们陆续参观了苏联阿塞拜疆的主要油气区以及克里沃罗格（Krivoy Rog）盆地铁矿、乌克兰尼科波尔锰矿。

以前对苏联的了解，仅限于书籍资料，这一次是汤中立第一次走出国门，更是第一次踏上苏联的土地。他饶有兴味地品尝会议餐，还特地记住了一些特别的食物的名称：黑鱼子酱、桃子、葡萄、沙果、鸡块、肉肠、酸奶、牛排等。其间，他还欣赏了苏联舞蹈，走上街头去感受当地人的生活。

参加第27届国际地质大会期间在乌克兰进行野外考察，和与会学者观察乌克兰前寒武纪地层岩心，右一为汤中立（摄于1984年）

汤中立（右三）等在乌克兰进行野外考察（摄于1984年）

考察乌克兰尼科波尔锰矿的矿山剖面（摄于1984年）

走在宽阔的大街上，异国风光扑面而来。在游览的过程中，汤中立用心地记录了当时苏联社会的各种状况：这里的街道干净整洁，就连矿区也是井井有条。

在将中国的镍矿床研究介绍到国外的同时，汤中立深深感到还有很多未知的领域需要学习，需要与更多的专家学者切磋交流。中国科学家从莫斯科参会归来，刚抵达北京首都机场就受到了已经在北京工作的温家宝带着地质矿产部的人的迎接。随后，这批科学家在北京召开了一场座谈会，大家普遍表示参加国际会议收获颇丰，应该多派代表参加，加强和世界同行的交流。

走出国门，走上国际论坛，汤中立觉得这不是自己走上国际论坛，而是我国的地矿研究走上了国际论坛。在向世界宣讲我们的研究成果的同时，也是在了解他国。汤中立看到，中国与西方发达国家的差距正在一步步缩小。

有了第一次，就有第二次。国际交流，成为中国地矿研究走向世界的一个重要途径。

1988年，受西部矿业公司（Western Mining Corporation）邀请，汤中立和任端进赴澳大利亚考察。考察中，他们去了坎巴尔达、芒特肯斯（Mount Keith）等产于科马提岩（一种超基性喷出岩）中的岩浆铜-镍（铂族）硫化物矿床。

每一次出行都是一次了解世界的机会。尽管已经在地矿一线，以及地矿领导、研究岗位工作了多年，但汤中立通过调研考察，知道了不同类型的硫化物矿石（浸染状、海绵陨铁状和块状）都可以形成于岩浆的喷出作用，这打破了长期以来他对硫化物矿石都是由于重力沉降作用形成堆晶结构的认识。他和任端进说，含有硫化物的岩浆可以贯入不同的地壳深度甚至喷出地表，然后聚集成矿，任端进点着头表示认同。此时的汤中立，又想到了自己战斗过的金川铜镍矿，是的，金川矿床中不同类型的硫化物矿石就是深部熔离预富集的含矿岩浆多期贯入形成的。如果没有这种深部的预富集作用，仅靠原始岩浆侵入现存空间或者喷发到地表，是不可能形成这些不同类型矿石的。

想到这里，汤中立不由得笑了起来，谁也不知道他在笑什么，只有他知道，自己又打开了一扇窗。

1990年8月12日至18日，由国际矿床成因协会和矿床成矿模式国际委员会联合举办的第八届国际矿床成因协会科学讨论会在加拿大渥太华召开，汤中立随中国代表团参加了此次会议。

参加第八届国际矿床成因协会科学讨论会（摄于 1990 年）
左一：汤中立、右二：涂光炽、右一：张爱云

当时，矿床成矿模式的研究在世界上刚刚兴起，中国的地质矿产部决定向世界介绍两种成矿模式，即甘肃金川铜镍矿和江西钨矿。汤中立代表甘肃金川镍矿的发现团队，在会上做了《金川铜镍矿床成因模式》（"Genetic Model of the Jinchuan Nickel-Copper Deposit"）的报告，这篇报告随后被收入会议论文集，这是关于金川矿床成矿模式的第一篇英文学术论文，他第一次将"小岩体成（大）矿"搬上了国际舞台。

会后，汤中立跟随考察团一起考察了全球第二大的岩浆铜镍硫化物矿床萨德伯里。虽然是第一次到来，但是汤中立对此矿早已心驰神往，萨德伯里是他最向往参观的大镍矿。

他有些兴奋地穿上蓝色的矿服，戴上白色的矿帽，手里拎着地矿锤，和大家一起缓缓走入矿下。走入矿井下，汤中立感觉和国内的地下是一样的，非常熟悉。在地面，因为不同国家人们肤色、语言和风俗的不同，让人觉得是此国彼国，而在矿井下，真正让人觉得，我们只有一个地球，我们只有这一个地球母亲，是全世界人民共同的母亲。

　　汤中立仔细地观察着矿里的岩石层，每走到一处，他就捡起一块矿石标本，打开头上的矿灯，拿着放大镜仔细地看了又看，又用手里的矿锤敲打了敲打。

汤中立在萨德伯里坑道中采集标本（摄于1990年）

汤中立在萨德伯里坑道口与众人合影（摄于1990年）
汤中立（左一）、张爱云（右三）、李浩（右二），其余为矿山人员

汤中立考察加拿大萨德伯里矿井（摄于1990年）
左起：胡受奚、汤中立、李浩

20世纪60年代，汤中立就开始关注萨德伯里，有关这里的一切，都牵动着当年找矿工作的进行。与金川矿床不同，萨德伯里矿床赋矿岩体地表出露面积1340平方公里，导致当时西方铜镍矿床勘探的主流思想是"一定要在大的镁铁－超镁铁质岩体中才能找到大的岩浆硫化物矿床"，后来才被证实，这种情况是陨石撞击的特殊结果。如果汤中立当年听信了国际上一些流行的大岩体成矿的观点，可能金川的历史以及他的一生都要被改写了。

这次将金川镍矿的报告带到萨德伯里，能够和加拿大的学者们分享交流，汤中立觉得非常骄傲。加拿大的学者们对金川铜镍矿也表现出浓厚的兴趣，尤其对汤中立的小岩体成（大）矿理论称赞不已。

1992年8月，汤中立再一次踏上俄罗斯的土地。此行，受俄罗斯远东地质研究所邀请，汤中立随中国铜镍矿专家考察贝加尔湖北岸的一个铜－镍（铂族）矿床。与他同行的有中国地质科学院地质研究所的叶庆同研究员，吉林省地质矿产勘查开发局的刘辛侠工程师。俄罗斯远东地质研究所所长 E. G. 科尼科夫（E. G. Konnikov）

热情地接待了他们。

　　第二次来到这里，苏联已经解体。他们行走在贝加尔湖畔，西伯利亚的寒风吹来，灌进人的脖子里，清冷无比。科尼科夫一边走，一边介绍他所了解的苏联解体的前前后后，以及解体对矿业的影响。汤中立感叹，国运更迭，岁月变迁，他更加坚信国家命运与行业发展和个人命运密不可分。

汤中立（右一）与俄罗斯远东地质研究所所长科尼科夫（中）等在贝加尔湖岸公路旁合影（摄于1992年）

汤中立（右一）访问俄罗斯远东地质研究所，讨论贝加尔湖地质（摄于1992年）

考察期间与俄罗斯远东地质研究所人员合影（摄于1992年）
左起：刘辛侠、汤中立、科尼科夫、叶庆同

1997年，汤中立受邀到委内瑞拉参加学术会议并考察南美地盾的绿岩带、金矿区。因为当时北京首都机场还没有直达南美的飞机，只好在法国巴黎转机。为了节省住宿费，他选择在机场过夜。

汤中立（右）考察南美富铁矿（摄于1997年）

汤中立（左一）和裴荣富（右）在野外
考察南美绿岩带、金矿区（摄于1997年）

汤中立考察南非金矿（摄于2001年）

这是他第一次来到法国巴黎，也是第一次在机场过夜，虽然在夜里，也不能外出很远，但他依然对周围的一切都充满好奇。当时中国实行改革开放已经近10年，经济状况已经好了许多，但巴黎机场现代化的管理和设施看起来还是比北京首都机场略微好一些。在机场内转了转，汤中立在机场休息室找了一张长椅，准备和衣而睡，却发现不远处有另一个中国人也在长椅上休憩。都是黄皮肤，偶遇在异乡的机场，他们彼此都觉得十分稀罕，不一会儿，两个人就开始三言两语地搭上了话。那个中国人见汤中立穿着衬衫和西裤，提着公文包，拉着行李箱，文质彬彬的，就猜测他不是公务员就是知识分子。得知汤中立是学者后，对他十分尊敬，也更加放心大胆地和他讲起自己的一些情况。

"你是哪里人？我听你口音像南方的，像是福建广东那边的。"汤中立见他个子不高，肤色稍微黝黑一些。

"我是广东的，家是农村的，我出来要去委内瑞拉打工呢。"那个中国人好不容易见到讲中文的人，恨不得把心窝子都掏出来。

"咱们中国人去欧洲、美国打工的多，去委内瑞拉的很少听过，你怎么想起来去那里的呢？"

"这些年，我们村的年轻人都去外地打工了，出去的人混得都不错。刚好我有个亲戚在委内瑞拉加拉加斯城站稳了脚跟，跟我说那边前景很好，所以，我也就带妻子出来了。"

"那你在那边干什么营生？"

"我开杂货铺。咱中国人勤劳，到哪里都能干得比当地人出彩。"

勤劳，是中国人的美德，走到世界的各个角落，只要有奋斗的人群，就会见到中国人的身影。勤劳，对于每个行业的中国人来说，都同样重要，包括地矿行业。

2000年8月7日至21日，受莫斯科大学马拉库舍夫院士的邀请，汤中立第三次到俄罗斯。他们来到诺里尔斯克，该城市位于北极圈内，是世界上最北端的大城市。所考察的诺里尔斯克矿床是全球最大的岩浆铜镍硫化物矿床，位于西伯利亚地台西北边缘。汤中立通过实地考察，进一步完善了自己的小岩体成（大）矿的理论体系。他看到含矿侵入体沿着塔尔纳赫－哈拉拉赫断裂展布，而苦橄质辉长辉绿岩、混杂结构辉长辉绿岩和块状矿石之间，皆有明显的截然的接触界线，这说明岩体是由岩浆和富矿岩浆多次贯入现存空间形成的。

这次考察给汤中立留下的印象是：自从1914年在诺里尔斯克地区发现第一块含矿标本以来，陆续又有新的发现，直到20世纪60年代，他们取得了一次重大的突破，即发现了塔尔纳赫矿区的隐伏大矿床，金属镍的储量已经超过2000万吨，金属铜储量超过了3000万吨，铂族金属储量达到了万吨以上，成为世界第一大镍－铜（铂族）岩浆硫化物矿床。

与其相比，我国的同类矿床最早发现于四川力马河（中华人民共和国成立初期），之后陆续发现了河北铜硐子（20世纪50年代早期）、甘肃金川（1958年）、青海拉水峡（20世纪50年代后期）、吉林红旗岭（20世纪60年代初）、云南白马寨（20世纪60年代初）、新疆黄山（20世纪50年代末期）、新疆喀拉通克（1972年），多年来已经没有大的进展。通过这次考察，汤中立深信中国的这类矿床仍具有很大的成矿潜力。因此，他建议中俄两国开展铜镍硫化物矿床的合作研究，这对于进一步指导找矿具有重要的意义。

汤中立一边在领导岗位上锻炼，一边更加深入地开展矿床成矿研究，他的脚步慢不下来，更停不下来。之后，他去了南非，对布什维尔德铜镍铂矿进行考察；参加了香港大学举办的铜镍矿国际会议，做了《中国岩浆硫化物矿床最新分类》（"New Classification of Magmatic Sulfide Deposits in China"）的报告……汤中立已经在国际地质领域打出了中国的名牌。

参加世界超镁铁岩浆矿床研究进展研讨会期间与外国学者
在香港大学合影留念（摄于2004年）
左起：李小虎、闫海卿、纳尔德雷特、汤中立、德·瓦尔斯、凯斯、焦建刚

从金川到甘肃，从甘肃到全国，从全国到国际，汤中立的视野随着自身的研究不断打开，在全球的视野下，他的小岩体成（大）矿理论从点连成面，越来越清晰。他站在讲台上宣讲的时候，语气缓慢而坚定，娴熟的英语表达，早已烂熟于心的精彩内容，博得了同行们的阵阵掌声。

已种梧桐树，自有凤凰来。汤中立一步步将金川模式带向世界，也引来许多外国地质同行来金川交流参观。自20世纪80年代以后，金川陆陆续续接待了不少国际友人，并召开了多次国际地质会议。过去都是我们参观学习别人，如今别人也来参观学习我们了。

汤中立与英科（Inco）公司、澳大利亚镍铂地质系人员在金川现场合影
（摄于1999年）

在开展国际交流时，汤中立认识了各国地矿行业的领军人物，他们各自闪烁耀眼的光芒，而最令汤中立尊敬的，当属纳尔德雷特教授。

在1984年第27届国际地质大会上，汤中立和纳尔德雷特相识。那时，纳尔德雷特已经是全球铜镍硫化物类岩浆矿床的权威人士。相识之后，两人始终保持着联系，在学术上常交流，生活中也有不少往来，建立了深厚的友谊。

转战长安大学工作之后，在建强学科、做强学术的同时，汤中立十分注重团队和学生们的英语听说读写能力，他要求大家要有开口能用英文讲地质工作的能力，要有能看懂英文资料的能力。

王泸文刚开始跟着汤中立学习的时候，汤中立并没有给他安排具体的工作，除了让他平时多跟着师兄师姐出野外、做实验外，第一叮嘱的就是要掌握一个学习的门径——翻译外文文献。每当看到新近发表的、有价值的英文文献时，汤中立都会要求学生们仔细研读文章并将其翻译为中文，这样做，不仅可以锻炼自己的英文水平，还可以进一步加深对国外专业知识的理解。看到学生翻译不准确时，他会仔细给学生讲解相关的知识点及个人的理解。

对于年轻的学生，汤中立的要求更加严格一些。2008级研究生陈克娜记得汤中立多次向她强调，要每天坚持学习半个小时的英文，听说读写，一样都不能落下。

汤中立给大家推荐阅读的文献，很多都是国外最新的研究成果，只有较好的英语功底才能顺利阅读。如果没有英文基础，再没有对一线实践前沿研究领域的了解，是很难理解国外最新研究成果的。陈克娜记得，汤中立常常带着大家一句一句地读，一句一句地翻译，日积月累，为团队迈向世界夯实了语言基础。

2005年，汤中立在长安大学组建了"岩浆铜镍矿床"科研团队。纳尔德雷特及其团队开始与汤中立及其科研团队就铜镍矿成因研究等学术问题进行交流和合作。这一年，纳尔德雷特第一次来到古城西安，来到长安大学。已经真正成为一名研究学者的汤中立，真心希望能在自己已经扎根的历史古都西安和纳尔德雷特进行深入的交流合作，他们的阵地就是长安大学。

纳尔德雷特在西安的日子里，汤中立几乎天天陪着他，希望他对西安、对长安大学都能有更深入的了解，从而建立更多方面的合作。他陪同纳尔德雷特在长安大学的校园里逐一参观，向其介绍每一栋楼、每一座实验室，尤其重点介绍了自己由兰州转战西安，成为长安大学专门引进的专家人才。长安大学为汤中立搭建了很好的平台，经费保障、实验室搭建、团队组建……汤中立的言语中透露着对长安大学的感恩，长安大学当年引进自己，就是下了决心，在地矿领域做出一番突破的，有了这样良好的基础，汤中立信心十足。

纳尔德雷特一直很欣赏汤中立的个人魅力，此行，他在汤中立全程的陪同中，对西安这座中国西部的桥头堡有了更新的认识。

他笑着对汤中立说："汤，你的选择是对的，这里有你发展的空间，有你发展的平台，你就好好干吧。"

汤中立紧跟着回复："我就是来这里开拓事业新领域的，你和我携手，一起干！"

与来访外国专家在长安大学校园合影（摄于 2007 年）
左起：刘民武、焦建刚、李楚思、徐章华、纳尔德雷特、汤中立、C.M. 莱舍（C. M. Lesher）、钱壮志

纳尔德雷特二话没说，举起拳头就去和汤中立的拳头对击，两个人欢快地约定，携手在西安、在长安大学做一些有意义的事情。

在法国奥尔良，喜欢葡萄酒的纳尔德雷特有一个酒窖，坐落在路易斯河的岸边，里面储存了许多优质葡萄酒，他经常把好朋友聚到这里开怀痛饮。这次来西安，他特地给汤中立带来了自己珍藏的最好的葡萄酒。有朋自远方来，不亦乐乎！汤中立也十分高兴，特地选了陕西最有名的西凤酒，请纳尔德雷特品尝。

在工作中，他们交流业务；在生活中，高高大大的纳尔德雷特说起话来眉飞色舞，表情生动，有一股孩子气。他们彼此除了工作上无缝对接，生活中也无话不谈，很快更加亲近起来，宛若兄弟。

"有一次我的同事邀请我去他们家作客，结果我唯一的一件衣服丢了，我赤裸着上身就去了，他们没办法，只好又去给我买了一件。"在一次讨论会结束后，纳尔德雷特兴奋地跟汤中立分享自己的糗事，引得在座师生哈哈大笑。纳尔德雷特和大家分享自己生活中的趣事，一下子拉近了一个外国专家和中国团队的距离。

在中国吃饭，纳尔德雷特说要入乡随俗，强调一定要用筷子夹菜。可是，他第一次使用筷子，半天都使不上劲儿。汤中立作为东道主，先前特地叮嘱服务员在外宾面前放上两种餐具。纳尔德雷特却很执拗，坚持要用筷子。"早就听说中国人的筷子很厉害，我要挑战一下，今天一定要学会使用筷子。"

"我们的筷子有文化内涵在里面呢！一双筷子，它的标准长度是七寸六分，代表人有七情六欲。七情是喜、怒、哀、惧、爱、恶、欲，六欲是眼、耳、鼻、舌、身、意。拿起筷子就好比掌控自己的心性。"汤中立自豪地向纳尔德雷特介绍中国的筷子文化，又介绍了西安悠久的历史和文化景点。

正是在这种放松的友谊基础上，两个团队的交流日渐密切。纳尔德雷特的学生——美国印第安纳大学的李楚思教授受聘成为长安大学客座教授，并作为汤中立国家自然科学基金重点项目的主要参与人，一起就中国铜镍矿床成岩成矿过程展开研究。2009年，汤中立和纳尔德雷特在西安一起组织举办了Ni-Cu（Pt）岩浆矿床国际学术研讨会。2011年，汤中立的学生焦建刚到加拿大劳伦森大学进行访问学习，并和纳尔德雷特最出色的学生之一莱舍教授就金川矿床成因问题开展研究。

2017年9月18日，作为汤中立的老朋友，纳尔德雷特再次来到古都西安。83岁的汤中立和84岁的纳尔德雷特，坐在秋天的长安，临风把酒，相谈甚欢。

汤中立（左四）与老友纳尔德雷特（左五）在西安相聚（摄于2017年）

"我一路从机场坐车过来，看沿途的城市风光，西安变化太大了，简直快不认识了！"纳尔德雷特十分惊喜。

"哈哈，你最近再试试我们的地铁，比起英国伦敦老地铁，可是要好得多啊！"汤中立了解到纳尔德雷特退休以后定居英国。"想起来我第一次去苏联，是1984年，也就是咱俩认识的那年，我也坐过莫斯科的地铁，那时候我在兰州，别说地铁了，连汽车都没有。可把我羡慕坏了啊。"

"老汤，西安这么好，我看我也把家搬到西安，跟你做邻居如何？"纳尔德雷特幽默不减当年。

"那太好了啊，行行行，你再把你的酒庄搬来，咱们一起喝到老！"汤中立笑着说道。

酒喝到正酣处，汤中立依稀想起当年在北京地质学院就读时老师曾经说过的话，"咱们国家现在落后，所以必须学习外语。我们要学习外国人，和他们交流。总有一天祖国强大了，也许我们就不用学习外语了！"

改革开放初期，很多人往国外走，现在很多外国人选择来中国，因为中国有无限的发展机遇，有不可估量的前景。

四、心系地学参政议政

1997年7月1日，发生了一件振奋全国的大事，中国对香港恢复行使主权。中国人民洗雪了百年国耻，这是中国综合国力提升最有力的证明。

"一国两制"成为现实，千家万户举杯同庆。甘肃省地矿局机关也举办了庆祝香港回归联谊会，大家喜笑颜开，一起唱起了《七子之歌》。联谊会上，汤中立激动地站起来说道：

> 同志们！在座的有些老同志们与我已经共事了二三十年了。可以说，咱们的童年经历了山河破碎，一路走来见证了祖国发展的坎坎坷坷，而今国家在一点点变得强大，香港也回归了，我的激动之情难以言表，我真诚地为这个时代感到高兴，为在座的年轻人感到高兴，祖国强大了，你们就能够更好地施展拳脚了！

联谊会在座的各位掌声雷鸣。汤中立这几年讲话的场合越来越多，演讲水平不断提升，他笑了一下，说道："我做了一首打油诗，大家不要笑话我！在此献个丑！"他暂停了一下，郑重其事地一字一字地吟诵着：

> 举国庆回归，洗雪吾国耻。
> 万众齐欢呼，扬眉又吐气。

汤中立成功逗笑了在场同事，几位老同志更是在赞叹中表达对香港回归祖国的激动之情。

香港回归祖国后下半年，汤中立一直沉浸在举国欢庆的气氛中。生活、学习、工作也处理得更有条理了。1997年对于汤中立而言，有几件事情令人难忘。

1997年12月2日傍晚，汤中立微笑着站在厨房门口说道："桂云，给你报告一件事！"

"什么事？正经八百的样子。"正在准备晚饭的方桂云说道。

"我被推荐为全国政协委员了！"

"行啊，老汤！"正在厨房忙活的方桂云停下手里的活儿，转身望着汤中立，他恬淡的笑容让方桂云很安心。汤中立是一个相对平静的人，即便大笑，也只是常人微笑的样子，但方桂云能感觉得到此刻他内心的喜悦。

"可能是上个月我获得李四光科学荣誉奖，组织部签报的个人材料，受到部里或者有关部门的科室推荐。"汤中立给妻子介绍来龙去脉。

越是接连获得各种荣誉的时候，越要沉稳低调。本来还想多叮嘱两句，给汤中立"降温"，方桂云却改口道："古人常说，能者多劳，你能做政协委员，做饭肯定也能行。你给咱把菜洗喽，汤院士！"方桂云笑着把旁边一篮蔬菜递给他，汤中立接过菜篮子，走向水龙头。

近几年，虽然汤中立更忙了，但和方桂云的交流更多了，尤其是遇到一些重大事情，方桂云总是十分果敢，总是能站在客观的角度给汤中立提出中肯的建议。汤中立明白，方桂云是在提醒自己要保持平常心，就像眼下洗菜做饭这样的事情，不兴大波、不扬大浪。

1998年3月，汤中立作为科学技术界的代表之一，参加了政协第九届全国委员会第一次会议预备会议。

第一次在中国最高级别的会场参会，坐在各界名人之中，聆听国家领导人的讲话，这是多么令人激动啊！汤中立坐在第九投票区11排32号，靠近左后方的位置，算是距离主席台较近的地方。大会开始后，时任中华人民共和国主席江泽民、全国政协主席李瑞环发表讲话。

整个会场庄严而肃穆，许多台照相机、摄像机对着台上台下闪烁不停。在聆听国家的最新部署施策中，汤中立又一次感觉到自己肩头上的使命与担当。

这次参加盛会，汤中立带来了5个方面的提案，分别是：建立石油、矿产的储备制度；改善投资环境，吸引外资加快发展；建立国外资源供应基地，保证我国重点铁资源的供给；把节约矿产资源作为我国的一项基本国策；兰州—天水的铁路沿线建设等。他深知，作为全国政协委员，就是要尽心履职，要为国家、为人民谋发展、谋幸福，他的提案都是基于自己本职工作而建立的。

全国政协委员一届任期5年。5年中，汤中立在做好自己地学研究主业的同时，竭力关注国家发展、社会进步、人民安居乐业的领域，尽心尽责。

1998年底，甘肃省就"兰渝铁路"问题成立了专门的考察组，汤中立是考察人员之一。原来，早在1919年，孙中山先生在《建国方略》中就提出要修建兰渝铁路，称其为"经过物产极多、矿产极富之地区"，规划路线走向是"兰州—广元—南充—重庆"。他把这条铁路线作为计划的中央铁路系统24条干线之一。新中国成立后，修建兰渝铁路被列入议事日程。1956年，兰州铁道设计院分别对兰州至广元、广元至重庆进行规划研究，并于1965年重编全线方案并报铁道部。然而"文化大革命"打断了这一进程，直到20世纪90年代才重新回归人们的视野。20世纪90年代的一项统计显示，兰渝铁路途经的甘、陕、川、渝的22个县（市、区）中有17个是国家级贫困县，未超过温饱线的贫困人口近1000万，约占当时中国贫困人口的1/7。1994年，兰渝铁路沿线地区百余人齐聚四川苍溪，组建了半官方、半民间的"兰渝铁路协作会"。随后，一份盖有68枚地县两级党委、政府印章的《关于申请新建兰渝铁路立项报告》被上报给四川、甘肃省政府及当时的国家计划委员会。1998年12月，罗青长、傅崇碧、苏毅然、谢觉哉的夫人王定国等105位老红军联名签字致函党中央国务院，恳请修建兰渝铁路。

为了跳出铁路看铁路，汤中立跟随兰渝铁路考察组一路坐汽车，沿着线路图向东南方向进行考察。车行驶在陇南境内，一路景色瑰丽。高耸的山岭与深陷的河谷错落相连，常常直线距离只有10公里，车子却要绕着大山低速行驶数个小时。这里是"畏途巉岩不可攀"的古蜀道，层峦叠嶂保护了最美丽、最丰饶的自然馈赠，却使当地人难逃贫苦的命运。道路不通，外面的人进不来，里面的人出不去。没有交流、没有交换，就没有进步和发展。

享有"千年药乡"美称的甘肃省定西市岷县，地处青藏高原东麓，与西秦岭陇南山地接壤，境内海拔2000米以上，年平均气温为5.7℃，日照充足，无污染，为畜牧业提供了优质、绿色、无公害的牧草生长环境。在这样优越的区位因素下，运输成了困扰牧草种植户的难题之一。"陆运运期长、运费贵，牧草的成本高、价格贵，没办法跟其他进口牧草竞争"，汤中立了解到，兰渝线大部分贫困人口都跟岷县牧民一样，因为交通闭塞"捧着金饭碗讨饭吃"。

汤中立一路上听到许多因为闭塞而贫苦的故事。

甘肃南部小城宕昌有一个女孩叫杨尕女，家里只有几亩薄田，难以养活一家四口人，才20多岁的她常常要抱着女儿去周边县城乞讨。她住着家徒四壁的土坯房，点着微微发亮的煤油灯，墙上却糊着一张画报，上面画着一辆飞驰的火车。1996年，新华社甘肃分社曾经有位记者拍下了这一幕。"什么时候我们能坐上火车去富足的地方？让日子过得好一些，钱赚得多些。"她有一个"火车梦"。

汤中立为这个女孩子感到辛酸。汤中立想起临行的时候，听考察组组长说，老红军恳请修建兰渝铁路的签名中，有不少是老红军的绝笔。"在四川省南部县,一位病榻上的老红军颤颤巍巍地写下姓便没了力气,儿子握住她的手,才把名字写完。秘书处同志还没离开南部,她就离开了人世!"汤中立一路听一路实地打探,这才理解了其中说不出的酸楚。

继续向南,他们走到了三峡水库所在的云梦山区,修铁路已经成为这些闭塞不通地区人民心中的强烈愿望。然而与此相对的是,兰渝铁路穿越区域性大断裂带10条、大断层87条,所经地区地震、暴洪、泥石流灾害多发,号称"地质博物馆",地质条件十分复杂,施工难度极大、风险极高。

一路上,汤中立作为地质专家,向同行的各位委员科普了许多地质地理知识。兰渝铁路通过的黄土高原区和秦岭高中山区,位于青藏高原隆升区边缘地带,在区域地质上位于华北、扬子、青藏(柴达木、羌塘等)诸小板块相互汇集部位。有着几十年行脚经验的汤中立,也忍不住感叹"不愧是蜀道难!"

一方面是人们脱贫的急切愿望,另一方面是难度极大、耗费极高的工程。孰轻孰重?

汤中立一行人选择了与人民一起。考察组决定提案,将修建兰渝线列入规划。关于具体的实施,小组开了许多次会议。最终决定,提案兰渝铁路上两会,争取将兰渝线列入"十五"计划,但是时间排在宝兰线之后。1999年,先计划投入2亿元落实宝兰线。2000年,全国两会召开期间,甘肃省调查组同四川、重庆三省市提交了兰渝铁路立项的议案和提案,时任国务院总理朱镕基在听取了兰渝铁路专题汇报后一锤定音。

兰渝铁路的修建,也是历经艰难险阻。开建以来,国际工程地质与环境协会主席卡罗斯·德尔加杜角,曾两次慕名深入兰渝铁路现场调研,国内外院士和专家先后38批次来现场"号脉会诊"、指导施工。专家们一致认定,兰渝铁路地质属"国内罕见、世界难题",感叹"世界隧道看中国,中国隧道看兰渝"。2008年,兰渝铁路才正式开工。2014年8月8日，兰渝铁路高南支线（南充东站至高兴站）正式开通。直到2019年，兰渝铁路全线正式贯通，画上了句号。兰渝铁路建成后，兰州与成都、重庆的铁路距离将由1172公里和1466公里分别缩短至836公里和831公里，一举成为西北、西南地区之间最便捷的快速铁路通道。数百万人口将由此挣脱崇山峻岭，告别贫穷，奔向小康。

有一天清晨，汤中立像往常一样早起锻炼，一边快走一边琢磨着近期的研究。一位同事王桂秋与他聊天，这位女同事很热心，也很直爽，聊到最后，直接对汤中立说："你当院士又当领导，既是政协委员，又是地矿学者专家，就应该为大家解决问题。"这句话一下子点醒了汤中立。兰渝铁路的调查，汤中立多半是被动参与。他发现自己作为全国政协委员，确实主动性不足，做得还远远不够。

成为全国政协委员的汤中立逐渐开始结合自己的关注点，用心为祖国做一些实实在在的事情。生活在兰州的他，已经与黄河相伴了半辈子。眼看着黄河两岸人民一点点变得富裕，富裕就意味着人类经济活动的增加，对自然环境过度开发，黄河的水质一年不如一年，变得更加浑浊。闲暇时，汤中立总是喜欢在河边走走，看着一湾黄水滔滔东去，心里无限惆怅。

他心想，当前每年流入黄河的泥沙达到16亿吨，每立方米含沙量为35公斤，含沙量非常高。黄河断流造成河床干涸，成片的河滩缺少水的滋润，一些地方正在形成新的沙漠。黄河断流，河水浑浊，应该引起关注与思考，并从政策与资金方面给予重视。

2001年3月3日，中国人民政治协商会议第九届委员会第四次会议在北京人民大会堂隆重举行。会议开幕式后，汤中立马上将一份提案递交给了大会提案组，提案的内容是呼吁保护黄河中上游环境，减少泥沙流入黄河。

作为地学界的全国政协委员，汤中立还结合自己的专业研究，提出加强西陇海兰新线矿业能源的基础研究与勘查。

当选中国工程院院士后的汤中立，时而被邀请去新疆参加学术会议，进行参观交流。一次，在与同行交流玉门油田研究时，一个念头忽然在汤中立脑中闪现，小岩体既然能找矿，小盆地是不是也能找油？

玉门油矿，是我国第一个石油基地，发现于19世纪30年代，经过半个多世纪的开发，资源已经枯竭，近年来又在玉门附近一个2000多平方公里的小盆地中发现了近亿吨新石油资源，使玉门这个最老的石油基地获得了新生。

"小盆地，成油田？"一般认为盆地越小，形成重要油田的可能性越小。小于10 000平方公里的盆地，往往都不是重点勘查的对象。但是玉门附近的新发现说明，小盆地中同样可以产生重要的油田。

再结合先前的经验，我国的金川矿床，作为世界上最大的三个镍矿床之一，却产于仅仅1.34平方公里这样的小岩体中，的确是一个世界独具的特色。西陇海兰新线是古丝绸之路，是西部大开发中甘、新、陕的经济命脉地带，也是政府工作报告中历来强调发展的主要经济带之一。在西陇海兰新线经济带的河西走廊段，这些新成就，进一步说明了该区重要的成矿特色："小岩体、成大矿""小盆地、成油田"。这样的成矿、成油特色，无疑是河西走廊南部的祁连山带和北部的阿拉善区长期地质历史演化发展的结果，也是地球深部复杂的物质交换作用的产物。为深入地认识本区这种具有特色的地质、成矿、成油规律，以便开辟更大的找矿、找油前景，进行深入研究很有必要。

于是他大胆提议：一是从全国角度组织力量，尽快对祁连山带和阿拉善区开展新一轮基础地质与成矿、成油规律研究，尽可能运用现代理论与先进的科学技术方法，将本区的研究程度提高到与世界同步的水平；二是加大投入，进一步大力开展以"小岩体找矿""小盆地找油"为主的战略性勘查工作，力争在不太长的时间内，取得更大的突破，为发展西陇海兰新线经济带提供新的资源保证。

在担任全国政协委员期间，汤中立始终关注资源环境和危机矿山解困等重大课题，围绕危机矿山与重要接替资源基地建设等，不辞劳苦地考察重要矿床，深入基层调研，引领攻坚克难，着力推动西北主要成矿带及重要成矿类型的找矿研究，有效指导和促进战略性矿产找矿突破。在这一方面，汤中立的学生杜玉良感慨颇多。

2013年，近80岁的汤中立接到青海省地矿局和中国地质调查局西安地质调查中心联合发来的邀请，邀请他参加夏日哈木镍矿的勘查研讨会。

虽然已近80岁高龄，但汤中立一听到有新的镍矿发现，内心依然十分激动，急切地盼望尽快赶赴矿区看一看。身未行，心已动。汤中立和自己的学生、时任西安地质调查中心副主任杜玉良坐下来围绕夏日哈木进行研究交流。他拿出地图，对夏日哈木镍矿所在的位置进行观察。

"你看，夏日哈木矿区位于柴达木盆地南缘祁漫塔格地区，这里是全国19个重点成矿区带之一的东昆仑西段。这里以前的找矿资料几乎空白，青海省地质局这次应该会有突破啊！"汤中立向杜玉良介绍，年轻的时候，他还曾策马在青海飞驰，对当地的矿产资源进行调研，而今已经离开实战岗位进入教学科研领域的他，依旧心系全国乃至全世界矿产资源的发展动态。

汤中立又仔细看了有关夏日哈木镍矿的一些资料，这些由青海省地质局下属的第五地质勘查院提供的资料让汤中立更多了解到，原来，此矿2011年就已经被发现了，镍资源量由2011年的8吨达到了2012年的50多万吨。

在杜玉良的陪同下，汤中立前往夏日哈木镍矿调研。

"夏日哈木"在蒙语中的意思是黄色的沙梁，踏上这方土地，才让人真正感受到这里的确名副其实，满眼除了黄色的沙梁，就是黄色的戈壁。成吉思汗西征时无论如何也不会想到，他的族人在征途中随口叫起的夏日哈木，会在700多年后拂去黄色的面纱，露出地矿人眼中的奇迹世界。

夏日哈木矿区内的黄沙既细又软，厚度一般都有50厘米左右，最厚的地方有1米多。汤中立走得很艰难，但他一直坚持要走进去看看。青海省地质局第五地质勘查院的工作人员向汤中立介绍，这里沙厚，他们内心更加坚定，要剥开厚沙发现美丽的镍矿。为了采样，当年他们在沙漠区行走，在沙梁上翻越攀爬，返程还要背着30斤的样品，七八月蚊子猖獗的时候，上个厕所的工夫，屁股都会被叮满包……汤中立听着这些人的酸甜苦辣，从这群几乎多为"80后"的年轻人身上看到了希望。他们和当年的自己那么像，尤其是在国家发展越来越好的当下，这些年轻人能吃这样的苦，扎根在这么艰苦的地方攻坚克难，汤中立觉得他们不容易，值得学习。

在走入夏日哈木镍矿的同时，汤中立时刻关注该矿的发展情况，有关研讨、考察和"会诊把脉"全都亲自参加。尤其是在勘查抉择的关键时刻，汤中立认为"该矿与金川发现之初极为相似"，虽然青海东昆仑地区在过去的几十年地质勘查工作中一直未能找到大镍矿，专家们根据镍矿成矿地质环境指出，在东昆仑地区不可能存在镍矿，然而，夏日哈木铜-镍-钴矿的发现打破了这一论断。在格尔木召开的夏日哈木找矿研讨会上，汤中立说："其资源量远不止这些，这是一个有待进一步勘查的镍矿，很有前景及潜力。"

在汤中立的鼓励与指导下，勘获镍资源量翻了一番，超过100多万吨，他相信矿床规模还能扩大。在青海省地质局和中国地质调查局西安地质调查中心联合举办的青海夏日哈木铜镍钴矿勘查研讨会上，汤中立说："这是个标志性的发现，对整个东昆仑地区乃至全国寻找该类型矿床都具有重大指导意义，这一发现是世界级的找矿重大突破。"随后，正如他所言，夏日哈木一跃成为金川镍矿之后的全国第二大镍矿。

杜玉良感慨道："无论年龄几何，无论身居何位，汤中立院士的心里，装得最多的还是中国的矿产发展、矿床研究……"

第八章
教书育人

一、推进长安大学地学发展

从甘肃省地矿局领导岗位退下来前夕,就有中国地质大学、浙江大学、长安大学等高校邀请汤中立加入。一个是母校,一个位于南方发展迅速的地区,一个位于西北大城市。要从这三所高校中选择其一,还真是难以抉择。

回家商量时,方桂云说:"我们几个孩子,一下子去杭州不容易。"西安,离兰州不远,也是西部大开发的桥头堡……方桂云在家里说话还是有力度的。汤中立最终慎重选择,来到了长安大学。

来到长安十余载,马不停蹄许多春。

2000年的西安,已经有700万人口。北大街的人民剧院、报话大楼、和平电影院、建工大楼都在彰显着这座城市的繁华。小寨还是一片荒凉,最热闹的地方是小寨农贸市场,人们坐着公交,踩着二八式大梁自行车,兜着风来来去去。小寨往东不远处是大雁塔,一座屹立千年的古塔被一片葱茏包裹着,凝视着这座正在迈入现代化的城市。

2000年,原西安公路交通大学、西安工程学院、西北建筑工程学院合并组建成长安大学,正与大雁塔毗邻。当年汤中立参加工作,就是从西安出发的,回到西安就像回到了事业的起点。

9月的校园,桂香醉人,静谧而又深沉,汤中立和方桂云走在校园的林荫道上,有一种回归故地

三校合并组建长安大学大会(摄于2000年)

的感觉，他们将在这片有着十三朝历史的古都开启自己的后半段人生。生命之河奔流不息，而今流到了沙平滩缓之处，依然优雅脉动。

长安大学本部教学楼

"如果你永远为过去和现在纠缠不清，那你就会没有未来。"这句话虽然简单，对于一个年轻人而言能够轻而易举地做到，但对于一个须发斑驳的人而言实属不易。换一处地方，换一个职业，换一种身份，66岁的汤中立接受了这份挑战，准备面对一场即将而来的革命。

合并入长安大学的西安工程学院的前身是成立于20世纪50年代的西安地质学校，汤中立的妻子方桂云就毕业于这所学校。20世纪80年代，经地质矿产部批准，原西安地质学院首任院长、著名地质学家张伯声院士，组建了具有独立建制的地质构造研究所，并亲自担任第一任所长。张伯声毕业于美国芝加哥大学，是中国地质学界五大构造学派之一"地壳波浪状镶嵌构造学说"的创始人。

张伯声院士正在鉴定岩石标本

有张伯声前辈在先，汤中立半点儿马虎不得。他决心秉承先生的遗志，将学校工作做好做精。来到长安大学前半个月，他几乎天天彻夜无眠，精心筹划，设计了"三板斧"的计划。

看到汤中立天天熬夜，助手钱壮志教授忍不住问："您的'三板斧'都是什么？"汤中立笑着说："说不上是'三板斧'，至少是'三步走'，好像我们要走一段长远的路，就要仔细研究未来道路的各种情况，要科学合理地用好自己的体力资源，要选定最快最稳最有特点的方法，设计好了，路就好走了。"其他团队成员也十分期待汤中立的设计思路，并铆足了劲儿，在他的带领下全力以赴。

首先，迅速组建一支科研团队。

短短几天，汤中立就在校党委的支持下组建了长安大学造山带成矿研究所，以岩浆矿床成矿理论与资源勘查为学科方向。找准方向后，他紧紧围绕这一学科领域，组建了以自己为首席科学家，由钱壮志、姜常义、闫海卿、焦建刚、刘民武等10位专家组成的精干团队，一支由教授、副教授为主，老中青结合的教学科研团队成立了。

汤中立院士团队的"中国超大型镍铜铂岩浆硫化物矿床预测研究"验收会
（摄于2004年）
左起：焦建刚、闫海卿、李文渊、汤中立、姜常义、钱壮志、刘民武

汤中立院士领导的长安大学"岩浆镍铜矿床"科研团队主要成员合影
（摄于2021年）
前排左起：姜常义、汤中立、钱壮志

其次，积极推进学科建设。

培养优秀人才的能力是一所大学的核心竞争力，国家经济建设的推进，特别是21世纪西部地区地学研究和矿产开发的加快，需要大量的专业人才，特别是高级专门人才。软件是学科平台，硬件是实验室。吸引人才、培养人才，必须要"软硬并施、双管齐下"。

汤中立来到长安大学时，学校的地质学专业已初步形成从本科到硕士较完整的人才培养学科体系，但是，高层次人才培养平台仍是短板。结合自己长期从事地学研究和矿产勘查的工作经历，以及对21世纪我国地学专业发展的长期思考，汤中立深感地质学专业在学校的重要地位和亟待加强建设的迫切性，很快致力于推进学科建设工作。

他带动10人团队，指导资源学院组织学科建设成果总结，凝练学科特色方向，制定建设目标。通过自己的影响力，加大对外联系与宣传，让国内相关学术机构及高校科研单位充分了解长安大学地质学科的发展基础、西北地区的地域特色和良好的发展前景。经过努力建设和积极申报设立学科点，2003年，经过短短的两年多时间，长安大学就获得了"构造地质学"博士学位授权资格、"地质资源与地质工程"一级学科博士学位授权资格和"地球化学"硕士学位授权资格。到2005年，又获"地质学"一级学科博士学位授权资格。

至此，长安大学已形成完整的地学人才培养学科平台体系，在国内大大提高了学科知名度，也为后来的人才培养、科研立项与科学研究、国际学术交流等创造了优越条件，使得长安大学学科点建设取得了跨越式发展。

在学位授权点布局完成后，汤中立又开始指导大家提升学科建设水平，更多地培养高层次专业人才。在大家的努力建设和争取下，长安大学于2007年获准设立"地质资源与地质工程"博士后科研流动站，2003年获准设立"地质学"博士后科研流动站。流动站的设立，让长安大学可以充分利用该研究平台和人才机制，积极吸引人才和培养人才，依据"立足西北、服务全国、跟踪世界"的学科发展理念，瞄准国土资源行业的战略性需求，持续为西部地区及全国国土资源领域服务，为国家发展提供人才保障。

最后，加强实验室基础平台建设。

金川镍矿发现这段令人难忘的经历，以及夫人方桂云就在实验室工作，让汤中立对实验室这一基础建设非常看重。没有实验室，就不能拿出对矿石的精准鉴定，就会影响后期的一系列决策。要强化地矿工作，夯实实验室建设是基础。

刚到长安大学时，汤中立就听说国土资源部成矿作用及其动力学开放研究实验室在1999年就获准建设了，但是，硬件十分匮乏，仅有光学显微镜、X射线分析仪等一些普通的显微观察和鉴定设备，而用于科学研究的物质组成和微区结构与成分分析的精密设备尚属空白。

没有实验设备如何开展精准分析研究？一台高精设备就要很多资金，钱从哪里来？就在大家思考这个问题的时候，汤中立站了出来，他说："我来长安大学，学校给了一批经费，500万元。"同事们都说，那是给咱们这个团队建设用的。汤中立笑了，掷地有声地说："我们团队是为谁服务的？是为长安大学！我们团队的建设就是长安大学的建设，长安大学的发展就是我们团队的发展。这500万元，我一分不留，全拿出来建地学实验室！"

一时之间，500万元分文不留个人口袋，一心一意只为长安大学地学发展，成为在长安大学流传的佳话。大家对汤中立院士的认识，更加通透。他来长安大学，不为个人，他始终心怀国之大者，他早已"我将无我"。

2005年，在这笔经费的支持下，长安大学建成了学校首个电子探针实验室和等离子质谱分析室，实验室及设备配置在当时皆处于我国西北地区最先进的水平。在之后的科学研究中，实验室有力地支撑了长安大学地质学许多高级别科研成果的形成，在国内外高级别刊物上，实验室数据得到发表。

十年磨一剑，通过陆续建设，长安大学地学实验室已初步具备出一流地学科研成果的能力，硬件设备不断完善，建成了拥有X荧光光谱分析仪、等离子质谱分析仪、电子显微镜、电子探针、原子发射光谱分析仪、激光剥蚀器、阴极发光等多台大型精密仪器和超净实验室等的现代化科研实验室，能够独立承担矿产地质和其他地学基础的科学研究任务。还成功申报了西部矿产资源与地质工程教育部重点实验室、国土资源部岩浆作用成矿与找矿重点实验室，为学校学科发展提供了重要创新平台。

这"三板斧"，让汤中立在长安大学这个平台上实现了闭环。

汤中立团队从一开始就以高起点、高标准严格要求自己，汤中立就是团队的标杆，他用自己的学识和风范影响着团队里的每个人，大家紧紧围绕铜镍硫化物岩浆矿床勘查与研究方向，不断创新、跨越发展。

大家觉得汤中立院士一直在"奋斗的路上"。虽然年龄在增长，体力不如从前，但每天都在坚持阅读各类地矿书籍、前沿资料的他，一直在跟进时代吸收知识的养料，不断更新拓展着自己的思维方向。学无止境，是他给团队和学生们印象最深刻的一面。

鉴于汤中立工作十分繁忙，长安大学安排他的学生徐刚做他的助理。徐刚就和汤中立院士一起在地学科技大厦9楼的办公室里工作，汤中立院士在东边，徐刚在西边。每天，汤中立院士一早就到办公室，梳理自己当日的计划，收发电子邮件，翻阅案头的文件、资料，阅读地矿类报纸……偶尔徐刚过来，发现他一直在忙着，还没有喝口水，就端来水杯，汤中立就顺便问问徐刚当天的计划、工作的进展。有时候，汤中立会主动走到徐刚那里，了解这个年轻人工作的状况。也有时候，他会喊徐刚和其他同学一起到办公室，因为他要就某个方面的问题进行讨论研究……

汤中立常说，每个人的生命都是有限的，必须惜时如金，争分夺秒。回想自己年轻时候有许多的抱负要去实现，再回头看看，这么多年就匆匆过去了。

在汤中立的日历中，没有节假日，他不分节假日地在办公室学习和工作着，还经常带领科研团队外出实地考察、参加学术交流。

汤中立负责的"岩浆硫化物矿床小岩体成矿理论与中国西部找矿选区研究"项目成果鉴定会

汤中立院士的部分著作

汤中立觉得自己建立的小岩体成（大）矿理论还不够完善，所以一直没有停下研究和学习的脚步，真可谓是老骥伏枥，志在千里。

地质学有其研究的特殊性，野外第一手资料是科学研究的关键基础，地质找矿不得不到深山野林、戈壁荒漠中去。为了获取准确的实际资料和科学数据，汤中立来到长安大学后的20年依然坚持野外调研，至今仍然坚持在我国甘肃、云南和新疆等地的高寒区开展野外实地调研，并带领团队在野外开展工作。

如果有人提出"您年纪大了，不必跟着一起爬山，我们把标本带回来给您看"，那么得到的回答一定是"不行，一定要到现场去！野外地质一定要深入扎实，不能马虎，更不能走马观花、敷衍了事！"

团队的其他成员和年轻的研究生，每每看到这位七八十岁还坚持在野外工作的老人，对科学、严谨和求实的科研精神都有了更深层次的领悟。

在团队内，经常听到汤中立说的一句话是"科学来不得半点儿虚假，实践是检验真理的唯一标准"。近年来，团队成员到过多少矿区，爬过多少大山，恐怕连他们自己都数不过来。只要听到什么地方有铜镍矿的新发现或与小岩体有关的矿产新发现，团队都要挤出时间，派专家带领学生到现场去考察。野外地质考察是一项艰苦的工作，爬山是经常的事情，即便如此，团队成员从来没有被艰苦所吓倒，始终坚持获取第一手资料和实际样品，以保证科学研究的真实性。

在这样的为学研究原则下，团队先后承担了"中国超大型镍铜铂岩浆硫化物矿床预测研究""西部地区铜镍矿勘查选区研究""新疆富蕴县喀拉通克铜镍矿接替资源勘查研究""小岩体镍、铜、铂族岩浆硫化物矿床成矿的深部过程""大陆科学钻探选址与钻探实验——金川铜镍硫化物矿集区科学钻探选址预研究""金川铜镍硫化物矿床深部及东湾异常区资源潜力评价""甘肃金川铜镍矿床科学基地研究"等20余项国土资源部、中国地质调查局、中国工程院和国家自然科学基金等重点研究项目，科研经费达1300多万元，出版专著8部，译著2部，论文80余篇，发表SCI论文31篇，获得国家科学技术进步奖二等奖1项，国土资源科学技术奖一等奖1项，省级科学技术奖一等奖2项。

深部熔离-分期贯入成矿模式、小岩体成（大）矿理论以及岩浆作用及其矿床成矿理论与资源开发研究，极大地推动了我国镍铜铂类矿产资源的勘查步伐，为国家建设获取急需的矿产资源做出了突出贡献。研究的理论成果在国内外被广泛引用，使我国在岩浆硫化物矿床研究领域的科学研究水平跻身世界前列。

有了先进的经验、理论，才能走向世界论坛，才能引发关注。在自身加大理论研究的基础上，汤中立团队注重内外学术交流，增进相互学习，这对取得高水平科研成果和培养优秀人才至关重要。团队先后邀请26位国内外知名学者来校进行学术交流，举办20余场学术报告和研讨会，由此营造了良好的学术氛围，增进了长安大学在矿产资源领域与国内外学者的学术交流，推动了学科发展，并在人才培养中发挥了积极作用。在学术交流的促进下，已有4名骨干成员先后到国外进行研修和学术交流，有8名年轻学者获得国家自然科学基金资助。

这支优秀的团队，已成为长安大学学科团队的领头雁，多次获得长安大学教学与科研先进单位表彰。经过长年建设，这支科研团队已成为我国岩浆矿床的重要研究力量，科研成果受到国内外学者的关注。

有精英人才、有项目依托、有技术支撑，汤中立全面拓展着自己的教学科研工作。在他的眼里，这"三板斧"是铺就在长安大学拓展地学研究的基础。而在更多的人眼中，汤中立就是一座富矿，他愿将自己掏空，全都献给国家的地矿事业，给那些和他一样希望奋斗在地矿事业道路上的人。

二、为人师表，桃李天下

师者，传道授业解惑也。自己的父亲当过老师，在战争年代，跟随国家需要，东奔西走，舍妻离子。从兰州地矿实战岗位转战到古城西安的长安大学，汤中立从此成为一名执教的老师，一位既搞研究又带学生的矿床学专家。走上从师的道路，汤中立还想证明自己，延展自己的生命质感。

2014年金秋，汤中立迎来了80岁寿辰。

生日这天早晨，他起得特别早。按照惯例，依旧是下楼去院子里遛弯儿锻炼身体，做那套做了无数遍的晨练操。身体的关节每动一下，他都告诉自己：我活着，感恩父母给予我生命。我要锻炼，更好地活下去，为国家尽自己最大的努力，做出更多的贡献。

儿生日，母难日。想要说句掏心窝子的话，母亲却再也听不到了。生命轮回，自己的孙辈们都在一天天长大，自己也已经迈入了杖朝之年。外孙女佳佳一早打来电话问候，还专门弹了一曲古筝《生日快乐》给他听，汤中立隔着电话筒，听得很开心沉醉。放下电话，方桂云取出一套正式一些的外套，帮汤中立换上。今天，汤中立要参加一个研讨活动。

汤中立刚走到地学科技大厦楼下，自己的学生们就捧着鲜花迎了上来，簇拥着汤中立进入了会议室。会议室明显是特意装饰过的，挂着"小岩体成（大）矿研讨会"的横幅，摆了很多鲜花。看得出来，这是一场特殊的研讨会。

小岩体成（大）矿，是汤中立的成名理论，今天再进行研讨，是大家想借此为他庆生，这是先生最突出的理论贡献，将永远载入史册。这场研讨会，是由中国工程院、中国地质调查局西安地质调查中心和长安大学联合组织召开的，与会的代表也都是地矿界的一些重量级人物，以及汤中立的学生们，会议室无论坐着还是站着的，满满当当都是人。

研讨会结束之后，汤中立的30多个学生自发组织，为汤中立举办了八十寿辰茶话会。从开始招收的第一个硕士研究生李文渊，到后来招收的博士研究生王金荣、张新虎、杜玉良、焦建刚、李小虎等，30多个学生基本都来了，他们静静地望着坐在中间的汤中立，他像慈祥的父辈，深情地望着这些年轻的面孔，从他们身上似乎看到了自己过去的样子。

汤中立语重心长地说："我学生不多，也就你们30多人，根本谈不上桃李满天下……勉励大家'慎独'，守住初心。"

汤中立和学生合影（摄于 2014 年）

"我读《中庸》，看到谈及'慎独'的时候，是这样说的：'道也者，不可须臾离也，可离非道也。是故君子戒慎乎其所不睹，恐惧乎其所不闻。莫见乎隐，莫显乎微，故君子慎其独也。'后来又读《老子》，里面这样讲：'慎终如始，则无败事。'意思就是：'行百里者半九十'，如果能始终如一，持之以恒，到最后还像开始的时候那么严格要求自己，他的一生就很平安，没有败事可言。"

学生们听着，都觉得汤中立院士是在说自己。汤中立就像一座大而富的矿，蕴含着丰富巨大的资源、价值、潜力等，是矿床学家、地质专家、教育学家，这就是先生的魅力与风范。

在长安大学招收了第一位博士研究生焦建刚后，汤中立便带着自己的这个学生助手拼搏、实干，在焦建刚眼中，老师丝毫不见老态，精气神儿十足，在工作中更是乐观、奋进。只要听到什么地方有铜镍矿的新发现，汤中立都要挤出时间，带领助手，亲自到现场去考察。在野外，他和大伙一样风餐露宿，饥饿时吃点儿干粮，口干时喝些矿泉水，从不要求任何特殊照顾。在做汤中立的助手期间，焦建刚和汤中立院士几乎天天在一起奋战。焦建刚看得到，汤中立院士于物质极为淡薄，对生活要求很少，唯有对地质事业发展，他始终孜孜不倦。

汤中立在野外指导学生观察岩心
张铭杰（左一）、汤中立（左二）、李婧波（左三）、孙楠（右一）

70岁以后，孩子们一直叮嘱请一位保姆，但汤中立夫妇拒绝了。"我们身板都还可以，生活很简单，自己能对付得了。"方桂云早上出去遛弯儿的时候，会顺便买一些菜回来。两人多年养成吃两餐的习惯，餐食偏清素，大鱼大肉少，两餐之间随时加一些粗粮、坚果之类即可。汤中立几乎不参加在外的应酬，他说："有时间多搞搞学问，多回家吃饭。吃了方桂云做的几十年的饭，永远吃不厌。"每天的两餐时间，他都会回到离办公室不远的家里，和夫人一起用餐。

吃得简单，穿得朴素。大概是从事地质工作的缘故，野外工作风里来沙里去，除了出席正式会议场合，生活中汤中立的着装就是邻家老人的样子，朴素简约。这样一位朴实无华的老者，却自带光芒，温暖着身边的每一个人……

自从来到长安大学，汤中立就把自己的精力更多地放在矿床地质研究上，除了学术研讨、矿山考察、专业论坛，他就是在长安大学的地学科技大厦9楼办公室，或者自己潜心读、学、思，或者和学生们讨论、辩论。汤中立，就是一位纯粹的地质工作者。

2006年的一天，一位学生到办公室找汤中立请教问题，推门进入的时候,见到汤中立正在看一幅挂在墙上的地质图,当时汤中立读图的神情深深地吸引并打动了这位学生。那神情,像一位常年在外的游子回到了故乡,眼中洋溢出的喜悦、宁静和满足都源于那幅中国地质图上起起伏伏的线条。

汤中立不仅有一双发现地质魅力的眼睛,还将地质的思维化入生活之中。学生潘振兴说:"在学校读书的时候,时常会和汤老师一起在校园内散步。"说是散步,其实就是换一种动态的环境交流地质矿床研究,一路行走讨论的都是有关地质研究的话题。一天傍晚散步时,汤中立与潘振兴聊了很多,他鼓励潘振兴要认真学习,做一个对社会有用的人。走到最后,汤中立忽然问潘振兴:"你刚才走了这么多路,绕咱们办公楼有多少步,大概多少米?"潘振兴一头蒙,光顾着说话了,还真的没有注意数走的步数。汤中立很快就一口报出了绕办公楼乃至操场,以及办公楼到图书馆一圈都分别是多少步、多少米。潘振兴为一位老人家如此的"一口清"感到震惊且不可思议。后来,潘振兴慢慢理解了,那是一个老地质人养成的习惯,野外跑习惯了,喜欢走路,走路时就习惯性地记录路线上的各种信息。即便已经到了成矿理论研究岗位的他,依然保持着这个习惯。

因为有着院士的光环,年轻教师和学生们在没接触汤中立之前,都以为他是神秘莫测的高深人物。接触以后,才发现汤中立一点儿都没有架子,他是一位如此简单朴实、平易近人、执着前行的老者。

长安大学在每年开学季,都会邀请汤中立给新生们讲课,这也是所有步入地质专业的大学生的第一堂地质人生课、职业教育课,汤中立从青丝到白发,几十年都奉献给了祖国的地矿事业,这就是一本最好的教科书。"我们这辈人能为国家做什么?"这是汤中立从青年时期就思考的问题,为国家效力成为他毕生的追求和目标。在长安大学的执教过程中,汤中立始终把爱国主义教育作为重点。他说:"纵观中国历史,能在学术上取得成就的人,肯定也是热爱祖国的人。爱国是一切学术研究的根本前提，只有把个人命运和国家发展结合在一起，才不会在学术方向上走岔路。"

2008级硕士研究生陈克娜回想起第一次见到汤中立，还是在兰州大学本科新生入学的一次新生见面会上，当时汤中立院士受邀来到兰州大学，在台上为大家分享"我为什么从事地质工作？我如何在地质平台上实现人生价值？地质工作和祖国发展的关系……"坐在台下听讲的陈克娜非常崇拜台上的汤中立院士，梦想着某天自己能够成为他的学生。

2008年，正值毕业季，经过四年的努力，陈克娜从班主任那里得知，自己将要成为汤中立院士的学生，她为此而激动不已。这年9月，陈克娜在长安大学同门师兄徐刚的带领下，以学生的身份来到了汤中立院士的办公室，这是她第一次与汤中立院士面对面交流。他的办公室宽敞、明亮，首先映入眼帘的是一个大大的书柜，里面放满了各种与矿产有关的文献、书籍，墙上还挂着他与温家宝总理的合照，那是温家宝总理在国务院接见他时拍的。当时，汤中立院士就坐在办公桌前，见陈克娜进来，很是高兴。虽然陈克娜连续几年在兰州大学获得一等奖和二等级的奖学金、参加各类竞赛活动获奖、多次参与野外考察等，但优秀的她见到汤中立院士，忽然觉得自己的求学之路才刚刚开始。

汤中立和陈克娜说起兰州，拉着家常，继而谈学习、生活、理想，语气温和、和蔼可亲的他，处处流露出对学生满满的关爱，那一刻，陈克娜对眼前的这位老人充满了敬意。

"院士的脾气很好，印象中他从未对身边人发过火，总是那么和蔼，是一位敦厚的长者，一身儒气。"学生王泸文这样描述。对此，其他学生都深有同感。

2000年8月底，在西北大学地质系继续攻读博士研究生学位的王瑞廷，第一次去金川路过兰州，专门到甘肃省地矿局拜访汤中立。王瑞廷的研究方向是矿床地球化学，他的指导老师是西北大学的赫英教授和汤中立院士。他在赫英教授的引荐下，认识了汤中立。两位老师根据王瑞廷的工作实际与研究基础，把他的博士学位论文题目定为"煎茶岭与金川镍矿床成矿作用对比研究"。

虽然方向确定了，王瑞廷却只是在电话里和汤中立联系过，从未见过面。此次路过兰州，他专门打听到汤中立院士的住址，怀着忐忑不安与崇敬的心情上了楼。敲开家门，汤中立老师和师母方桂云很热情地将他迎入家中。第一次见汤中立院士，王瑞廷颇感紧张，而先生像一位和蔼可亲的长者与他侃侃而谈，一下子让他放松了下来。汤中立询问了王瑞廷的简单情况和研究方向后，就详细地给他介绍了金川超大型铜镍硫化物矿床的地质特征和研究状况，同时，结合他的博士学位论文研究题目，准确地指出了他该进一步研究的主要问题。当得知王瑞廷行程安排很紧的时候，汤中立专门给他列了清单，介绍到金川集团股份有限公司相关部门需要找哪些人，请他们帮忙具体安排地面和井下的地质调查取样工作，还一再叮嘱他一定要注意安全。临走时，汤中立又拿出《金川铜镍硫化物（含铂）矿床成矿模式及地质对比》和《岩浆硫化物矿床成矿机制》两本书送给王瑞廷。王瑞廷空手而至，却收获了一位院士、长者、老师、学者的如此悉心招呼，万千的叮咛让王瑞廷备受感动。

后来，汤中立从甘肃省地矿局调至长安大学，王瑞廷向汤中立院士汇报学业更方便了。2002年3月初，王瑞廷基本完成了博士学位论文的初稿，赫英教授仔细看后提出了修改意见，叮嘱他认真修改、补充后再送交汤中立审阅。3月下旬，王瑞廷带着改好的论文初稿到汤中立家中，向他汇报论文写作情况。没过两天，他就收到了汤中立的电话，汤中立在电话中说道："瑞廷，你过来，我们讨论一下你的论文。"王瑞廷知道，汤中立院士工作很忙，一定是在百忙之中挤出时间来通篇看完了论文初稿才和自己联系见面讨论。坐在汤中立院士面前，王瑞廷看到自己的论文初稿已经被批注修改了很多地方，除此之外，汤中立还单列了一张单子，上面就论文结构、数据分析和结论归纳等方面提出了许多全面且深刻的意见，建议王瑞廷再次查阅资料、提炼证据、总结深化，告知王瑞廷修改、完善后送审。而今，已经在地矿领域成为中坚力量的王瑞廷回想起来，当年导师的精心指导、室内外工作的不断深入、论文的反复修改提升正是自己进步的基石。

王瑞廷是汤中立院士还在兰州工作时结识、来到长安大学后继续培育的一名学生。早在兰州时，汤中立在兰州任总工程师时期就已经开始带研究生，李文渊就是汤中立时任甘肃省地矿局总工程师时培养的首位硕士研究生。

1989年，55岁的汤中立担任甘肃省地矿局总工程师兼副局长，在深入业务一线的同时，站位全局、结合实践的他，已经开始更多地投入总结提炼和探索研究工作。这一年，27岁的李文渊由甘肃地质六队总工办上调到甘肃省地矿局机关工作，成为汤中立的得力助手。到省地质局机关工作之前，李文渊一直在野外队从事地质生产和业务管理的工作，没有接触科学研究的机会。在助理的岗位上，李文渊有了更多机会接触大量科研资料和学术理论知识，在汤中立的启发下，李文渊对如何运用科学方法分析地质问题有了一些切实的感受。从实战到理论，他也逐步养成了带着问题、带着思考从事地质工作的习惯。他说："是汤总熏陶我，使我真正走上了科学研究的道路。"

那个时候，兰州大学和西安地质学院已经邀请汤中立进校园、带学生、做讲座……于是，在汤中立身边耳濡目染三年之后，李文渊于1992年正式成为汤中立的"开门弟子"，汤中立对自己的首位研究生感到很亲近，因为李文渊就是在地质实践中成长起来，而后走上科研道路的，这样的人，必定厚积薄发。作为我国镁铁岩、超镁铁岩及岩浆硫化物矿床的主要研究者和学术带头人，汤中立手把手指导李文渊完成了《中国铜镍硫化物矿床成矿系列与地球化学》一书的撰写和出版，李文渊认为这是自己人生中最重要的一本专著。

在李文渊眼中，汤中立是自己一生的贵人，对自己有再造之恩。在汤中立心中，每一个热爱地矿事业的人，都是自己的战友，大家共同的奋斗目标就是在地矿研究领域实现人生价值。因为地矿事业，已经有很多人和汤中立成为好朋友，也有很多学子因为热爱地矿事业而走近汤中立。

1983年7月的一天，汤中立要去甘肃省地矿局地质一队检查在陇南的锑矿项目，杜玉良恰好搭车并给汤中立一行引路，从兰州返回设在哈达铺的普查分队。

当天天气很热，汤中立穿着朴素，一件白色的短袖、一条灰色的长裤，他主动和杜玉良打招呼，毫无架子，杜玉良没想到和自己说话的，竟是这一车上的最高领导汤中立。一直从事野外地质工作的杜玉良对汤中立在甘肃白家咀子（金川）岩浆型铜镍矿的传奇故事已经耳熟能详，早在大学的时候就心生敬仰，没想到在这趟车上遇到了自己的仰慕对象。汤中立问了一些有关他的专业以及在基层工作的情况，还和他探讨现在基层最需要什么，杜玉良告诉他，基层工作需要先进的理论指导和科技力量支撑。汤中立听了连连点头。

就此一趟车的同行，让杜玉良对汤中立更加崇敬。之后两年，他参加局共青团会议，在台下聆听了汤中立的专业生涯与"三光荣"（以献身地质事业为荣、以艰苦奋斗为荣、以找矿立功为荣）传统教育，汤中立又一次用自己的亲身经历感染了这位年轻人。

汤中立常说：相逢是一种缘分。1996年，杜玉良由基层调到局科技处任副处长，和汤中立打交道更多了。作为一名下属，杜玉良总是称呼汤中立"汤总"，一向待人谦和、为人低调、言语温和的汤中立却从来没有把任何一名下属当下属，他认为每个人都是自己的战友，能与自己同道而行的人，都是志同之人，都值得交识。

1997年，在汤中立的支持和鼓励下，一直兢兢业业、勤学善思的杜玉良终于成为汤中立在中国地质大学的学生，开始了自己硕博连读的学习之路。

汤中立对所有学生在一入学就有一个明确的要求：建立规划。

对于已经37岁的杜玉良，汤中立对他说："人生很短，在学校就读的时间也十分有限，所以，要倍加珍惜在校园的学习生活，一进校门，就要规划好。必须做好计划，才能循序渐进，在有限的时间内有突破、有收获。"入学伊始，汤中立就多次与杜玉良畅谈学业规划、研究方向等，还给他列了专业书籍的推荐书单。

"年轻人对自己的前程要有一个规划，选定了方向以后，要脚踏实地一步一步去做，不达目的不松懈。"做人做事，都要有长远的和短期的规划，按照规划科学安排，循序渐进。除了做规划，汤中立也把年轻时的习惯——"总结"强调给每位学生。王泸文印象深刻地说："在工作方法上，老师特别善于总结。"很多次，在一天或半天的工作结束后，汤中立就会把当天做的事情归纳、分类、总结一下，常常会总结几条。如果当天有人拜访或处理的是一些琐碎的事情，他会总结说"今天没有做成什么事情，时间有点儿浪费了，下次要注意"。如果当天实实在在做了一些工作上的事情，比如"写好了准备发表论文的提纲，归纳了某一类矿床的特征，新学习了某一个知识点"，他就会总结说"今天做了这么一些事情，很有收获，下次继续保持"。他从年轻时就坚持这种总结的习惯，在总结中发现问题，积累经验，对未来的工作和生活予以提示，加以改进。

汤中立习惯带着学生参加各类学术业务交流活动，学生们都说，这是开阔眼界、拓宽认知的好机会。

2004年冬天，受黑龙江省地质科学研究所邀请，汤中立来到了哈尔滨，针对俄罗斯远东地区兰塔尔斯克铜镍铂钯矿等三个矿权进行研讨，评估找矿潜力，寻找合作机会。当时，学生侯玉树在齐齐哈尔工作，汤中立第一时间告诉他"来参加一下研讨会，对你会有帮助的"。得到消息，侯玉树迅速赶到哈尔滨，全程参加了与俄方地质勘探公司专家的研讨，感觉获益匪浅。会议结束后，已经是晚上9点多，冰城哈尔滨的夜晚在冬季更显得寂寥冰冷，汤中立不顾旅途劳累和工作辛苦，留下侯玉树，在宾馆进一步听取了他的开题报告。听完侯玉树的汇报后，汤中立思考了片刻，对侯玉树的提纲进行了细致的指导和修改。这一夜，哈尔滨的街头是白雪冰晶，侯玉树的内心却是温暖备至，有这样一位院士如此耐心地辅导自己，何其有幸！

对待远在哈尔滨的侯玉树如此，对待身边的所有学生又何尝不是如师如父呢！

汤中立对学生们都如同对自己的孩子一样，爱护他们，培养他们。

有一次，学生邱根雷和汤中立一起去北京参加一个较高级别的学术讨论会议。会议当晚，举办方举行了隆重的欢迎晚宴，受众人尊敬的汤中立被安排坐在主宾桌上。当天，参加会议的人很多，邱根雷坐在一个离汤中立比较远的位置上，就要开餐的时候，邱根雷忽然发现汤中立院士到处张望，甚至从座位站了起来，四处走动，找到一位工作人员，说了几句话，又继续"巡视"，直到在角落的位置看到了邱根雷。邱根雷这才明白，原来，汤中立院士一直在关心他有没有来吃饭。他和工作人员说话，就是安排工作人员去房间找邱根雷。看到学生已经落座，汤中立才返回自己的座位安心就餐。如此小事，邱根雷铭记在心，这细小的一幕，折射着这位院士朴素的仁爱之心。

爱他们，还要严管他们。

如何管？师者，范也！在汤中立眼中，每个学生就像一块好的原木，都需要好好雕刻，而自己要做一个好的木工。"先为人表，后为师表"，这是汤中立对自己作为老师的要求。教育学生，培养学生对科学的热情及高尚的人生品格，有时候不需要说太多话，身体力行是最好的语言。

学无止境，汤中立从中年时开始重新学习英语，后来又自学使用计算机，在地质领域的学习更是细水长流融入日常。学生王泸文说起汤中立院士时，是这样讲的："汤老师一辈子都在学习。如果没有必要的应酬，不管刮风、下雨，不分周末，老师每天总是准时到办公室工作、学习。"他特别强调，自己用了"学习"这个词，是因为，他认为身为院士的汤中立，已经在地质领域奋斗了近60年，还学什么呢？况且科学的世界是神秘、辽阔、无穷无尽的，地质学更是一个复杂的学科，知识掌握得差不多就可以了。然而，汤中立认为，就是因为自己是院士，就更不能对不起院士这个称号，学无止境。

在汤中立的日历里，没有周末，没有节假日，只有做不完的事情。去汤中立的办公室，经常看到的场景是他戴着老花镜、手里拿着一个放大镜，一边对着地质英汉词典，一边看英文文献。学习英语起步虽晚，年纪虽然也已堪称"老人"，但这些对于他来说都不是问题，他一直在坚持学习，追求进步。汤中立院士学习的画面，深深刻在王泸文的脑海中，并震撼着他的心灵，始终提示他"学习永远在路上"。

为了工作，汤中立可以风餐露宿，更常常废寝忘食。

除了办公室，汤中立的家是学生们常常去的地方。业余时间，学生们如果有问题，随时可以上门来求教，方桂云都已经习惯了要在家里多备一些水果零食，如果学生们来了，要招待好。因为这些学生多数都是外地的孩子，方桂云说，让学生们来就要让他们有回家的感觉。

有一次，几个学生来家里讨论问题，你一言我一语，汤中立时不时进行解答，正聊得起劲儿，突然响起了敲门声，原来是师母方桂云。她热情地说："老汤，快来和孩子们吃饭，不然饭凉了。"学生们这才发现，大家讨论得十分投入，竟然已经忘记了午餐时间。但是，汤中立答应着马上就来后，又接着带大家继续阅读、学习、讨论，直到把那篇文章学完。

汤中立常常叮嘱学生，有困难不要惧怕，更不能轻言放弃，执着、坚持，就会见到曙光。很多人面对博士毕业发表论文都有一定的畏惧心理，但这是每个学生都要面临的，他鼓励学生，要学会从小处着手，寻找突破，从繁多的数据、凌乱的线索中厘清科研思路，抽丝剥茧、精益求精。

在每个学生的毕业论文形成过程中，汤中立总是亲自帮助修订计划和提纲、梳理问题、审阅相关资料及依据、反复审改论文内容等。他注重教书育人，更寓教于做。重启发、给动力而不施压，出主意、理思路而绝不包办代替，让学生们在边学边做中体会和醒悟。

"科学来不得半点儿虚假，实践是检验真理的唯一标准"，这一点汤中立自始至终贯穿于教学、科研之中。

"每次我们的文章写完初稿交给汤老师后，他总会一字一句地推敲修改，感觉不妥当之处还不时地和我们进行讨论交流，征询意见。"学生邱根雷说，汤中立院士是一个精益求精的人。"做学问就像练武功，汤老师在治学上的严格要求好比训练学生扎马步，而学术方向的选择就如修习武功秘籍。对于实验过程和论文，老师会问很多细节，对每一个数据、论点，他都要问清楚，不能含含糊糊、似是而非。"汤中立问得细致，是因为他自己对国内外矿床实例非常熟悉，如数家珍，对各个矿床的成矿背景，矿体的基本形态、规模特征以及控矿构造、成因模式等都能用十分形象生动的语言讲出来。因为熟悉，而且贯通中西，所以应用起来顺手拈来、恰到好处，让人有一种身临其境之感。这也是学生们对老师学识渊博、敏锐视角、严谨求实所深深折服并满怀尊崇的原因之一。

张新虎是汤中立在兰州大学培养的第一位博士研究生。20世纪80年代初，张新虎毕业后被分配至祁连山地质队，正是汤中立当年所在的地质队。2001年，张新虎正式成为汤中立的博士研究生。当时汤中立的小岩体成（大）矿理论已经成熟并在许多勘查实践中得到验证，但在确定自己的研究方向上，汤中立并没有让这个几乎是踏着自己走过的路而来的学生做矿床理论方面的研究，而是在听取了张新虎的想法后，结合他的本职工作，商议确定他的研究方向为"区域成矿研究"。他告诉张新虎，世界上没有完全相同的一条路，你要走出自己的特色路线，走出自己的个性特点。张新虎感动地点头，他明白老师的用意，就好像一个学习书法的人，你可以临古帖，但你不能求取全像而失去自我。

汤中立严谨入微的治学态度、谦和大度的人格魅力深深影响着身边的每个人。在学生魏翔做博士学位论文的过程中，汤中立曾经数次修改，包括逻辑架构、图表数据的来源出处，甚至文章的句读标点都逐一修改标明。每一次魏翔拿回老师批改的论文，看到上面星星点点或者大篇幅的批注，这些渗透着先生心血的批改，都让魏翔感动得无语凝噎。在后来的工作中，无论工作地从陕北到西安，还是从青岛到北京，他始终都把先生的修改稿带在身边。

学生们在校园里遇到任何困难都可以找汤中立寻求帮助。有的学生已经毕业了，依然会在遇到工作瓶颈时请教他，甚至邀请他坐镇指导，对此他从不拒绝。

2009年11月，发现山阳县池沟铜钼矿后，王瑞廷一直在关注和参与该矿的进一步研究与勘查，其间碰到问题、意见不统一或者无助时，王瑞廷第一个想到的人都是汤中立院士。他打电话邀请汤中立等到野外实地考察、一起研讨，没想到日程排满的汤中立竟然在百忙中一口答应，以75岁高龄不辞辛苦地亲自到野外查看岩心，听取汇报，与众人座谈、讨论，逐一回答大家的疑问，解决大家遇到的难题，还就此矿下一步的研究方向和勘查重点，向与会人员谈了自己的观点，鼓励大家在实际工作中对小岩体成（大）矿理论具体应用、不断丰富发展。此后，关于此矿的勘查研究以及工作中遇到的其他难点，王瑞廷都会请教汤中立，请他解惑释疑，王瑞廷觉得是汤中立院士一直在指引着自己前行。

  2012年,黑龙江省地质矿产局筹备第二届地矿论坛,局里知道侯玉树是汤中立的学生,特别安排让侯玉树邀请汤中立做学术报告。虽然汤中立的时间安排很紧张,但他依然愉快地接受了邀请,有力地支持学生的工作。这是汤中立和侯玉树第二次在哈尔滨相见,上一次是让侯玉树参加论坛会议,这一次是汤中立被侯玉树邀请来参加会议。会上,汤中立和国内的多位知名专家分别给全局200多位技术骨干进行了为期三天的讲座,他的小岩体成(大)矿理论再一次引起了强烈反响。黑龙江省近年来新发现的多个大中型矿床,都符合这一成矿规律,这一理论让广大技术人员拓展了思路,明确了找矿方向。

  汤中立觉得,教学生是少数高精专的培养,而这种辐射向各地地质系统的讲座,对于推动和提升地质一线的技术工作是非常有益的,基层不仅要实践实干,而且需要理论的支撑和指引,这种系统内的培训、论坛,是一项巨大的工程,他很愿意为之做出自己的一份努力。中国,是世界大国,中国,也应成为世界地质大国、强国。

  人生而有限,而生命的原动力是追求永恒。一个人的生命,或者通过血脉获得永生,子子孙孙,一代接着一代,这是物质的传递方式。还有一种更高级别的永生,是精神的传承。一些普世的,能够穿越历史的精神内核和思维片段,在一些仁人志士脑海里不断地闪烁。这些思想标志着人类生命境界的高度,指引着迷失的孩子们回来。

  汤中立是人类卓越精神的守护者和传承者之一,他把这些珍宝送给那些自己如子孙一般疼爱培养的学生们,李文渊、李小虎、王瑞廷、杜玉良、闫海卿、焦建刚、徐刚、段俊……愿他们聚是一团火,散是满天星。

汤中立带领学生考察金川地质（摄于2005年）
左起：孙楠、汤中立、李婧波、李小虎

汤中立与学生研究金川矿区地质进展情况（摄于2005年）
田毓龙（右一）、焦建刚（露半脸者）和高亚林（右三）

每年，长安大学的领导都会在教师节或者春节专门前去慰问汤中立，赞誉道：自从他来到长安大学，长安大学的地学领域发生了长足进步。汤中立常常说：不言过往，砥砺向前。

2021年4月，长安大学教育基金会"汤中立基金"项目启动，主要奖励和资助长安大学地质类学科优秀青年教师及学生。8月，汤中立被聘为中国亚洲经济发展协会矿业专业委员会专家智库终身专家……

用学生们的话说："汤先生和师母这对恬淡的知识分子，代表着至高的人生境界——一种阅尽世事之后不忘初心的平凡，一种用读书和研究垒成的精神世界的富足，处变不惊，与世无争。他们是我心目中真正的君子！"

中国地质大学博士学位论文答辩委员合影（摄于1999年）
左起：冯仲燕、宋叔和、翟裕生、汤中立、蔡克勤

中国地质大学（北京）白云来博士学位论文答辩（摄于2004年）
罗照华（左一）、白云来（左三）、汤中立（左四）、苏尚国（右一）

三、与时俱进争分夺秒

2008年7月7日，奥运圣火来到甘肃兰州，汤中立高举着"祥云"火炬，迈开脚步，缓缓向前跑去，微笑着向道路两旁的观众频频挥手。"慢慢跑，细细体味，好好享受这短短的几十米。"跑前的一天，他对这一棒充满期望。在兰州296名火炬手中，白发苍苍的汤中立74岁，是奥运圣火甘肃境内传递年龄最大的火炬手。

"我选择的每一棒都要跑出成绩来，金川找镍矿这一棒跑了大半辈子。"跑完70米后他笑着对记者说。

汤中立一路奔跑，年纪越来越大，劲头儿却越来越大。几十年来，跑步已经形成了一种惯性，融入了他的琐碎日常当中。他每每与自己赛跑，与时间赛跑，在有限的空间与时间中，胜出那么一头。

"从事地质勘查工作的人都清楚，工作时常需要翻山越岭，没有好的身体是不行的。"汤中立无论工作忙闲，每天都会有规律地运动，常常每次晚饭后快走3公里，每周4～5次，这样的习惯已经保持了多年。

在校园林荫道上，高大的梧桐树绿色的波涛里，大家时常可以看到一位精神矍铄的银发老人在快走，一边走，一边笑容可掬地和大家打招呼。

除了快走，汤中立还制定了一套早晨锻炼计划：24式太极拳一套或甩手180次，面部按摩36次，颈部运动60次（左右各30次），腰部运动60次（左右各30次），膝部运动60次（左右各30次）。

常年规律的运动，是深度脑力工作者的一种有效调节与补充，一些暂时解不开的思维结节，在身体的律动中自由地流动。能够坚持常年运动，需要强大的毅力。只有经历过低谷的人才明白，无论遭遇何事，遇见何人，是称赞恭维，还是诽谤侮辱，自己每日所做的事情，无非还是那些。学习，吃饭，睡眠，走步，这些朴素的小事情，积累多了才能决定你是谁，能走多远。

锻炼身体是习惯，即便已经80多岁，汤中立仍坚持每天下楼走路半个小时以上。除了完成那套早晨锻炼计划外，他还坚持甩双臂，这是一位曾经为自己诊治腰椎的医生介绍的"土方子"，汤中立一直坚持，觉得效果不错。

汤中立坚持少食多餐，每一餐也很简单，每天吃的水果、坚果等都达到一定比例……良好的饮食和作息、锻炼习惯，让已经搭了两个支架的汤中立依然保持耄耋而矍铄的状态。

一个人稍微不用心就会跟不上时代。一种生存方式刚刚习以为常，成为一种身体记忆，就要被打破，想要追求卓越，就要不断学习新鲜事物。汤中立坚信学无止境，他始终保持着不懈的努力，至少，在他的心目中，他要不断超越自己。汤中立的母亲虽然不识字，但是父亲是中国高等学府毕业且一直在教育等领域工作的知识分子，他的家族中，很多人都较早就接触到国际社会的发展动态，接受新生事物的能力很强。这种耳濡目染的熏陶，令汤中立始终能够在飞速发展的时代中，和新的社会制度、新的人际关系、新的思潮与观念、新的科技与事物无缝对接。

20世纪90年代，计算机开始在中国流行起来。用键盘打字代替了在本子上手写，网络检索代替了报刊索引，新的实验设备也与电脑接洽。对很多人来说，接受新生事物都是一个不小的挑战。看着身边的年轻人一个个都学会了使用电脑，汤中立心急如焚，他摘抄了《人民日报》上的一句话来激励自己："这个世界没有救世主，只有靠自己。特别是时代发展这样快，已进入信息时代，信息时代是智慧和力量的延伸，你想平庸，那你就会被淘汰！"

1998年初，汤中立到同事许宝文家里做客，许宝文当时刚刚购买了一台新电脑，并且连接了因特网。许宝文噼里啪啦地在电脑上操作了一通，打开最新的Windows 98系统，点开网站，向汤中立演示了搜索功能。

许宝文指着屏幕说道："汤总，您看，您在框里面输入金川，再点击搜索，所有最新的关于金川的消息就都出来了。"

"这真是太方便了。没有这个，我还得去阅览室看杂志、报纸，一本一本地查呢！"

"有了电脑和网络，以后咱们平时看的专业文章，据说都会收录在数据库里，找起来会特别容易。"

汤中立非常激动，他不甘落后，决心与信息时代赛跑，一定要把电脑学好。回家以后，他在日记本上写道：

> 真是计算机推动了整个社会的发展。……对我们个人来说，面临着计算机的世界，再跟不上，再不学习，就无法进入下面的工作和活动。
>
> 必须下决心从头学起，目标是进入因特网，运用网上的知识为自己服务。调用其中的文献为自己服务。
>
> 在工作中游泳，要做到游刃有余，就得放平自己的心境，有所为有所不为。
>
> 社会在进步，事物在发展，人同样在发展，不进则退矣！我们身边多少人，退休了，淹没了，休息了；我们以往多少事，过去了，提不起来了，我们不能不做新事，不能不进步。

认识键盘，练习打字，登录系统，学习软件。

院士汤中立在电脑面前一下子变成了小学生，什么都要重新学习，他认认真真地学习，丝毫不马虎。1998年7月22日，64岁的汤中立签署了ChinaNet用户入网责任书，成为中国第一代网民。

随着年龄的不断增长，身体机能不断老化，各种病痛不可避免地随之而来。有一年，汤中立不慎摔伤，住进医院，很多同事、学生来看望他，他都微笑着告诉大家："不碍事，过一阵子就好了。"大家都说："您年龄慢慢大了，千万不敢摔了、磕碰的，走路一定要小心一些。"大家走后，清静下来的时候，他也在思考，是啊，年龄大了，恢复也需要好一段时间。

这次住院，以往和自己交流很少的儿子汤安，专程请了假，天天守在床前。每天看到儿子为自己打饭、喂饭，给自己擦身、清洗，他忽然发现儿子已经长大了。

汤棣、汤桦、汤安，有两女一儿，汤中立和方桂云是幸福的，但是，孩子们大概体会不到，从艰苦年代到现在他们一个个长大，这期间，父母经历了多少艰辛。看着汤安在病房里忙碌，汤中立忽然想念方桂云了，这个坚强的女人，让汤中立也敬佩不已。

1962年，方桂云怀孕，1963年1月，汤棣出生，汤中立从野外队回来照顾了母女俩几天后就回野外了。此时，在实验室工作的方桂云与其他几个人合住一间宿舍，因为生了孩子，单位就给了她一间单身宿舍。这间宿舍不到10平方米，只能支一张床，放一张桌子。没有柜子，只有自己当年大学毕业时为了装被子买的一个绿色帆布箱。即便如此简陋，汤中立也觉得已经很好了，毕竟有了自己的小家。

方桂云一个人带着孩子在兰州，白天去上班，就用被子挡一圈儿，把孩子围在床上，抽空回来给孩子喂奶。有一次邻居告诉她，听见孩子在哭，让她快回去看看。方桂云跑回家的时候，只见汤棣的头夹在床头的格挡中间，出不来，等她把孩子从格挡轻轻拿出来才发现，孩子的脸通红，额头上都有一条深深的夹痕了。还有一年夏天，被子依然圈在孩子周围，没有毛巾被，她就把两条毛巾缝了起来当毛巾被，给孩子盖上后去上班。没想到的是，孩子把毛巾被踢到了脸上，整个盖住了脸，差点儿被捂死……方桂云那天哭了，一个人一边上班一边带孩子，太难了。汤中立那时候在野外队，只是偶尔才能回来住一半天，抱抱孩子。无奈之下，汤棣长到七八个月的时候，就被送回安庆老家，让奶奶和姑姑帮助照顾了。

1964年，方桂云再次怀孕，工作也从兰州调到了汤中立所在的野外队。勘探队有医务室，队上几乎所有的孩子都是这个医务室的医生接生的。老二汤桦出生的时候，也不例外地由这位医生接生，这位已经被大家认定为专业助产师的医生上门为方桂云接生。

调到地质六队的好处就是汤中立能在妻子身边搭把手。孩子出生后，汤中立能简单充当"月嫂"。虽然他不太会做饭，可为了更好地照顾方桂云，他使出了浑身解数。买一箱鸡蛋回来，早餐一碗荷包蛋，放一些红糖，午餐做不了，就去单位食堂买饭回来。虽然在地质六队也很不易，但方桂云觉得是幸福的，因为汤中立陪在身边。

到了小儿子汤安出生，夫妇二人又一次经历为人父母的煎熬。汤安从小身体就比较虚弱，有一天他跑着跑着突然摔倒了，浑身没有了力气。当时，方桂云吓坏了，不知所措。汤中立也查了一些资料，觉得孩子的病似乎没有那么简单。

看着病中的儿子，汤中立非常心疼，自己对两个女儿就照顾不够，这次对汤安，他不能再不像个父亲的样子了。于是，他抽出时间带着汤安去医院做各种检查，最终查明，汤安得的是一种心脏病，兰州当时的医疗技术无法治疗。

兰州看不了就去北京、去上海，一定要给孩子把病看好。汤中立发动家里的各种关系、亲朋，找到了得力的医生，明确需要做手术。他和方桂云合计着，把家里所有的积蓄一分一毛地搜集起来，连好心的邻居也把自己家里的300元钱借给了方桂云。汤中立夫妇把女儿托付给邻居，做好了各种准备，带着汤安去上海做手术。

在上海的日子十分煎熬，一个只有6岁的孩子要接受手术，汤中立感觉到前所未有的压抑及疼痛。医生技术很好，手术很成功，汤安恢复得一天比一天好，汤中立对健康与生命的关注从此更上心了。

汤安的成长，一路让汤中立揪心。起初，汤安对学习没有那么上心，学习成绩不理想，老师约谈家长，让汤中立感觉很难堪。甚至有一次，汤中立在亲人聚会的场合教训了汤安，汤安从此几乎和汤中立不交流了。直至汤安参加工作，父子俩之间的关系才些许好转，多了一些交流。

有一年，汤中立生病，住进了甘肃省人民医院。汤安床前床尾照顾着汤中立，甚是仔细。吃药，要遵医嘱，按时按量，白开水温度适宜了，才端给父亲服药。吃饭，问父亲想吃什么，适合吃什么，还一口一口喂入嘴里。一会儿把父亲从病床上扶起来坐坐、拍拍背，一会儿给他按摩一下身体。汤安忙前忙后的身影，让汤中立感受到了亲情的温暖，感受到孩子已经长大成人。

也是在这次住院期间，汤安和父亲进行了一次深入的交流。他们几乎彻夜谈话，谈过去的事情，说当下的重点，聊未来的计划，汤中立从未觉得和儿子原来始终就是一体的。

汤安叮嘱病床上的父亲要爱惜自己的身体，工作的节奏要随着年龄的增长适当缓下来，汤中立默默接受了他的观点。

1997年12月26日，汤中立突然感到有些牙疼。他在日记上记录"这两天牙痛，开始不知道哪颗牙有毛病，后来只有右下后根部疼痛"。即使如此，他还一直忍着，当天翻译了关于镍矿的英文资料《科马提岩火山学及伴生硫化镍矿床》("Komatiite volcanology and associated nickel sulfide deposit")。1998年1月6日开始，他又做了甘肃青年科技奖的评委，随后又准备《小侵入体：硫化镍矿床及其铬尖晶石研究》一书的出版材料。一直拖到1月8日，汤中立牙疼实在难以忍受，才去甘肃省人民医院看牙。

"汤院士，您下牙床右侧一个牙根有洞，充血压迫神经疼痛。需要将牙钻开，放出血水，塞上棉球。"

汤中立让医生迅速处理完了牙，当天回到书案前又完成了一份800字的述职报告。

有时候，难两全。想让自己放松，维护健康，却又有很多需要去做的有意义的事情摆在面前。大密度的行事日程，几乎填满了汤中立的日常。这种工作和学习密度，几十年始终如一，如果不是能够从中享受到乐趣，是难以为继的。

理工科出身的汤中立阅读范围很广，除了专业领域的图书和杂志，他还会阅读一些有趣的文学书籍调节心情。除诗词歌赋、历史国学之外，汤中立还爱读金庸的武侠小说。浓墨重彩的古典世界给汤中立一种熟悉的家的感觉，这种感觉类似于他的童年。那个匆匆结束，还没有仔细品味的童年时代，人们的生活节奏缓慢，人与人之间的密度也不大。一个武侠世界，就是一个佛道儒的思想世界，是中国传统乡土社会最浪漫的想象。英雄儿女拿起宝剑，腾云驾雾，与坎坷的命运斗争。这是汤中立感到劳累时休憩的港湾，在忘我的阅读中进入清明澄澈的生命境界。

汤中立偶尔还会追一些历史剧和历史小说，二月河的《康熙大帝》《雍正王朝》和孙皓晖的《大秦帝国》等，汤中立也十分喜爱。古代帝王将相建立丰功伟业的故事，给一个男人最蓬勃的想象。复杂的历史社会，也让汤中立对现实有更深层次的理解，以此更加清醒地明白自己在当今社会中的功能与价值。

来到西安以后，汤中立又迷上了贾平凹的小说，有时间还会关注一些有关贾平凹的逸闻趣事，他说自己在不经意间就成了贾平凹的粉丝，偶尔还去贾平凹文学馆看看，去和他的作品有关的一些地方，比如暂坐茶馆、酱豆书屋坐坐。他很欣赏贾平凹及其作品，同样经历过乡土和城市的汤中立，十分理解贾平凹文学作品中包含的那种传统性与现代性，他很坚定地认为"贾平凹应该得诺贝尔文学奖"。

爱读善记，汤中立习惯随身携带一个小本，无论是会议、研讨，还是日常见闻、学习到的新知识、听到触动自己的语句，他都会记录下来。几十年来，林林总总，已经记录了将近100本了。这些所谓的日记或者记录，都成了如今记忆的财富。有时候，孩子们回来，偶尔会拿起一本，坐在他的旁边翻阅，并问着他当年的情形，某一句话或是某一件事，都能将汤中立的记忆牵回到过去。

大概真是老了，虽然内心坚持和时代不脱节，保持多和年轻人交流，但看纸质《参考消息》《人民日报》的习惯，已经拉开了和手机不离手的年轻人的差距。可是，汤中立不厌烦，他觉得这样是在练自己的定力，坐下来，安静地拿着报纸，戴上眼镜，一个字一行字地看过去，好的、喜欢的或者还需要反复再读的，他还会剪下来，折叠好，认认真真地粘贴在日记本上。他的行动因为年龄的增长不断缓慢下来，但他的思想一直和时代同频共振，这也是他始终能在学科发展中保持前倾姿态的主要力量来源之一。

汤中立在办公室翻阅期刊（摄于2023年）

宇宙演化、地球变迁，在宏大的时间与空间中遨游，时不时从眼前的事务中超脱出来，与更深邃的静默一起休憩，就像婴儿暂时回归母亲的怀抱。正因为学到老活到老，他能从更广阔的角度理解自己所做的一切，理解金属矿。

宇宙形成之初，几乎只有氢元素。现存于我们周围的重元素当时并不存在，这些元素是在数百万颗恒星的内核中逐渐生成的。当这些恒星死亡时，重元素就被释放到太空中，然后融合到太阳等新一代恒星中。金、银、铂、铀、铅等"r-过程"元素是在矮星系内部中子星的碰撞过程中产生的，然后它们成为新恒星和小行星的组成部分。我们现在获得的金属元素是在中子星的合并过程中形成的，它们与气体和尘埃云混合，这些元素就被运到了地球上。这些金属元素如此千百万亿年地漂泊，才能与自己相遇，汤中立在这冷冰冰的矿石中找到了一丝神圣感，以及与宇宙亲密的连接。

在人生的道路上，汤中立从未停歇，他执着地向前走，不断追求，他用一首古诗来勉励与时间赛跑的自己和人们：

> 白日依山尽，黄河入海流。
> 欲穷千里目，更上一层楼。

每一个人都有来处，来的时候一无所有，怀着一颗赤子之心在高度复杂的世界中摸爬滚打，向这个世界或索取或贡献一些东西；每一个人都要回到原点，依然一无所有，只剩下百味杂陈，用尽力气在这些零碎的心情中找到来时的路。

2016年12月，机缘巧合，82岁的汤中立有幸踏上了一条寻根之路。

12月8日，汤中立与学生闫海卿一起参加中南大学科研团队主持的中国工程院咨询项目成果汇报会，要在长沙短暂停留。来到长沙，汤中立就想起自己流亡这里的往昔。他有一个愿望，想要追寻童年时生活过的地方。

他依稀记起"乾州"和"所里"两个地名，还有一条峒河，每天上学需要在渡口摆渡过河。闫海卿查了一下地图，查到了乾州这个地名。同时也获知，现在的吉首市就是原来的所里。岁月更迭，童年时残破的小天地已经发展成一个现代化的城市了，旧的街道和巷子早已经改造，寻访起来十分困难。所幸，他们联系到了吉首市老干部局的杨局长，杨局长很热情地说道："这个寻访难度有点大，不过我一定全力协助。12日你们先到吉首市，安排好住宿后再和我联系。"

吉首距离长沙不是很远。11日清晨，他们乘坐汽车，途经凤凰古镇，晚上到达乾州宾馆，办理了住宿手续。这一路，虽然颠簸，但汤中立的内心是喜悦的，仿佛变成了童年的自己。遇到当地的人，他会主动攀谈，了解他们现在的生活，更和一些老人聊起20世纪四五十年代这里的生活。1953年，"所里"沿苗语更名为吉首，乾州县更名为吉首县（现为吉首市）。吉首原称镇溪所城，当地人民称呼"镇溪所"的时候，省去"镇溪"二字，直呼"所里"。

到达乾州后，他们联系上了杨局长。杨局长工作作风干练，雷厉风行，10分钟后，就把工作安排得明明白白。"我明天要下乡工作，不能陪你们了。得劳烦你们去吉首市档案馆查一下县志，找工作人员杨成。"

第二天一早8点，汤中立就准时来到吉首市档案馆。恐怕这是他有生以来第一次进档案馆查看档案，他这么做，都是为了内心的一份情感。

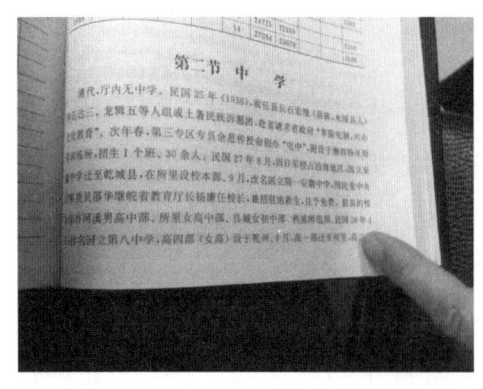

在吉首市档案馆查找乾城县县志

根据县志，得知当年姐姐汤若云就读的国立八中前身是国立安徽中学，由于战时迁到乾城县，分设了几个校区，本部设在所里（今吉首）张家大屋，大姐就读的初中部位于乾城县城文庙。汤中立魂牵梦绕的那一条河的名字是峒河，曾经生活的地方应该位于吉首大学师范学院附近。获得这些消息后，汤中立一行马不停蹄地前往吉首大学师范学院所在地，在这里他们找到了国立八中纪念亭，他仔细地观看了纪念亭的序文，从文字中寻找历史的点滴。原来，国立八中的初中女子分校设在乾城（乾州）县城文庙，高中女子分校设在乾城协台衙门，大姐汤若云当时就在县城文庙的初中女子分校就读。

汤中立参观国立八中纪念亭（摄于 2016 年）

在汤中立漫步参观的时候，吉首大学师范学院老年活动中心的一位退休教师何老师热心地给他当起了向导，还找来钥匙，打开学校校史纪念馆，请汤中立一行参观。在这里，汤中立发现，伟大的国际主义战士罗盛教也曾经在这里读过两年小学，他们还是校友呢，汤中立特地和罗盛教雕塑合影留念。

在这次访问中，汤中立也看到了有关父亲汤启仁当时在所里的一些信息。中华人民共和国成立前，汤中立的父亲曾在湖南省立第九师范学校任教，那个时候的所里只是一个乡村，1953年后，这所学校即改名为湘西第一师范学校，也就是今天的吉首大学师范学院。

随父辗转的汤中立曾经在1941~1946年于湖南省立第九师范学校附小读书，如今这所小学的名称也变更为"吉首大学师范学院附属小学"。当他行走在保存尚好的濂溪书院时，旧时的一些记忆，如黑白电影一般虚虚晃晃地闪现在脑海。这栋中国传统木质建筑，当年是一所书院，能保存完好幸于当时人们将其一直作为"粮库"使用。

汤中立的父亲流亡湘西工作的地方——湖南省立第九师范学校
旧址濂溪书院（摄于2016年）

当吉首大学师范学院附属小学工会主席得知一位耄耋老人前来参观自己的母校时，特地赶来，详细介绍了学校的历史和优秀的校友。汤中立也应邀为母校题词"优秀人才的摇篮"，留在了母校纪念馆。一群课间活动的小学生们听说来了一位院士学长，纷纷跑过来围聚在汤中立的周围合影留念，汤中立不由得赞叹：你们遇到了好时代。

汤中立为吉首大学师范学院附属小学题词（摄于2016年）

汤中立院士在吉首大学师范学院附属小学与学生互动（摄于2016年）

  汤中立站在峒河边，往日岁月倏地被唤醒了。那些思绪和浓烈的情感似乎就在昨日，温暖的、苦楚的，一种飘摇不定却又被包裹的感觉。母亲煮了好吃的饭菜，轻柔地呼唤着他的名字，自己穿着小鞋子，背着书包去上学。他想抓住这一切，却被潺潺的河水声冲刷得无影无踪。没有谁能踏入同一条河流，但是，这条河还在，自己童年的记忆还有一片土地可以托付其上。

汤中立回到峒河（摄于2016年）

从吉首大学师范学院附属小学出来，汤中立一行人沿着峒河顺流而下，记忆中的码头早已经废弃，渡口被一座古香古色的桥梁取代。

西安、兰州、北京、所里、安庆……一线追溯，安庆，才是汤中立始终的故乡。

他时常会翻阅自己几次回老家的照片，看老城旧巷的物是人非，回忆在母校安庆市第一中学讲课的情形。他也时常想起母亲，在白天读书累了的时候，在梦里她牵着自己的手奔跑……

每一个人的一生，最完美的样子就是画一个圆。从无名的一个点抛出，让这条抛物线圆满地回到原点。尘归尘，土归土，是什么还要回归什么。从起点，开启缤纷复杂的各种主线和支线，谁都不曾想着这些线条怎么抛出弧线，将以怎样的姿势抵达终点。

回首过往，金川矿区隆隆的钻机声犹在耳畔，汤中立几乎是一钻开启了自己一生的事业。他想起了唐东福，那个献出孔雀石的物探员，那个影响了自己一生的接引人。这么多年过去了，他还好吗？

2009年,甘肃煤田地质局局长刘继东给汤中立打电话,咨询李四光地质科学奖的情况。听说唐东福是甘肃煤田地质局退休职工,汤中立再三嘱咐刘继东一定要替自己看看他。

5月的张掖大地草长莺飞,天蓝地绿。刘继东专程来到唐东福家里,详细了解老人的健康状况和生活状况。"唐老,汤中立院士非常牵挂您,托我问候您。"

72岁高龄的唐东福退而不休,依然热心地质工作,除了为单位的一线职工提供技术指导外,还通过负责离退休支部工作等多种方式,为全队的和谐稳定发挥余热。当听说刘继东是受汤中立院士之托前来看望自己时,唐东福十分激动地说道:"作为一名普通的地质工作者,只是尽己所能为地质找矿事业做了一些事儿。没想到时隔半个世纪,汤中立院士仍然惦记着我们这些一线工作的老技术工作者!"

自从当年在金川和唐东福一别,一晃就是半个世纪。汤中立心里惦记着唐东福,完全是因为地质事业,将他们两人紧紧联系在一起。地质事业,就是汤中立人生中最重要的一条弧线,而唐东福就是因为这条弧线和汤中立有了交集。

四、探索绿色矿山建设

对于汤中立而言,童年是他记忆的起点,金川是他事业的起点。尤其是金川,那是他终生难忘的地方。自己选择的地矿事业,从始至终都和土地、山川息息相关,他已将自己的生命嵌入祖国的每一寸土地。

前半生,找矿。从金川露天矿的爆破开始,一种对环境隐隐的担忧就盘踞在汤中立心头,久久不去。在担任甘肃省地矿局总工程师的那段日子,汤中立经常前往不同的矿山,看到那些原生态的地表环境被矿石开采和矿山建设破坏得七零八落,植被消失了,大量废石废料裸露在地面,一阵风吹过,烟尘四起,呛得人喘不上气。

尤其是化学冶矿方法的使用，矿产资源的采、选、冶等过程中所产生的废气、废水、废渣，对矿山及周围的水、土、气及植被造成了严重的污染甚至破坏，导致生态环境恶化，严重影响人类健康，给当地自然环境造成了难以修复的创伤。

人类是地球的孩子，长久以来接受地球水土草木的供养，与地球和谐共存。然而，随着科学技术的迅猛发展及资本的扩张，全世界在20世纪的经济活动增长了19倍，工业增长了49倍，化石燃料增加了29倍，已面临人口、粮食、资源、能源、环境五大危机。若不能给予我们赖以生存的家园足够多的关怀以及进行技术性、革命性的改变，人类面临的能源枯竭、气候趋暖、臭氧层破坏、全球性污染等棘手问题是难以解决的。

汤中立的关注点逐渐转向环境保护，甚至连他自己也没有意识到，他在给地球母亲一个答案，他在守护家园，回到最根本的原点。

担任全国政协委员时，汤中立接触到三本有关环境保护的书籍，这对他的世界观产生了非常大的影响。一本是美国科普作家蕾切尔·卡逊（Rachel Carson）的科普读物《寂静的春天》，该书讲述的是农药对人类环境的危害。一本是德内拉·梅多斯（Donella Meadows）等著的《增长的极限》，向人们展示了在一个有限的星球上无止境地追求增长所带来的后果。还有一本是英国经济学家芭芭拉·沃德（Barbara Ward）、美国微生物学家勒内·杜博斯（Rene Dubos）所著的《只有一个地球——对一个小小行星的关怀和维护》，评述经济发展和环境污染对不同国家产生的影响，呼吁各国人民重视维护人类赖以生存的地球。他在阅读中思路变得逐渐清晰，矿产资源的开发和利用是现代经济与社会的基石，也可能成为人类长远发展的绊脚石。

一直从事地矿事业的汤中立，始终坚持"在保护中开发，在开发中保护"的工作原则。但是，有关"保护"，自己以及各方面都做得还不够。所有的地质工作，促进经济增长是道，造福地方是道，爱国为国是道。但是，此道漫漫兮，还需不断上下求索。看着日渐憔悴的地球家园，他想尽一份责任。他结合自己的所长，将环境保护融入自己的研究与事业中，他要做山河家园的守护者。

2005年7月，在甘肃白银召开的第七届中国矿业城市发展论坛上，汤中立说："如何改善矿山环境、建设绿色生态矿山，如何发展循环经济、实现资源开发与环境保护统一协调，已成为矿城可持续发展亟待解决的重要问题。"

从当年找矿挖矿，到今天开采之后的这片土地，我们应如何面对、如何维护，汤中立从未停止过思考。2004年，在和自己的博士研究生李小虎交流的过程中，汤中立就谈到了有关矿山环境保护方面的话题。他说，甘肃省是资源大省，在过去半个多世纪的发展过程中，矿业为甘肃经济发展做出了巨大贡献，形成了白银、嘉峪关和金昌等一批矿业城市。矿业开发一方面促进了区域经济的发展和人类社会的进步，另一方面造成了环境的污染和生态的破坏。甘肃大型金属矿山（如金川、白银等）都经历了几十年的开采，在矿产资源的采、选、冶等过程中所产生的废气、废水、废渣，对矿山及周围的水、土、气及植被都造成了一定的污染甚至破坏，使生态环境恶化，影响人类健康，更影响到矿业城市的可持续发展和社会的和谐进步。

李小虎是在金昌市长大的孩子，少年时去金昌公园玩耍，曾经看到过公园里高高耸立的地质工作者纪念碑，上面有汤中立的名字。当年他在兰州大学上学时，更是听说了汤中立院士的名字和事迹，仔细了解了院士的工作历程尤其是在地矿领域的业绩后，他下定决心，奔着汤中立是"金川镍都的开拓者之一"报考他的博士研究生。2004年，他从兰州追随而至西安，报考汤中立门下。

深思之后的汤中立告诉李小虎："你以后就研究这个方向，这是一个研究新方向，也是未来矿山资源管理的一个关注趋势。"

作为一个在矿产资源丰富的地区成长起来的人，李小虎对汤中立的建议深有感触。和汤中立一样有着故土情怀的李小虎很想立足家乡的土壤做一些文章，干一些事情。在汤中立的带领下，李小虎选取我国西部的两个重要矿山——甘肃金川和白银的大型金属矿山，开展了矿山环境方面的研究工作。汤中立先后指导了他的硕士学位论文和博士学位论文。这两篇学位论文，一前一后，先写矿山，后写矿山环境，恰好反映了汤中立研究方向的转变。李小虎的硕士学位论文是关于矿床地质的，而到了博士学位论文，汤中立建议他做矿山环境方面的研究。时任甘肃省地矿局总工程师的汤中立经常去金川、白银厂考察调研，随着时间的迁移，汤中立当年找矿的兴奋劲儿越来越淡化，对日益恶化的矿山环境深感担忧。

李小虎对于金川的环境变化也有切身的体会，两人一拍即合，很快启动了矿山环境的项目与研究。2004年，汤中立院士申请了"甘肃省大型金属矿山环境地质问题及防治研究"项目，并开始指导李小虎的博士学位论文《大型金属矿山环境污染及防治研究——以甘肃金川和白银为例》。在项目实施过程中，系统地开展了资料收集、野外采样和实验分析，2005年至2006年三次到金昌和白银采集废水、废渣、尾矿、土壤、沉积物和植物等样品，共采集各类样品300余件，对金川和白银矿山环境地质问题有了较为全面的认识。在对大气、水体和土壤进行系统研究的基础上，对甘肃省矿山环境保护及整治问题提出了一些对策建议。例如，应尽快制定完善矿山环境保护与整治规划，并将其纳入地方经济社会总体发展规划当中，逐步落实，由点到面，全面铺开，切实保护和整治矿山环境，使甘肃省的矿山环境保护与治理工作上一个新台阶。

以习近平同志为核心的党中央非常重视人与自然和谐共生，"绿水青山就是金山银山"，我国明确把生态环境保护摆在更加突出的位置。以环境保护为主题的项目越来越多。如今的金川矿区环境，一年胜似一年。当年的废渣土堆上已经栽满了绿植，现代化的灌溉系统将这些"山头"灌溉得郁郁葱葱。漫步在金川矿区，红叶碧草，干净整洁。2009年开始，金川集团股份有限公司与金昌市委、市政府联手，共同推进，硬是在废渣山和荒山秃岭上，造出了一个具有大西北戈壁工业新城特色的山体式的矿山公园，当年浅表采矿的老坑已经成为旅游景点。2011年龙首矿、Ⅱ矿区入选首批国家级绿色矿山试点单位，2019年金川铜镍矿入选全国绿色矿山名录。汤中立用手扶在一块石头上，用心感受这里的山石，它们有"心跳"，还是原来的温度。

如今的金川矿区（来源：金川集团股份有限公司官网）

金川国家矿山公园

但这些还远远不够，汤中立决定将余生都献给金属矿的环保事业。近几年，汤中立开始关注低品位金属矿的综合利用。

"什么是矿？品位达到有经济价值的石头就被称为矿。"改革开放后，在我国蓬勃发展的采矿进程中，产生了大量尾矿。2019年，我国金属尾矿排放量达12.72亿吨，其中，铁尾矿5.2亿吨，占比40.9%；铜尾矿3.25亿吨，占比25.6%；其余为黄金及其他金属矿。尾矿排放量占大宗工业固体废弃物总排放量的34.4%。尾矿排放会引发许多安全环境事故，并严重危害当地环境。如果借助新的选矿技术，将尾矿中的金属回收，不亚于建立新的矿山。"将废料吃干榨净，最大限度地利用尾矿和炉渣，对于经济发展和环境保护都是双赢的！"

正如长安大学原党委书记杜向民对汤中立院士所做贡献的总结：

勘荒探宝六十秋，
英姿少年到白头。
识破天机得天赐，
再上新巅展新猷。

汤中立在甘肃龙首山-合黎山野外考察（摄于1999年）

生命不息，奉献不止。"我们这辈人能为国家做什么？"这是汤中立从青年时期就思考的问题，这实在不是想起多么高尚的调子，当站在生命的一端回首而望，竟发现这是一个人最根本的内在需要。只有如此，我们才能从起点抵达终点，从迷惘回归初心。

汤中立的生命河流从安徽流向湘西，流向安庆，流向北京，流向兰州，流向西安……流淌至今，最终要流向地球母亲的怀抱。

过去的已然逝去，寂静过，喧闹过；

眼前的还在继续，静默着，奔腾着。

而远处的海洋正在等待无数条大大小小的支流，共同奔向极大的圆满。

附 录

附录一　汤中立院士大事年表

1934 年
10 月 30 日，生于安徽省安庆市。

1937 年
抗日战争全面爆发，随父母逃难到湖南省乾城县所里镇。

1946 年
抗日战争胜利，回到安庆，考入中学。

1951 年
加入中国新民主主义青年团。

1952 年
从安徽省立安庆高级中学毕业，考入北京地质学院。

1956 年
3 月，赴地质部祁连山地质队，从事地质矿产普查工作。

1956 年
7 月，毕业于北京地质学院地质矿产系。

1958 年
任祁连山地质队一分队分队长、技术负责人。

1958 年
10 月，依据报矿线索，在工程师陈鑫的指导下，发现了金川镍矿，随后证明金川是中国最大的硫化铜镍矿床，亦是世界级的巨型镍矿。

1959 年

任地质部甘肃省地矿局第六地质队地质工程师。

1962 年

2 月，与方桂云喜结良缘。

1963 年

任地质部甘肃省地矿局第六地质队技术负责人。

1972～1980 年

任甘肃省地矿局第一区域地质测量队总工程师。

1978 年

被甘肃省委、省政府树立为科技先进工作者。

1980 年

被评为全国地矿系统劳动模范，出席在北京召开的评功授奖大会。

1980～1981 年

任甘肃省地矿局副总工程师。

1981～1994 年

历任甘肃省地矿局总工程师兼副局长，甘肃省矿产储量委员会副主任、常务副主任，甘肃省地质学会理事长，中国地质学会西部开发委员会副主任。

1982 年

晋升为高级工程师。

1986 年

被甘肃省政府和地质矿产部授予"献给祖国镍都的开拓者"荣誉称号。

1989 年

晋升为教授级高级工程师。

1991 年

被评为有突出贡献的专家，享受政府特殊津贴，并获得《地质学报》1982~1992年度优秀论文奖。

1994年

改任甘肃省地矿局高级咨询小组组长（正局级）。

1995年

当选中国工程院院士。

1996年

因主持完成"金川矿床成矿模式及区域成矿预测"项目，荣获国家科学技术进步奖二等奖。

1997年

11月，获李四光地质科学荣誉奖。

1998年

当选第九届全国政协委员。

2002年

任长安大学教授、博士生导师，兼任兰州大学、中国地质大学、浙江大学、吉林大学教授、博士生导师。

2002年

因主持完成"华北古陆西南边缘（龙首山—祁连山）成矿系统及成矿构造动力学"科研项目，获甘肃省科学技术进步奖一等奖。

2006年

因参与完成"中国成矿体系与区域成矿评价"项目，获国土资源科学技术奖一等奖。

2007年

因参与完成"中国成矿体系与区域成矿评价"项目，获国家科学技术进步奖二等奖。

2008年

7月7日，在甘肃省内传递奥运圣火。

2009年

在新中国成立60周年之际，被评选为"感动甘肃人物"之一。

2010 年

因主持完成"岩浆硫化物矿床小岩体成矿理论与中国西部找矿选区研究"项目，获陕西省科学技术进步奖一等奖。

2019 年

获中共中央、国务院、中央军委颁发的"庆祝中华人民共和国成立 70 周年"纪念章。

2021 年

因主持完成"岩浆成矿理论创新与找矿勘查应用"项目，获陕西省科学技术进步奖一等奖。

8 月 30 日，受聘为中国亚洲经济发展协会矿业专业委员会专家智库终身专家。

附录二 汤中立院士主要论著目录[①]

汤中立,任端进,薛增瑞,等.中国镍矿床//《中国矿床》编委会.中国矿床.北京:地质出版社,1989.

汤中立,蔡体梁,杜笑菊.国外铂族元素的地质矿床及资源分析(译文集).兰州:兰州大学出版社,1989.

Tang Z L, Ren D J, Xue Z R, et al. Nickel Deposits of China. Beijing: Geological Publishing House, 1992.

Tang Z L. Genetic model of the Jinchuan Nickel-Copper deposit// Kirkham R V, Sinclair W D, Thorpe R I, et al. (eds).Mineral Deposit Modeling. Toronto: Geological Association of Canada, 1993: 389-401.

汤中立,李文渊,徐东,等.华北地台西缘及邻区硫化镍矿特点及前景分析.兰州:兰州大学出版社,1995.

汤中立,李文渊.金川铜镍硫化物(含铂)矿床成矿模式及地质对比.北京:地质出版社,1995.

《中国矿床发现史·甘肃卷》编委会.中国矿床发现史·甘肃卷.北京:地质出版社,1996.

汤中立,Barnes S J.岩浆硫化物矿床成矿机制.北京:地质出版社,1998.

[①] 按出版/发表时间排序。

Tang Z L. Jinchuan Copper-Nickle Sulphide Deposit. Beijing: Geological Publishing House, 1999.

汤中立. 整体思考，点上突破//卢嘉锡. 院士思维（第4卷）. 合肥：安徽教育出版社, 2001: 188-201.

汤中立, 白云来, 徐章华, 等. 华北古陆西南边缘（龙首山—祁连山）成矿系统及成矿构造动力学. 北京：地质出版社, 2002.

汤中立, 等. 中国古生代成矿作用. 北京：地质出版社, 2005.

Tang Z L, Yan H Q, Jiao J G, et al. New classification of magmatic sulfide deposits in China and metallogenesis related to small intrusion//Mao J W, Bierlein F P (eds.). Mineral Deposit Research: Meeting the Global Challenge. New York: Springer, 2005: 57-59.

汤中立, 钱壮志, 姜常义, 等. 中国镍铜铂岩浆硫化物矿床与成矿预测. 北京：地质出版社, 2006.

Tang Z L, Song X Y, Su S G. Ni-Cu deposits related to High-Mg basaltic magma, Jinchuan, Western China// Li C S, Ripley E M. New Developments in Magmatic Ni-Cu and PGE Deposits. Beijing: Geological Publishing House, 2009: 121-140.

汤中立, 钱壮志, 姜常义, 等. 中国矿产地质志·小岩体成（大）矿理论体系. 北京：地质出版社, 2021.

汤中立. 甘肃某硫化铜镍矿床氧化带. 西北地质, 1976,（3）: 43-51.

汤中立. 中国主要镍矿类型及其与古板块构造的关系. 矿床地质, 1982,（2）: 29-38.

Tang Z L. Main genetic types of Ni ore deposits in China and their relations to paleo-plate tectonics. Geochemistry, 1984, 3（2）: 102-114.

汤中立. 金川镍矿的发现及其意义. 中国地质, 1984,（10）: 32.

汤中立. 合理开发利用与保护矿产资源为振兴甘肃经济服务. 科技工

作者建议, 1986.

汤中立, 任端进. 中国硫化镍矿床类型及成矿模式. 地质学报, 1987, (4): 350-361.

Tang Z L, Ren D J. Types and metallogenic models of Nickel Sulfide deposits of China. Acta Geologica Sinica, 1988, 1 (2): 193-206.

汤中立. Ⅷ族元素在铜镍硫化矿床成矿过程中的地球化学: 以金川矿床为例. 矿物岩石地球化学通讯, 1989, (3): 174-177.

汤中立. 中国硫化铜镍矿床成矿模式. 甘肃地质学会会刊, 1989, 5 (1): 18-41.

汤中立. 金川硫化铜镍矿床成矿模式. 现代地质, 1990, 4 (4): 55-64.

汤中立. 金川含铂硫化铜镍矿床成矿模式. 甘肃地质, 1991, (12): 104-124.

汤中立, 李文渊. 中国硫化镍矿床成矿规律的研究与展望. 矿床地质, 1991, 10 (3): 193-203.

Tang Z L, Yang J D, Xu S J, et al. Sm-Nd dating of the Jinchuan ultramafic rock body, Gansu, China. Chinese Science Bulletin, 1992, 37 (23): 1988-1990.

汤中立, 杨杰东, 徐士进, 等. 金川含矿超铁镁岩的 Sm-Nd 定年. 科学通报, 1992, (10): 918-920.

汤中立. 超大型岩浆硫化物矿床的类型及地质对比意义. 甘肃地质学报, 1992, (1): 24-47.

汤中立. 金川铜镍硫化物矿床的偏在性. 甘肃地质科技情报, 1995, (1-2): 15-22.

汤中立. 金川镍铜矿床的成因模式. 甘肃地质科技情报, 1996, (3): 1-12.

汤中立. 中国岩浆硫化物矿床的主要成矿机制. 地质学报, 1996, 70 (3): 237-243.

汤中立，李文渊．中国与基性—超基性岩有关的 Cu-Ni-（Pt）矿床成矿系列类型．甘肃地质学报，1996，5（1）：50-64．

汤中立．中国岩浆硫化物矿床的主要类型．甘肃地质学报，1996，5（1）：45-64．

汤中立．金川铜镍硫化物矿床岩浆成矿作用的偏在性．甘肃地质学报，1996，5（2）：73-85．

Tang Z L. A main type of magmatic sulfide deposits in China. Progress in Geology of China（1993-1996）：Papers to 30th IGC. 1996：499-501.

Tang Z L. Main mineralization mechanism of magmatic sulphide deposits in China. Acta Geologica Sinica, 1997, 71（1）：49-57.

汤中立，白云来．亚欧大陆桥北山—天山接合部构造格局．甘肃地质学报，1997，6（增刊）：13-20．

汤中立，徐璋华．本世纪岩浆硫化镍矿床勘查和研究的主要成就．矿床地质，1998，（增刊）：709-714．

Barnes S J, Tang Z L. Chrome spinels from Jinchuan Copper-Nickel deposit, Gansu Provence, the People's Republic of China. Economic Geology, 1999, 94（3）：343-356.

汤中立，白云来．华北古大陆西南边缘构造格架与成矿系统．地学前缘，1999，6（2）：271-283．

Tang Z L. Magmatic Sulphide Ni-Cu Deposits in China. Journal of China University of Geosciences, 1999, 1：8-12.

汤中立，白云来．华北板块西南边缘大型、超大型矿床的地质构造背景．甘肃地质学报，2000，9（1）：1-15．

汤中立，白云来．北祁连造山带两种构造基底岩块及成矿系统．甘肃地质学报，2001，10（2）：1-11．

汤中立．中国的小岩体岩浆矿床．中国工程科学，2002，4（6）：9-12．

汤中立．超大型 Ni-Cu-（Pt）岩浆矿床的划分与找矿．地质与勘探，

2002, 38(3): 1-7.

Tang Z L, Bai Y L, Li Z L. Geotectonic settings of large and superlarge mineral deposits on the Southwestern margin of the North China Plate. Acta Geologica Sinica, 2002, 76(3): 367-377.

汤中立, 李小虎. 走绿色矿业之路. 西北地质, 2003, 36(增刊): 6-9.

汤中立. 中国镁铁、超镁铁岩浆矿床成矿系列的聚集与演化. 地学前缘, 2004, 11(1): 113-119.

汤中立, 李小虎. 甘肃矿产资源开发中的问题与思考. 西部论丛, 2004, (9): 16-18

Tang Z L, Yan H Q, Li X H, et al. New classification of magmatic sulfide deposits in China//Shellnutt J G, Zhou M, Pang K, et al. Proceeding of the IGCP 479 Hongkong Work-shop: Recent Advances in Magmatic Ore System in Mafic-ultramafic Rocks. Hongkong University: 2004, 27-28.

汤中立, 李小虎, 闫海卿, 等. 矿山地质环境问题及防治对策. 地球科学与环境学报, 2005, 27(2): 1-4.

汤中立, 李小虎. 白银大型金属矿山环境地质问题及防治. 国土资源, 2005, (8): 5-7.

汤中立, 闫海卿, 焦建刚, 等. 中国岩浆硫化物矿床新分类与小岩体成矿作用. 矿床地质, 2006, 25(1): 1-9.

汤中立, 李小虎. 两类岩浆的小岩体成大矿. 矿床地质, 2006, 25(增刊): 35-38.

Tang Z L, Yan H Q, Jiao J G, et al. Classification of magmatic sulphide deposits in China and mineralization of small intrusions. Acta Geologica Sinica, 2006, 80(3): 412-419.

汤中立, 闫海卿, 焦建刚, 等. 中国小岩体镍铜(铂族)矿床的区域成矿规律. 地学前缘, 2007, 14(5): 92-103.

Tang Z L, Yan H Q, Jiao J G, et al. Regional metallogenic controls of small-intrusion-hosted Ni-Cu（PGE）ore deposits in China. Earth Science Frontiers, 2007, 14（5）: 92-101.

Tang Z L, Song X Y, Su S G. Ni-Cu deposits related to High-Mg basaltic magma, Jinchuan, Western China//Li C S, Ripley E M.New Developments in Magmatic Ni-Cu and PGE Deposits. Beijing: Geological Publishing House, 2009: 121-140.

Tang Z L. Small intrusion making large ore: significance for the exploration of Jinchuan Ni-Cu sulfide deposit// Li C S, Ripley E M.Proceedings of Xi'an International Ni-Cu（Pt）Deposit Symposium 2009. Xi'an: Northwestern Geology, 2009. 42（Suppl 1）: 67-70.

汤中立，钱壮志，姜常义，等．岩浆硫化物矿床勘查研究的趋势与小岩体成矿系统．地球科学与环境学报，2011, 33（1）: 1-9.

汤中立，徐刚，王亚磊，等．岩浆成矿新探索：小岩体成矿与地质找矿突破．西北地质，2012, 45（4）: 1-16.

汤中立，焦建刚，闫海卿，等．小岩体成（大）矿理论体系．中国工程科学，2015, 17（2）: 4-18.

后　记

2019年初春，我受西安市碑林区作家协会委托，前往长安大学采访汤中立院士，这是碑林区作家协会"碑林名人"撰写计划的安排，也给了我机会第一次零距离接触一位中国工程院院士，内心有些期待又有些忐忑。记得那是一个清冷的午后，已经是耄耋之年的汤中立院士，精神矍铄地和我捧茶而坐，在长安大学地学科技大厦903楼院士办公室，一聊就是一下午，直到金橘色的光芒照在西安的地标性建筑大雁塔上，洒在院士办公室的植物上。我们在他办公室那面墙上张贴的大幅地质图前合影，而后道别。

之后，我写汤中立院士的这篇稿子被媒体刊登，再后来有一天，我受汤中立院士之邀正式加入《汤中立传》的撰写团队。

汤中立院士传记的撰写工作其实于2016年已经启动。这一年7月，汤中立院士接到"中国工程院院士传记"编辑出版办公室的约稿函，自此开始至2019年8月，甘肃省地矿局的窦贤历时3年，深入辉铜山铜矿和金川铜镍矿发现原始现场、露天矿山、地下开采现场和当年二矿区实现艰难突破的钻探故地，查阅了汤中立院士执笔的所有专业地质报告，以及在甘肃工作期间的一些理论与实践资料，多方采访王全仓等见证金川铜镍矿勘探过程的人员，完成了汤中立院士地质工作实践与理论研究等方面的资料收集和整理。在这些丰富、翔实的资料基础上，我开始进一步采访汤中立院士本人，以及其夫人方桂云，妹妹汤若霞，女儿汤棣、汤桦，儿子汤安，学生、同事、同学等，翻阅了他所有的工作日记。后因新冠疫情，出行不便，就通过电话采访，一次次采访打开了汤中立院士的亲朋和同事们的温情回忆，叩响了每个受访者的心门。在采访汤中立院士的一些同学、故交时，当听到要采访的人已经故去，我不禁潸然泪下，我提醒自己，绝不能让历史就此停滞，更不能让逝去的悲伤淹没前方的光亮。

在采访中，我更进一步认识了一位真实质朴的中国工程院院士。汤中立院士虽然已近90岁，但他依然博闻强记、执着敬业。兰州，写满他酸甜苦辣的奋斗史；西安，记录着他致力教育及科研等工作追求的足迹。如果说采访是一次重新挖掘，那么撰写就是一种对我和读者心灵的洗礼。

在此，感谢甘肃省地矿局及黄万堂在本书采访写作前期做的工作，感谢所有接受采访的汤中立院士的同事、同学和亲朋。感谢汤中立院士培养的博士研究生们，特别是焦建刚、闫海卿、徐刚、段俊，他们为书稿做了大量的基础性工作，提供历史资料，商定专业方面内容的修改。感谢院士团队的钱壮志、姜常义，他们为本书的修改提供了宝贵的意见。感谢在我最忙碌的时候帮我梳理资料、从历史背景等方面完善书稿内容的郭婧华女士……

经过多次修改的《汤中立传》，更突出了在尊重历史的基础上的可读性，融朴实化、文学化于一体。2022年10月，我们向中国工程院提交了初稿。2023年4月14日，在收到葛能全秘书长的审读意见后，我们又进行了细致深入的修改，至此基本全面完成《汤中立传》的撰写，回首成传历程，前后已有7年。

我坚信，经过岁月打磨的才是值得品味的，这本传记，以及汤中立院士本人，都是如此。

唐淑惠

2023年5月31日

作 者 简 介

唐淑惠，生于1976年，供职于陕西省西安市公安局，陕西省作家协会会员。曾出版《寻梦》《玫瑰为你绽放》《康定归来》等作品。

窦贤，生于1961年。1984年毕业于陕西师范大学中文系，文学学士。《甘肃地质矿产报》原编辑部主任，高级编辑。